# 新版 松原流
# 戦略マップ／BSCとOKRの連携教本

日刊工業新聞社

# はしがき

本書『〈新版〉【松原流】戦略マップ／BSCとOKRの連携教本』は、2010年9月発行の『【松原流】戦略マップ／BSC（バランス・スコアカード）実践教本』の新版です。

旧版は、著者の戦略マップ／BSCの十数年の研究と導入の指導経験等を基にまとめたもので、BSCの提唱者であるキャプランとノートンのBSC関連5部作と共に、多くの読者のご支持を得て、幸いにも第5刷と刷りを重ねることができました。

それから8年が経過し、パフォーマンス・マネジメント及び戦略マネジメントの関連領域では、ビジネスモデル、KPI（重要業績評価指標）、統合報告、そしてSDGs（持続可能な開発目標）やOKRといったコンセプトやガイドラインが登場しています。

この度、新版として上梓するに当たり、その中から三つの重要テーマを取り上げて、戦略マップ／BSCの四つの視点やマップの活用と連携によって、更なるビジネス上の効果が期待できることを紹介し、改めて戦略マップ／BSCの本質を理解していただける構成をとることにしました。

第1部（連携の部）では、近年のビジネス取り巻く環境の変化やマネジメント手法の誕生、発展などを踏まえて、注目の次の三つの重要テーマを取り上げます。

- 第1章：OKRの特徴と戦略マップとの連携
- 第2章：ビジネスモデルの見える化と戦略との連携
- 第3章：SDGsの戦略への組み込みへのマップの活用

これは、旧版の「離（応用）の部」を全面的に書き換えたもので、これらの重要テーマと、戦略マップ／BSCの活用と連携の「提言集」と言えます。

三つの重要テーマに関心を持たれた読者諸兄には、戦略マップ／ＢＳＣの価値に気付かれると思います。第2部と第3部では、戦略マップ／ＢＳＣの基礎から実践までを学びます。初学者を含めて戦略マップ／ＢＳＣを学びたい諸兄は、直接、第2部〈基本の部〉から初めて、第3部〈実践の部〉へと進むとよいでしょう。どちらも旧版から、章や節レベルでの改廃を加えてあります。

第2部〈基本の部〉では、ＢＳＣの提唱者であり、その進展をリードしてきたキャプランとノートンによる基本形を正しく修得することを目指します。

著者のコンサルティング経験に基づく〈極意伝授〉の講を除く各講の冒頭に〈基本クイズ〉を設け、初心者にとっては入りやすく、そして既習者や実践者にとっては知識をチェックしながら進めていけるように構成してあります。

第3部〈実践の部〉では、戦略マップ／ＢＳＣを活用して戦略マネジメントを廻し、ビジネス上の成果を得る実践段階に対応しています。

〈極意伝授〉を除く各講の冒頭で〈実践ケース〉として、架空の企業でスタートしたＢＳＣプロジェクトのメンバーらによる会話を通じて、戦略マネジメント・システムとしてＢＳＣを導入、運用そして展開してゆくに当たって遭遇するであろう重要な落とし穴とその回避法を教授します。

本書が、読者諸兄の、戦略マップ／ＢＳＣの真の理解を助け、戦略マネジメントをうまく廻すことにより、ミッション、ビジョンの実現と、ビジネス上の成果の達成に少なからず貢献することを期待します。

松原恭司郎

２０１８年9月

# 目次

CONTENTS

# 第1部 連携の部

# 戦略マップ／BSCをOKR他の重要テーマと連携させる

第1部では、近年のビジネス取り巻く環境の変化やマネジメント手法の誕生、発展などを踏まえて、注目の次の三つの重要テーマを取り上げます。

・第1章：OKRの特徴と戦略マップとの連携
・第2章：ビジネスモデルの見える化と戦略との連携
・第3章：SDGsの戦略への組み込みへのマップの活用

これらの重要テーマと、戦略マップ／BSCの活用と連携の「提言集」と言えます。

# レッスン1

# OKR
## ～OKRと戦略マップを連携させた戦略にフォーカスしたゴールセッティング

シリコンバレーのスタートアップが広く採用しているとされるマネジメント手法である「OKR（Objectives and Key Results）」を取り上げる。OKRの基本から始まり、戦略マップ／BSCとOKRの比較。両者を連携させることは可能なのか。そして連携によるメリット等について検討を加えます。

㊟OKRは、Objectives and Key Results（目標と重要な結果）の略称であり、英文の表記は一般に「OKRs」と末尾にsを付けるが、和文の文献の多くが「OKR」と単数形で表記しているため、本書でも単数表記を採用することとした。
OKRの二つの構成要素であるObjectivesについては、OsまたはO（単体を指す場合）を、そしてKey Resultsについては、KRsとし、一般的な英文の表記に従った。

# 1.1 ＯＫＲに注目が集まっている

## 1．シリコンバレーから広まったゴールセッティング手法

米国のシリコンバレーのスタートアップが次々と採用し、大きな成果をあげていると、最近日本でも紹介され始めているゴールセッティングの手法が「ＯＫＲ」である。

米国では、２０１８年に提唱者であるジョン・ドーアによる初めての著書〝Measure What Matters〟[Doerr,2018] が出版されベストセラーとなっており、日本では２０１８年に、ＯＫＲのコンサルタントのクリスティーナ・ウォドキーによる〝Radical Focus〟(和題『ＯＫＲ：シリコンバレー式で大胆な目標を達成する方法』) [Wodtke,2016] が、そしてドーアの〝Measure What Matters〟が相次いで翻訳出版され注目が集まっている。

ＯＫＲの起源は古く、ピーター・ドラッカーが、１９５４年に〝The Practice of Management〟(和題『現代の経営』) で紹介している「ＭＢＯ (Management by Objectives：目標による管理、または目標管理)」にまで遡ることができる。

後に、１９８７年から１９９８年の間にインテルでＣＥＯを務め、ＯＫＲの父とされるアンディー・グローブが、ＭＢＯの潜在的な力に気付き、改良を加え、「ｉＭＢＯ」と名付けたツールがＯＫＲの直接の起源とされている。

グローブが１９８３年に著した『ハイ・アウトプット・マネジメント』[Grove,1983] には、ＭＢＯがＯｓ (目標) とＫＲｓ (重要な結果) から構成されるとして、ＯＫＲが既に紹介されている。

シリコンバレーにあるベンチャー・キャピタルのクライナー・パーキンス・コーフィールド・アンド・バイヤーズのパートナーであり、インテル

でグローブから学んだジョン・ドーアが、グーグルで創始者であるラリー・ペイジらに１９９９年に紹介し、同社内で定着、発展させたシステムが、今日脚光を浴びることになった「ＯＫＲ」である。これは「グーグル・モデル」と呼ばれ、ＯＫＲの基本型として位置づけられる。

本書でも、このモデルをＯＫＲの標準系として参照することとする。

## ２．ＯＫＲ活用組織の広がりは２０１０年以降

ＯＫＲは、グーグルを筆頭にしてシリコンバレーのスタートアップを中心に、２０１０年代に入ってから普及を見ている。これらの中には、ツイッター、世界最大級のビジネス特化型のＳＮＳであるリンクトイン、米国ソーシャルゲーム会社であるジンガの名があがっている。

ＯＫＲのコンサルタントであるニーブンとラモーテの著作〝Objectives and Key Results〟［Niven,2016］に掲載されているケーススタディーによれば、ＯＫＲの採用組織は、１００人から、シアーズ・ホールディングス・コーポレーションの３万３０００人など採用企業の規模や地域にも広がりが出ているという。（注）

同調査によれば、ＯＫＲの導入企業の中には、このグーグル・モデルを参照したとする意見が多く、各々の適用対象組織により、導入する組織のレベル、やモニタリングなどがカスタマイズされている。

ＯＫＲを知った機会としてグーグル・ベンチャーのリック・クラウによる２０１２年公開のビデオ「Startup Lab workshop: How Google sets goals: OKRs」［Klau,2012］を挙げるケースが散見され、導入の時期も２０１０年以降に集中していることが特徴的である。

（注）シアーズ・ホールディングス・コーポレーションは、２０１８年10月に連邦破産法第11条（日本の民事再生法に相当）の適用を申請した。２０１３年に同社のＣＥＯに就任したエドワード・ランパート氏は、就任当初からＯＫＲ導入のリーダーシップをとった人物であるとされるが、今回ＣＥＯを辞任することになった。シアーズは、ＯＫＲが事業業績に与える導入効果のフォローアップを、約2万人を対象に18ヶ月にわたり実施したことでも知られるＯＫＲにとって重要なケースでもある。シアーズは、アマゾン・エフェクトや戦略的な課題も指摘される中で、ＯＫＲについては、以下に取り上げる「ＯＫＲと組織文化の関係」をフォローすることが、今後のＯＫＲの効果的な導入に役立つものと著者は考える。

# 1.2 ＯＫＲの基本を押さえる

著者は、基本系をしっかりと学ぶことを重視しており、本書でも第２部で戦略マップ／ＢＳＣの基本系として、提唱者であるキャプランとノートンのモデルを学ぶことから始めている。「ＯＫＲ」についても、これと同様のアプローチを採用し、ＯＫＲの標準系である「グーグル・モデル」の理解から始めることにしよう。

## 1．グーグル・モデルの全体像

幸いなことに、いわゆる「グーグル・モデル」を知るうえで、有益な情報源が出版されている。それは提唱者であるドーア自身が２０１８年に著した〝Measure What Matters: How Google, Bono, and the Gates Foundation Rock the World with OKRs〟［Doerr,2018］である。

同著の中で、ドーアは高いモチベーションの文化を育てる「ＯＫＲ」と「ＣＦＲｓ」の二つから構成されるフレームワークを提唱している。（**図表1・2・1**）

つまり、ゴールセッティングと達成のＯＫＲと、フィードバックシステムであるＣＦＲｓが車の両輪として機能し、高い業績を達成するドライバーとなるというのである。

ドーアは、ＣＦＲｓと継続的業績マネジメントに同書の三分の一を割いている。また、ウォドキーもその著書『ＯＫＲ』で「重要な四象限から構成された一枚様式（a format with four key quadrants）」を活用した週次ミーティングの重要性を強調し、運用に書籍の多くの頁を割いている。

これら「運用を重視する姿勢」からも、ＯＫＲは、イノベーティブ、アジャイル、フォーカスというシリコンバレーのスタートアップが共有する企業文化に支えられるところが大きいシステムとして捉える必要があることがうかがえる。

**図表1.2.1** グーグル・モデルはOKRとCFRsが両輪として機能する

| | OKR | CFRs |
|---|---|---|
| フルネーム（訳語） | Objectives and Key Results（目標と重要な結果） | Conversations, Feedback, and Recognition（対話、フィードバックそして表彰） |
| 定義 | ＊非常に高いゴールを設定し、コミュニケートし、測定し、達成するためのプロセスである。<br>＊次の二つに分解される。<br>①求めるアウトカムとしての「Objective」<br>②アウトカムの達成に必要な測定可能なステップとしての「Key Results」 | ＊ポジティブな事業成果を促進するため、日々の仕事を的を射た、真に協調的なものに保つプロセスである。<br>①C（Conversations；対話）：マネジャとコントリビュータとの間の業績駆動の対話<br>②F（Feedback；フィードバック）：双方向、アドホック（臨時）、多角的、組織図に準拠しない業績のフィードバック<br>③R（Recognition；表彰）：「トップラインのＯＫＲ」と紐ついた頻繁、特別で明白な表彰 |

（参照）Doerr“Measure What Matters”（2018）を参照し作成

## ２．ＯＫＲを掘り下げる

### １）ＯＫＲの意味

次に本章の主題である「ＯＫＲ」に的を絞って見ていくことにしよう。ここでは、二つの定義を紹介することにしたい。

（１）ゴールセッティングと達成のプロセスとしてのＯＫＲ

まず、ＯＫＲをスタートアップに広めたドーアの定義から見てみよう。

ＯＫＲは「非常に高いゴールをコミュニケートし、測定し、達成するためのプロセスである。求めたアウトカム（Objective）と、アウトカムの達成に必要な測定可能なステップ（Key Results）に分解される。」としている。［Doerr,2018］

（２）クリティカル・シンキングのフレームワークとしてのＯＫＲ

次に、ニーブンとラモーテは、ＯＫＲは「クリティカル・シンキングのフレームワークであり、従業員が共同して働き、会社を前進させるもとになる、測定可能な努力に集中することを可能にする継続的な活動である。」としている。

[Niven,2016]

これらをまとめると、ＯＫＲは次のように定義できよう。

**ＯＫＲはクリティカル・シンキング（批判的思考）によって、ごく限られた重要なゴール「Ｏｓ」と、それを達成するステップやマイルストーンである「ＫＲｓ」を関係者の間でコミュニケートし、達成する継続的な活動である。**

## 2）ＯｓとＫＲｓの意味

ＯＫＲを構成する二つの要素であるＯｓとＫＲｓの意味や特徴について、まとめたものが**図表1・2・2**である。

つまり、Ｏｓは何を（Ｗｈａｔ）達成したいのかを定性的に示すもので、ＫＲｓは、Ｗｈａｔがどうやって（Ｈｏｗ）達成されるかを定量的に示すものである。

## 3）ＯＫＲの簡単な例

ＯＫＲの父とされるアンディー・グローブが著作『ハイ・アウトプット・マネジメント』[Grove,1983]でＯとＫＲｓの簡単な例を紹介しているので、図表１・２・２の３）の①に編集し掲載してある。

この例は、グーグル・モデルなど近年言われているＯＫＲの要件を全て満たしているとは言えないものの、交通による移動のシンプルで分かり易い事例になっている。この例なら、「ＫＲｓのみを評価すれば足りる」や「全てのＫＲｓの達成は、対象となるＯを達成したことを意味する」というＯＫＲの要件の意味も分かり易い。

また、３）の②に、ＨＲ（人的資源）チームが「モチベーションを高めイノベーションの達成に貢献する仕組みの導入を企画提案し承認を得る」というＯを掲げた例を示してある。ここでは、ＫＲｓを評価し易いよう定量的に表現し、納期を明示してある。

**図表1.2.2** OsとKRsの意味

| | Os<br>Objectives(目標) | KRs<br>Key Results(重要な結果) |
|---|---|---|
| 1)意味 | *我々は、何を達成したいのか<br>(What do we want to do) | *どうやってOsが達成されていることを知るのか<br>(How will we know if we've met our objective?) |
| | *求めるゴール/アウトカムと意志を表現 | *アウトカムの達成に必要で測定可能なステップ |
| 2)特徴 | *攻撃的であるが現実的<br>*具体的、客観的、明瞭 | *測定可能なマイルストーンを含む<br>*明瞭なメトリックス(KPI)の設定<br>*完了を示す証拠は、入手可能で、信頼性がある<br>*期限の設定(四半期) |
| 3)OKRの例 | | |
| ①グローブによるOKRの例 | 私<br>【O】飛行機に乗るために1時間以内に空港へいきたい。 | そこに到着するために;<br>【KR1】A町に10分以内に到着する。<br>【KR2】B町に20分以内に到着する。<br>【KR3】C町に30分以内に到着する。 |
| ②OKR導入プロジェクトの簡単な例 | HR(人的資源)チーム<br>【O】モチベーションを高めイノベーションの達成に貢献する仕組みの導入を企画提案し承認を得る。 | 承認を得るために;<br>【KR1】OKR知識のメンバー内共有<br>関連書籍3冊、セミナー1件受講<br>期限:第3週<br>【KR2】現状の業績評価関連システムの調査　アンケート調査5部門、インタビュー5名<br>期限:第8週<br>【KR3】現状の課題とOKRs導入企画案の策定<br>期限:第10週<br>【KR4】マネジメントへのプレゼンテーションと承認の取り付け<br>期限:第一四半期末 |

(参照)Doerr "Measure What Matters"(2018)及びNiven & Lamorte "Objectives and Key Results"(2016), Grove"High Output Management"(1983)を参照し作成

### 3. OsとKRsの特徴と作成上のチェックポイント

MBOのO（What）にKRs（How）を追加したのがOKRだが、ここで、OとKRsの特徴と作成上のチェックポイントについて、**図表1・2・3**を参照しながら、もう少し突っ込んで見てゆくことにしよう。

#### 1）OsとKRsの設定数

ドーアの著書の原題が"Measure What Matters"であるように、OKRの選定に当たっては、最高のパフォーマンスに最も影響を与えるOにフォーカスすることが重要とされ、その数は少ないほど有益となる。

図表1・2・3の1）にドーアを始めとして三者の説を付記してあるが、これらを平均すると、

①Osの数は、会社レベルで、2〜5件、
②KRsの数は、設定した個々のOに対して、2〜5件、

ということになろう。

数については、「マジカル・ナンバー7±2」が有名だが（〈11・3〉講参照）、OKRの場合には、絞り込みを強めて7マイナス2で、5件が最大とされているようだ。

ウォドキーの説は、スタートアップなどの小規模組織を対象としているため、Oは、全社で一つ、KRsは個々のOに対して三つとしている。

#### 2）OsとKRsの関係

あるOが成功裏に達成された場合は、組織に明確な価値をもたらさねばならないとしている。

Osについては、その達成状況について測定することはしないとしている点は、後述する「方針管理」では目標を、そして「戦略マップ／BSC」では戦略目的をそれぞれ測定するのと異なっている。

#### 3）ミッション、ビジョンそして戦略との関係

OKRのフレームワークは、会社やグループなどの組織レベルでは、個々のOが孤立して設定されるため、このストーリーが見えにくい。後に触れるが、戦略マップの四つの視点をまたがった因果関係との連携が役立つ。

**図表1.2.3** OsとKRs作成上のチェックポイント

| | Os | KRs |
|---|---|---|
| 1)OsとKRsの設定数 | 2～5件 | 個々のOに対して、2～5件 |
| *ドーアの説 | *サイクルごとに、3～5件 | *個々のOに対して5件以内に留める |
| *ニーブンとラモーテの説 | *少ないほど良い<br>*会社レベルにつき2～5件 | *個々のOに対して、2～4件 |
| *ウォドキーの説 | *小規模企業で、全社で1件 | *個々のOに対して、3件 |
| 2)OsとKRsの関係 | ― | *全てのKRsの達成は、対象となるOを達成したことを意味する。 |
| 3)ミッション、ビジョンそして戦略との関係 | *ミッション・ステートメント、戦略的計画、リーダーが選んだ広範囲なテーマの中から、「トップラインのOKR」の素材を見つけだすこと。<br>*あるOが成功裏に達成された場合は、組織に明確な価値をもたらさねばならない。 | ― |
| 4)作成のためのチェックポイント | ① 人々を鼓舞する | ① 上昇志向 |
| | ② 達成可能 | ② 明確でコミュニケーションし易い |
| | ③ 四半期内に実行可能<br>*時間上の制約を設ける。 | ③ メンバーによるオーナーシップ<br>*トップダウンに加えてボトムアップで作成。 |
| | ④ チームにとって管理可能<br>*クロスファンクショナルなものであっても、独自に実現する手段を持つ必要がある。 | ④ 進捗管理(progress-based) |
| | ⑤ 事業価値を提供する<br>*OKRはビジネス上の価値(事業価値または顧客価値)を提供するものでなければならない。 | ⑤ 組織の垂直(カスケード)と水平方向(アラインメント)の連携 |
| | ⑥ 定性的<br>*数値ではなく、数行の文章で表現する。<br>*方向とアクションを示す「動詞」を用いる。 | ⑥ 定量的<br>*数値で表現する。<br>*「タスク」(動詞)ではなく、結果を記述する。 |

(参照)Doerr "Measure What Matters" (2018) 及びNiven & Lamorte "Objectives and Key Results" (2016) を参照し作成

### 4）その他の作成上のポイント

ニーブンとラモーテによる作成のためのチェックポイントが参考になるので図の4）にまとめてある。[Niven,2016]

## 4．特徴あるＯＫＲのターゲット設定

### 1）野心的なＯＫＲの設定

ＯＫＲのターゲット設定とスコアは、チャレンジ精神を重視するＯＫＲのフレームワークの特徴が最も現れる領域であるといえる。

ＫＰＩマネジメントのこれまでの常識からは、あまりにも達成不可能なターゲットを設定してしまうと、ＰＤＣＡマネジメント・サイクルのＰｌａｎの段階から間違ってしまうことになるために勧められない。

ドーアは「ＯＫＲは、改善ではなく革新であるため（are big, not incremental）、全て達成できるとは期待していない。」として「野心的ＯＫＲ」の採用を促している。

このターゲット設定に係わらせて、ＯＫＲには次の二つのタイプに分けられることになる。

①ＯＫＲが未達の場合に、計画、そして／または、実行の失敗を意味しており、説明が求められる「コミットしたＯＫＲ（Committed OKR）」。会社が外部にコミットした売上目標等の業務目標が該当する。

②四半期内に実行能力を超えて計画される「野心的ＯＫＲ（Aspirational OKR）」である。

ＯＫＲによる野心的なゴールセッティングの特性を端的に示すＯＫＲの名称を、ドーアの書籍から拾ってみると、次のように幾つもの名称が見て取れる。

- 野心的（Aspirational）ＯＫＲ
- ビーハグ（a Big Hairy Audacious Goal）
- 急激な（Exponential）ＯＫＲ
- ストレッチな（Stretch）ＯＫＲ
- 前向きの（Forward-looking）ＯＫＲ
- 高価値（High Value）のＯＫＲ

ＯＫＲをイノベーションにつなげるには、このタイプのＯＫＲを常に念頭に置くよう心掛ける必要があろう。

### 2）業績のターゲットレベルの設定とスコアリング

OKRで評価対象となるのはKRsのみだが、グーグル・モデルではKRsのスコアリングに当たっては評価のゲージとして「0-1スケール」が用いられている。**図表1・2・4**の右側に示したように、KRsを70%達成できれば成功といえるように設定する。

このゲージは目標設定時にも用いられる。出典が異なるため中間の数値に違いはあるが、「業績のターゲットレベル」として図表1・2・4の左側に示すように設定される。なお、ウォドキーは、これを「自信度（confidence level）」としており、必要に応じて毎週調整し、毎週のミーティングでその理由を討議するとしている。

## 5. OKRのレビュー・ミーティング

OKRをタイムリーで適切なものに維持するため、規則的なチェックインと進捗管理が行われる。

コントリビュータとマネジャの間で行われるミーティングには、次のようなものがある。

**図表1.2.4**　KRsのスコアリング～「0−1スケール」による業績のターゲットレベルの設定と評価

| ターゲットレベル | | スコアリング | |
|---|---|---|---|
| スケール | 解説 | スコア | 解説 |
| 1.0 | 非常に野心的なアウトカム。<br>達成することが不可能に近い。 | 1.0<br>～0.7 | 完了 |
| 0.7 | 困難だが、最終的には達成可能。 | 0.6<br>～0.4 | 進捗はあったが未完 |
| 0.3 | 日常的なレベル。 | 0.3<br>～0.0 | 実質的な進捗はない |

（参照）ターゲットレベルについてはNiven & Lamorte "Objectives and Key Results"（2016）、スコアリングについては、Doerr "Measure What Matters"（2018）を参照し作成

（1）週次のミーティング
- 結果の公式な審査の場にしてはいけない。
- 情報共有と価値あるディスカッションを生む場とする。
- 1時間を超えない。

ウォドキーの著書では、月曜のコミットメントと金曜のウイン・セッションが紹介されているが、大規模組織の会社レベルなどを考えれば、必須ではない。

（2）四半期中間チェックイン
やや公式な進捗のレビューが行われる。

（3）四半期レビュー
パフォーマンスを評価する、大きく次の二つから構成される。

①何を（Ｗｈａｔ）
- 各々のＫＲｓを評価する。
- 各チーム（または個人）は、四半期期間の業績に基づき、最終的なスコアを決定し、仲間やスーパーバイザーの結論に向けた理論的な解釈を提供する。

②どうやって（Ｈｏｗ）
- 結果の幅広い共有。
- ＯＫＲの成功要因は何であったか。

## 6．ＯＫＲの背後にある組織文化と思考の重要性

フレームワークとしてのＯＫＲは、ＯｓとＫＲｓの二つの要素から構成されている。

**図表1・2・5**に示すように、そのフレームワークとしての特徴であるアグレッシブな目標設定、四半期という周期、人事考課との粗結合といった特徴は、スタートアップのイノベーション、アジャイル、フォーカスそしてエンゲージメントといった組織文化・思考の現れであることに注目する必要がある。

これは、フレームワークとしてのＯＫＲが即、シリコンバレーの成功企業の結果には結びつくことはないことを意味している。かつて、他社がこぞってトヨタ生産方式の導入を試みて、その中核である「カンバン・カード」のみを導入したものの、それを支えるシングル段取り、多台持ち可能な多能工の育成などを怠り、全体的なシステムとしての導入に失敗したケースが、それを物語っている。

**図表1.2.5** OKRの組織文化・思考とフレームワークの特徴

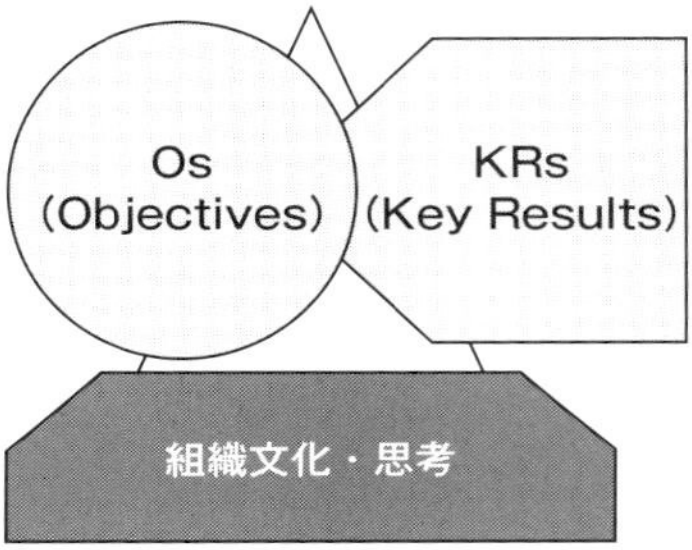


| | 組織文化・思考 | フレームワーク（Os＋KRs）の特徴 |
|---|---|---|
| ① | イノベーション | ＊アグレッシブな目標（BHAG） |
| ② | アジャイル | ＊周期は四半期（短期）<br>＊頻繁なモニタリング（月次、必要に応じて週次） |
| ③ | フォーカス | ＊厳選されたOsとKRs |
| ④ | エンゲージメント／参画 | ＊OKR設定にトップダウンにボトムアップを併用<br>＊人事考課とは粗結合 |

また、その逆の例として、航空業界が、革新的なビジネスモデルであるＬＣＣ（格安航空会社）を導入するに当たって、既存のフルサービスエアラインとの組織文化の違いに配慮して、別会社や合弁会社として立ち上げることにより、成功を収めたことからも理解できる。

ＯＫＲの効果を期待する場合、ＯＫＲのフレームワークを支える土台となる組織資本の移転こそがキーとなることが分かる。

# 1.3 MBO、方針管理、戦略マップとOKRを比較検討する

## 1. MBO、方針管理との比較

これまで、基本形となるグーグル・モデルのOKRの意味と特徴をレビューしてきたが、次に類似のマネジメントの手法の系譜に沿って、OKRの位置づけと特徴を確認することにしよう。

**図表1・3・1**は、MBO、方針管理とOKRを、フレームワークとそれを支える思考とについて、比較し示したものである。

### 1）ルーツとされるMBOとの相違点

本章の冒頭で紹介したように、一般にOKRの起源は、ドラッカーのMBOであるとされている。

MBOからOKRへの「改良」点は、フレームワーク・レベルでは、「O」〝What〟（何を）に加えて、「KRs」〝How〟（どうやって）を加えた点にある。

図表1・3・1に示すように、これは「方針管理」と呼ばれている日本発の手法と酷似している。

### 2）MBOより類似点が多い方針管理

（1）方針管理の歴史

ここで日本企業、とりわけ社歴の長い製造企業が、OKRの導入を検討する折に、忘れてはならないのは、欧米の文献でほとんど紹介されない「方針管理」についてである。

方針管理は、帝人が1961年に考案した手法で、方針管理の名称自体は、ブリヂィストンタイヤが1966年に付けたものとされ、既に半世紀に及ぶ歴史を持つ手法である。[Akao,1991]

日本企業、特に製造企業にTQM／TQCの道

**図表1.3.1** MBO、方針管理とOKRの比較

| MBO | 項目 | OKR | 方針管理 |
|---|---|---|---|
| 目標(Objectives) | 1)フレームワークの要素 | Os(Objectives)と<br>KRs(Key Results) | 目標(Target)と<br>方策(Means) |
| *目標を評価する | 2)評価対象 | *KRsのみを評価する | *目標と方策の双方を評価する |
| *業績評価とつなげる | | *業績評価とつなげない | *業績評価とつなげる |
| *年次、四半期 | 4)マネジメント・サイクル | *四半期(月次)<br>*ファスト・フィードバック | *年次、四半期 |
| *ゴールセッティング<br>*セルフマネジメント<br>*リスクを嫌う | 3)思考 | *ゴールセッティングとマネジメント<br>*クリティカル・シンキング<br>*フォーカス、アジャイル、ポジティブ、シンプル、リスクティク<br>*透明性、オープン | *TQM(総合品質管理)の道具の一つ |
| *ボトムアップ | | *トップダウンとボトムアップ | *トップダウンとボトムアップ |

具として、１９８０年代から広く普及した。

「方針管理」または方針展開は、英語圏でもHoshin Kanri または Hoshin Planning、Hoshin Deploymentとも呼ばれ、１９８０年代に、ヒューレット・パッカード社での採用が切っ掛けとなって、世界的な展開を見ている。

赤尾が編集し１９９１年に米国で出版された“Hoshin Kanri: Policy Deployment for Successful TQM”によれば、ＯＫＲの発祥の地とされる「インテル」は、ヒューレット・パッカード、プロクター・アンド・ギャンブルそしてゼロックス等と並んで、方針管理を採用している米国主要企業の一社として紹介されていることにも注目したい。[Akao,1991]

（２）結果と要因に分解する

方針管理は、品質管理の基本的思想である「結果のバラツキは要因（プロセス）がバラツクからである」との考えに基づいて、ＭＢＯに改良を加えた手法である。

方針管理は、ＯＫＲと同様に、方針を目標と方策の二つに分解する。

ここで、「目標（Target）」つまり結果系の管理項目（ＫＰＩ）と同時に、「方策（means）」という手段にも管理項目を設定し管理の対象とする点に特徴がある。

### （３）ＯＫＲは方針管理を継承していると考えられないか

これまで見てきたマネジメント手法の系譜や、インテルにおける方針管理の導入といった経緯、そして何よりもフレームワークとしての構造、そして組織のカスケード（下位への展開）やアラインメント（連携）の手法も含めて考察すると、ＯＫＲはＭＢＯよりも方針管理を継承した手法であると考えるべきであろう。

フレームワークとしての相違点は、方針管理は、目標と方策（ＯＫＲでは、それぞれ、Ｏｓと ＫＲｓ）の双方を測定するための管理項目（ＫＰＩ）を設定するが、ＯＫＲでは、ＫＲｓのみを測定し、その結果をもってＯを評価するため、Ｏを直接測定することはしない点が相違するのみである。

そこで組織文化が重要な意味を持つことになる。フレームワークだけでは、日本の多くの製造企業が導入している（または、導入していた）方針管理の導入と変わらない効果しか期待できないことが想像できるからである。

なお、方針管理については、〈14・1〉講で方針の組織の下位への展開（カスケード）について、そして〈14・2〉講で戦略マップ／ＢＳＣや他のマネジメント・システムとの位置関係について検討しているので参照されたい。

## 2．戦略マップ／ＢＳＣとＯＫＲのフレームワーク・レベルの比較

次に、本書のメインテーマである戦略マップ／ＢＳＣとＯＫＲについて、フレームワーク・レベルで比較してみることにしよう。

**図表１・３・２**は両フレームワークの要素間の関係を図示したものである。

### 1）ツールの建付けと構成要素

戦略マップ／ＢＳＣは、

**図表1.3.2** 戦略マップ／BSCとOKRのフレームワーク・レベルでの比較

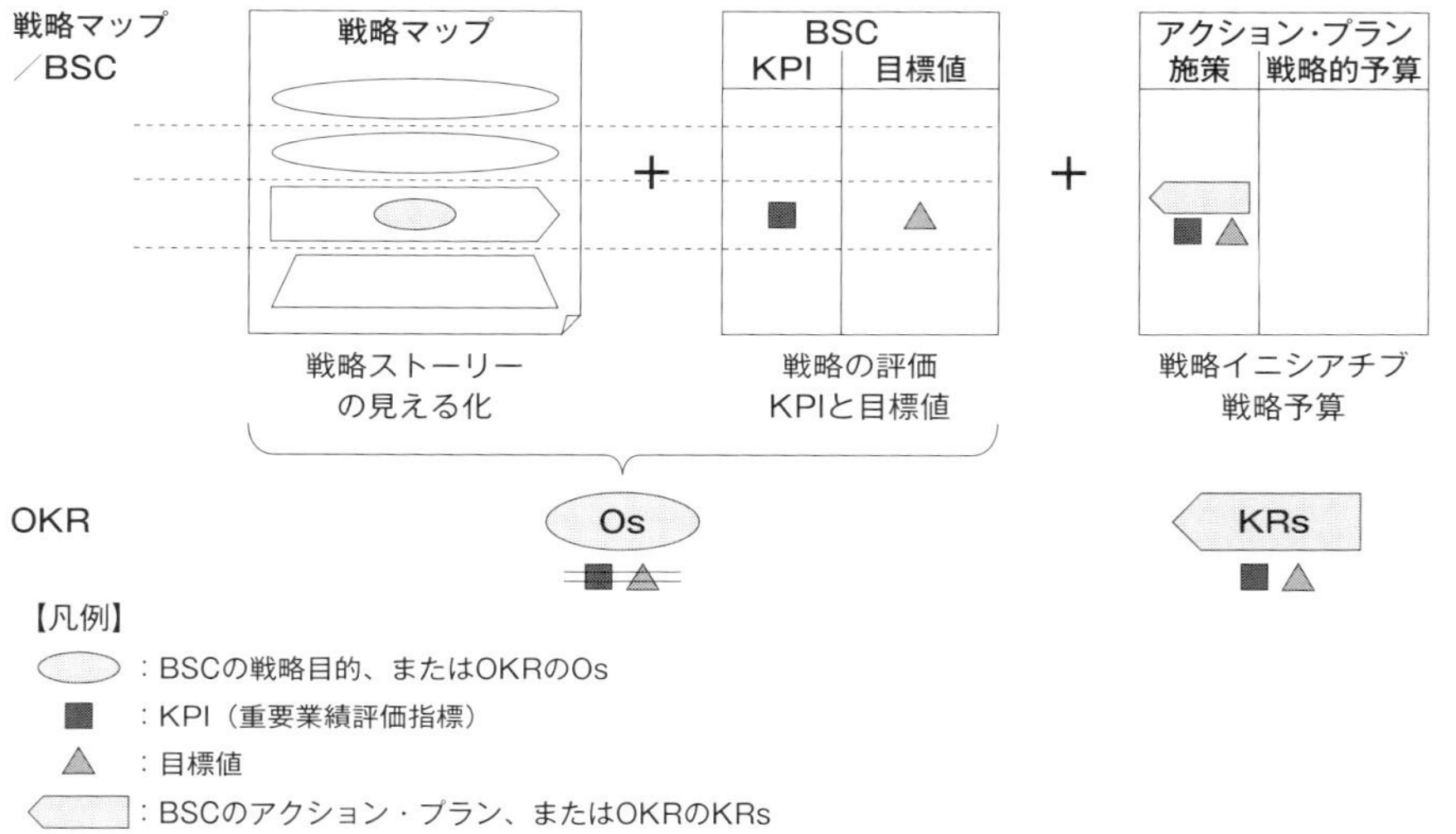


①戦略マップ＋ＢＳＣ＋アクション・プランの3点セットで、戦略をコミュニケートするフレームワークである。（詳しい解説は、〈8・1〉講を参照）

②「四つの視点」と戦略のストーリーを示す「戦略マップ」を持っている点が、ＯＫＲとのフレームワーク上の最大の違いであり、大きな利点である。

更に、

③戦略目的とアクション・プランの双方を評価するシステムである。

ＯＫＲで、直接評価することのない、Ｏｓ（Objectives）に相当する戦略マップ／ＢＳＣの「戦略目的（Strategic Objectives）」に対しても、ＫＰＩを設定し、バランス・スコアカード（ＢＳＣ）上で結果を評価する。

## 2）標準系の存在

戦略マップ／ＢＳＣは、その標準系として、提唱者であるキャプランとノートンのモデルの存在が大きな意味を持っている。彼等は、アクション・ラーニングを活用した優良企業表彰、地球規模での年次大会、書籍などを通じた情報の共有化を行うと共に、フレームワークの継続的な改良と標準化を、20年以上に亘って実践してきた。

一方でOKRについては、いわゆる「グーグル・モデル」が有名ではあるが、キャプランとノートンのようなリーダーシップは見られず、ドーア等による情報発信はこれまで限定的であり、フレームワークとしての成熟度は、戦略マップ／BSCに比べて未だ低いというのが、著者の見解である。

# 1.4 戦略マップとOKRの連携が大きな効果を生む

## 1. 戦略マップとOKRが寄って立つ思考の比較

前節では、戦略マップ／ＢＳＣとＯＫＲのフレームワークに注目し、その相違点を見てきた。次に、戦略マップ／ＢＳＣとＯＫＲの、思考や概念レベルを比較してみることにしたい。

戦略マップ／ＢＳＣは戦略レベルを対象とした「戦略のコミュニケーションとマネジメント」に焦点を当てて進化、定着したフレームワークである。

一方でＯＫＲはゴールセッティングのフレームワークであり、それが対象とする周期やモニタリングの頻度などから、戦略よりも戦術レベルを主たる対象とする「ゴールセッティング」のフレームワークであるといえる。（**図表1・4・1**）

「思考こそが、フレームワークを形づくっている」。つまりフレームワークは思考の現れであり、組織文化との関係がキーポイントとなる。その意味で、図表1・4・1の3）「特徴」に注目したい。これが、戦略マップ／ＢＳＣとＯＫＲを連携させる場合のポイントでありドライバーとなるものである。

図表の8）「フィットするマネジメントのマチュリティ・レベル（成熟度5段階スケール）」に関しては、ＯＫＲは、スタートアップのような歴史の浅い組織において有効に機能し、戦略マップ／ＢＳＣは統合マネジメントを指向しており、既に、中期経営計画、予算管理、業績評価などのマネジメント・システムが存在している組織に向いているシステムであると言える。

## 2. 戦略マネジメントから見た戦略マップとOKRの守備範囲

ＯＫＲは、本来ゴールセッティングのフレームワークであるが、会社レベルのＯＫＲには、ミッ

**図表1.4.1** 戦略マップ／BSCとOKRの思考の比較

| 戦略マップ／BSC | 項目 | OKR |
|---|---|---|
| *システム思考<br>*戦略マネジメント・システム | 1)思考<br>(目指すもの) | *クリティカル・シンキング(批判的思考) |
| *戦略コミュニケーション、戦略マネジメント<br>*統合マネジメント<br>*パフォーマンス・マネジメント | 2)目的 | *イノベーション<br>*目標設定とモチベーション |
| *選択と集中(戦略の観点)<br>*四つの視点<br>*戦略マップ(戦略ストーリーの見える化) | 3)特徴 | *フォーカス<br>*アジャイル<br>*ポジティブ<br>*シンプル<br>*オープン |
| *中堅、大型 | 4)最もフィットする組織規模 | *スタートアップ、中小 |
| *戦略的ビジネスユニット(SBU) | 5)対象となる組織上の基本単位 | *チームと個人 |
| *中長期(3~5年)<br>(戦略を対象とするため) | 6)計画対象期間 | *四半期、年次(アジャイルを指向するため) |
| *四半期(月次) | 7)マネジメント・サイクル／モニタリング | *四半期、月次、週次 |
| *3以上 | 8)フィットするマネジメントのマチュリティ・レベル(成熟度5段階スケール) | *2以上 |

ションや戦略との調整が必要となり、それを部門レベル、チームレベルそして個人レベルへとカスケードすることになる。

そこで、戦略マネジメントのプロセスをキャプランとノートンの「SFO（戦略志向の組織体）のペンタゴン」と呼ばれる六つのステップに分けて、戦略マネジメントのツールである戦略マップ／BSCと、ゴールセッティングのツールであるOKRの機能を比較し示したのが、**図表1・4・2**である。

なお図表中の「★印」は著者が判断したフレームワークの有効度を示すもので、★三つを満点としている。

（1）四つの視点とストーリー

図表の、2）「戦略を業務の言葉に変換する」で、OKRには、視点という概念はなく、戦略マップのように戦略のストーリーをビジュアルに表現することができない。

また、OKRが重要視するOの達成をビジネス価値へと結びつけることについても明確に表現することができない。

**図表1.4.2** 戦略マネジメントから見た戦略マップとOKRの守備範囲

| 戦略マップ／BSC | 戦略マネジメントのステップ | OKR |
|---|---|---|
| ★★<br>＊戦略マップというフレームワークにより、戦略の構築を支援する | 1）経営者のリーダーシップで変革に備える | —<br>＊ミッション、ビジョンそして戦略を与件とする |
| ★★★<br>＊戦略マップの四つの視点をまたがる因果関係で戦略のストーリーを示す | 2）戦略を業務の言葉に変換する | ★<br>＊重要な小数の「Os」にフォーカスし、Os相互の関係は見ていない<br>＊視点という概念はない<br>＊戦略のストーリーは示せない |
| ★★★<br>＊組織階層をカスケード（展開）する<br>＊シェアードサービスをアラインメント（連携）する | 3）組織を戦略に結びつける | ★★<br>＊組織階層をカスケード（展開）する<br>＊クロスファンクショナルなアラインメント（連携） |
| ★★★<br>＊インセンティブと結びつける<br>＊パフォーマンス・マネジメント | 4）戦略を全員の仕事にする | ★★<br>＊フォーカスしたOsが戦略と結びついている保証は必ずしもない<br>＊インセンティブとは結びつけない（＊パフォーマンス・マネジメントではない） |
| ★★★<br>＊戦略予算と連携させたリソース配分の適正化<br>＊会議におけるモニタリング | 5）戦略を継続的プロセスにする | ★★<br>＊フォーカスしたOsが戦略と結びついている保証は必ずしもない<br>＊リソース配分への考慮はある（コミットしたOKRについて）<br>＊会議におけるモニタリング |

（注）「★印」は著者の判断による有効度を示し、★三つを満点としている。

（2）ミッション、ビジョンそして戦略とのリンク

ＯＫＲでは、会社レベルでも、最大5件のＯｓを各々独立して設定する。**図表1・4・3**に図示したように、ＯＫＲのＯの中には、ミッション、ビジョンそして戦略とは異なる方向を向くことも考えられるため、ミッション、ビジョンそして戦略とＯＫＲとのリンクの重要性が増している。

この点について、ニーブンは「ＯＫＲの最大の強みは、短期のサイクルを強調している点にある。これを持って、ＯＫＲは戦略的というより、戦術的なフレームワークであるとの批判もある。これを回避するため、ミッション、ビジョンそして戦略の確認が必須である。」とのコメントを述べている。[Niven,2016]

（3）業績評価やインセンティブとの結びつき

図表1・4・2の4）「戦略を全員の仕事にする」で、ＯＫＲはモチベーションを重視することから、ＯＫＲの達成を業績評価やインセンティブとは結びつけない。

以上を総合すると、戦略マップ／ＢＳＣとＯＫ

**図表1.4.3**　戦略マップを活用しOKRをミッション・ビジョンそして戦略と結びつける

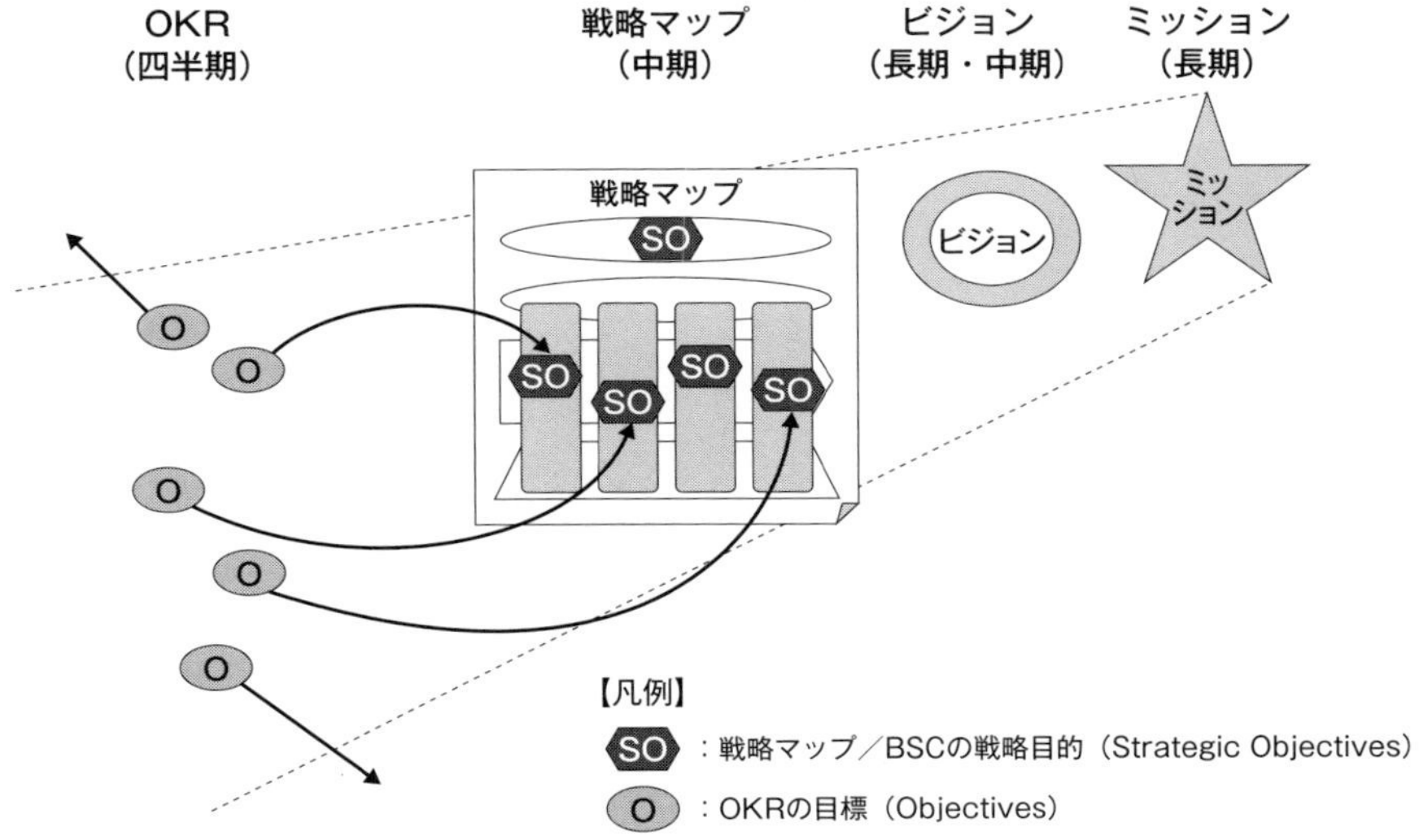

Rの双方の強みを活かしたアジャイル・マネジメントのための結合点は、図表上の2)と3)の間にあることが分かる。

### 3. 双方の目的と思考を重視し連携による相乗効果を狙う

#### 1) 戦略マップ/BSCとOKRは二者択一か連携か

これまで、戦略マップ/BSCとOKRについて、フレームワーク、組織文化・思考、そして戦略マネジメントの三つの観点から、双方の特徴と強みと弱みを確認してきた。いよいよ双方をどのように使いこなすのかについて考えてみよう。

①対立するフレームワークと捉えて、何れかを選択するか?

②双方を連携させ、相乗効果を狙うのか?

その答えは、②である。

(1) 方針管理vs.戦略マップ/BSC論争

約20年前に、戦略マップ/BSCが日本で広まる段階で、デミング賞受賞企業が多い製造業を中心に、既に形骸化しているケースもあったが、方針管理を導入している企業が多く存在していた。そこで、「方針管理vs.BSCの論争」が起こり、戦略マップ/BSCへのリプレイスの議論や、調整に多くのリソースを費やしていたことが記憶に新しい。

〈14・2〉講で、各種マネジメント・システムとBSCとの調整及び統合について検討しているが、その中の図表14・2・2で、「方針管理」について、「BSCによって全面的にリプレイスされるか、組織の上位レベルを戦略マップ/BSCの対象とし、中位以下について方針管理を残す方法が考えられる」と著者は指摘している。

戦略マップ/BSCとOKRの関係も、方針管理と類似するところが多いため、単にフレームワークだけに注目すれば、この方向性で間違いはないであろう。

(2) 思考や組織文化に注目して連携を図る

本章のテーマである戦略マップ/BSCとOK

Rの関係についてはどうだろうか。BSCについて豊富なコンサルティング経験を持つコンサルタントであり、著者が翻訳した『ステップ・バイ・ステップ　バランス・スコアカード経営』[Niven, 2002] を著したポール・R・ニーブンは、多くの企業がBSCを導入し、その効果を最大限に生かすことに苦労しているとし、その主要因の一つが増加していったモデルとしての複雑性にあると指摘し、より「軽い」システムとしてOKRに出会ったとして、OKRの優位性を説いている。[Niven & Lamorte,2016]

著者は、何れが適しているかという二者択一の使い分けの問題ではなく、先に検討した双方が寄って立つ思考の違いに注目すれば、戦略マップ／BSCとの連携の方向が鮮明になってくるはずであると考える。

### 2）戦略マップ／BSCとOKRの連携による相乗効果

では、フレームワークが寄って立つ目的や思考に注目し、双方の強みを活かし、弱みを補完しながら連携する、連携の方向性について見てみることにしよう。

#### (1) 戦略マップ／BSCとOKRの特徴のまとめ

**図表1・4・4**は、戦略マップ／BSCとOKRを連携させるに当たって、双方の強みと弱みを含む特徴を整理してまとめたものである。

ポイントは、戦略の見える化と、アジリティにある。

戦略マップ／BSCには、図表の1）「戦略ストーリーの見える化」、2）「目標の達成とビジネス価値の関係性」および4）「システム思考、統合思考」。つまり、戦略とのつながりと統合システムとしての強みがあり、OKRには、アジリティと導入・運用のハードルの低さに、強みがあることが分かる。

#### (2) 導入対象とする組織レベルと機能

双方ともに、実践段階では、カスケードやアラインメントにより、その適用範囲が広がることになるが、これまでの議論から、戦略マップ／BSCとOKRの導入に適した組織レベルと機能は、

**図表1.4.4** 戦略マップ／BSCとOKRの強みと弱みを含む特徴を対比

| 戦略マップ／BSC | 項目 | OKR |
|---|---|---|
| ★★★<br>戦略マップで戦略を見える化する | 1)戦略ストーリーの見える化 | —<br>戦略を与件とする |
| ★★★<br>戦略マップ上の「戦略目的」のつながりの見える化 | 2)目標の達成とビジネス価値の関係性 | ★<br>「O(目標)」が孤立しており、つながりを見える化できない |
| ★<br>中期計画の策定サイクル | 3)アジリティ、環境変化対応 | ★★★<br>四半期単の短期目標設定とレビュー |
| ★★★<br>業績評価、予算管理他のシステムとの連携 | 4)システム思考、統合思考 | —<br>独立色が強い<br>業績評価や報酬との連携はしない |
| ★<br>体系化された統合システムで、マネジメントの高い成熟度が求められる | 5)導入・運用の容易性 | ★★★<br>統合思考でないため、アドホック、スポット導入が容易、チームや個人レベルでの導入になじむ |

(注)「★印」は著者の判断による有効度を示し、★三つを満点としている。

**図表1.4.5** 戦略マップ／BSCとOKRの導入に適した組織レベルと機能

| 戦略マップ／BSC | 項目 | OKR |
|---|---|---|
| | 1)組織のレベル | |
| (持ち株会社など)○ | ・会社全体 | ○(スタートアップなど) |
| ◎ | ・ビジネスユニット | ○(スタートアップなど) |
| ○ | ・チーム | ◎ |
| (スコアカード)○ | ・個人 | ◎ |
| ○ | ・プロジェクト | ○ |
| | 2)機能 | |
| ○ | ・ライン | |
| ○ | ・シェアードサービス | |
| ○ | ・研究開発 | ○ |
| ○ | ・新規事業 | ◎ |

(注)◎、○の順に適合度のランクを示してある。

図表1・4・5に示すように、戦略マップ／BSCは、戦略策定の基本単位であるビジネスユニットが、そしてOKRは比較的小規模で、組織を串刺ししたチームや、新規事業などアジャイルとポジティブ思考が求められる機能が、最も導入に適していると言える。

## 3）戦略マップ／BSCとOKRの連携のパターン

（1）戦略マップ／BSCの未導入組織

スタートアップなどで、ゴールセッティング・システムとしてOKRを会社レベルで活用する場合には、ミッションとOsのベクトルを合わせることが重要になる。

図表1・4・3で示したように、Osが、ミッション（または、ビジョンと戦略）が示す方向を向いていなければ、OKRの達成は事業価値の向上につながることはなく、またミッション（または、ビジョンと戦略）への貢献も期待できない。

このベクトル合わせを担保する方法として、会社レベルの戦略があれば、それを確認することになるが、戦略が作成されていないか、あっても明確でない場合には、戦略マップ（BSCまで作成しなくとも）を作成し、マップ上の「戦略目的」（中期を視野に入れている）を受けて、OKRのOs（四半期での達成を想定している）を選定する方法を推奨したい。この場合、戦略の柱を示す戦略マップの「戦略テーマ」の中から、自組織にとって重要なテーマを1件ずつ選定することも有効である。

なお、戦略テーマについては〈6・3〉講で詳しく解説している。

（2）戦略マップ／BSCの既導入組織

戦略マップ／BSCを導入している組織の場合、全社展開中、部分展開中（あるビジネスユニットなど）に係わらず、戦略マップ／BSCの既導入組織にあっては、OKRの組織文化と思考上の特徴を生かして、研究開発部署や新規事業、そして社内ベンチャーに適用することが考えられる。その場合でも、会社レベルの戦略を戦略マップで明らかにし、これをOKRで受ける方法を推奨する。

（３）ブレーンストーミング的な活用

ＯＫＲを明確なゴールセッティングの「システム」としてではなく、スタートアップ、新規事業開発や新製品開発に係る、ブレーンストーミングのフレームワークとして活用することが考えられる。

戦略マップについても似たような使われ方がある。セッション参加者間での戦略の討議や理解に活用するのみで、システムとして活用しないというものである。参加者による理解や知識の共有といった一定の効果はあるものの、ビジネス上の効果は限定的で、継続性に欠けるという問題がある。

# レッスン２

# ビジネスモデル

## 〜BM-Mapと戦略マップを連携させたビジネスモデル・ベースの戦略マネジメント

タダでも儲ける「フリー」やネット社会の「プラットフォーマー」の躍進など、価値創造の仕掛けであるビジネスモデルの重要性が高まっている。

ビジネスモデルの四つの構成要素は、戦略マップ／BSCの四つの視点に共通している。戦略を見える化する戦略マップと、ビジネスモデルを見える化する「ビジネスモデル・マッピング」を活用したビジネスモデル・イノベーションを提案する。

## 2.1 ビジネスモデルの巧拙が勝敗を決める

### 1．ＧＡＦＡの成功を支えるビジネスモデル

良いものをつくれば売れるという時代は、もはや過去のものになってしまった。その背景には、急激なグローバル化とＩＣＴ（情報通信技術）の進展などが挙げられる。

21世紀に入り、企業間の競争は、品質、機能、価格、納期といった製品を中心とした競争から、サービスを含むビジネスモデルの競争の時代に移行している。

「ＧＡＦＡ」や「ＦＡＮＧ」と呼ばれる、グーグル、アップル、フェースブック、アマゾン、ネットフィリックスといった、ネット社会を代表する企業の成功は、優れたビジネスモデルを構築し改革し続けている結果でもある。

**図表２・１・１**は、アマゾンが採用している代表的なビジネスモデルのパターンを掲げたものである。同社が、ＭＳＰ（マルチサイド・プラットフォーム）やロングテールといったＩＣＴによって加速されたビジネスモデルに加えて、ＩｏＴ（Internet of Things：モノのインターネット）を活用したビジネスモデルについても積極的に取り込んでいることが分かる。

ビジネスモデルは、何もＩＣＴビジネスの専売特許ではない。激変する今日のグローバル環境下では、むしろ製造業、流通業、サービス業などのＩＣＴビジネス以外の業態においてこそ、ビジネスモデルの革新が求められている。

このことは、航空業界で米サウスウエスト航空が生み出した「ＬＣＣ（格安航空会社）」、アパレル業界で、ＧＡＰが生み出し、今やＺａｒａやＨ＆Ｍそしてユニクロなどの「ＳＰＡ（製造小売

**図表2.1.1** アマゾンのビジネスモデル

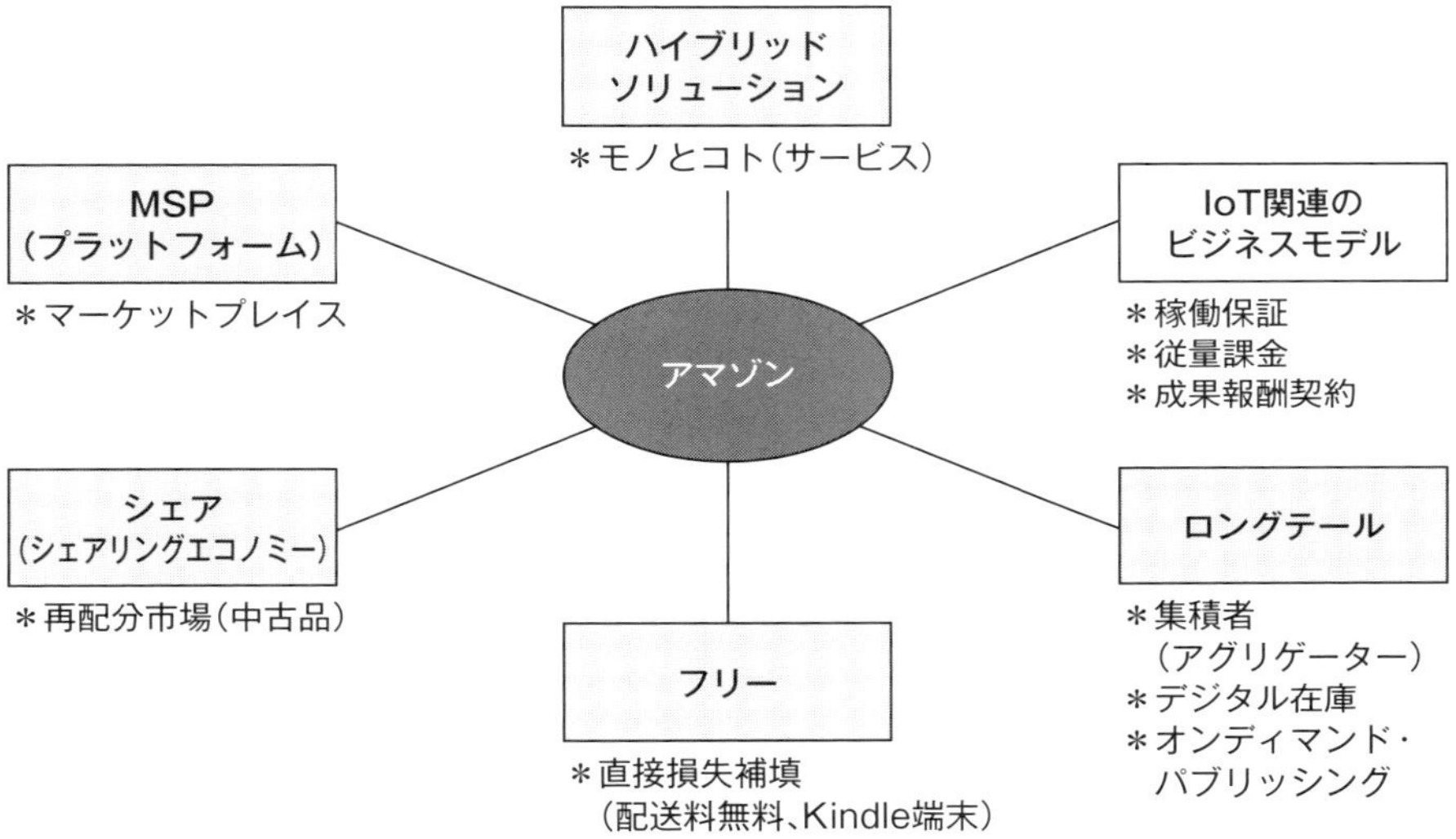


業)」と呼ばれるイノベーティブなビジネスモデルを創造、あるいは適用した企業の隆盛を見ても明らかである。

## 2. ビジネスモデルのイノベーションがうまくいかないワケ

『ホワイトスペース戦略』の著者M．ジョンソンによれば、「イノベーティブなビジネスモデル」とは、

- 既存の市場のあり方を一変させる
- 新しい市場を創出する
- 業界全体の様相を根本から変える

可能性を持つものであるとしている。[Johnson,2010]

このことは、「アマゾン・イフェクト」とも呼ばれるアマゾンの躍進を見れば容易に頷けるところである。

ところが皆が皆、ビジネスモデルのイノベーションに成功するわけではなく、むしろ失敗例の方が多いというのが現状である。

「ビジネスモデル・イノベーション」がうまくいかない理由としては、

・ビジネスモデルとは何かを正しく理解していない、そのため
・自組織のビジネスモデルの現状が分らない
・新たなビジネスモデルが必要とされる、時期と理由、そして開発の方法を理解できていないこと、つまりビジネスモデルについて無知であること

が原因であるとジョンソンは指摘している。正に、ご指摘の通りである。

では、ビジネスモデルを知る方法にはどのようなものがあるのか。次に見てみることにしよう。

# 2.2 ビジネスモデルの基本を押さえる

## 1．ビジネスモデルの名称と定義

ビジネスモデルの名称としては、事業モデル、プロフィット・モデル、ビジネスシステム、利益モデル、などなど、様々な用語が無造作に用いられているのが実態である。

その定義についても、単に「儲かる仕掛け」や「儲ける仕掛け」など曖昧なまま使われており、ビジネスモデルに関する合意された正確な定義が語られることは少なかった。

そこで著者は、先のジョンソンらによる定義を参考に次に示すように定義している。［松原,2013］

> ビジネスモデルとは、顧客と企業の双方に向けた価値の創造と提供の仕組みである。

ここで「儲ける」とは、〈企業〉に価値をもたらすことを意味し、そのためには、まず〈顧客〉に対して価値を提案する必要があり、それらの価値を生み出すには、バリューチェーンとその源泉としての経営資源が使われることを示すシステムとして捉えている。

（注）SDGsなど、環境や社会的価値までも見据えたビジネスモデルを明確にするには、更に「環境・社会」を加えることになる。これについては、第3章で詳しく取り上げる。

## 2．成功するビジネスモデルのパターン

ビジネスモデルの重要性が増す中で、個々の成功したビジネスモデルをパターン化する参照モデルの研究も2000年に入ってから盛んになってきている。

### 1）成功するビジネスモデルのパターン化

「モデル」という言葉でまず思い浮かぶのは、おそらくモデルプランのような模範、手本そして標準といった意味であろう。モデルには、その他に「ある事象について、それを構成する諸要素とそれらの相互関係を定式化し表したもの」という意味がある。

ビジネスモデルのモデルの広義の意味としては、まずは後者を指すと理解した方が良いであろう。

事業価値の優劣に係わらず、どの企業にも必ず「建付け」としてのビジネスモデル（現状：Ａｓ－Ｉｓ）がある。このため、「事業を営んでいれば、そこにはビジネスモデルがある」との指摘にも合点がいく。

一方で、個々のビジネスモデルの中には参照に値する優れたビジネスモデルも多く存在し、今も新たに創造され続けている。これら優れたビジネスモデルをベンチマークすることは自らのビジネスモデルを考えるに当たって大変有効である。その場合、単に個別のケースを取り上げるだけではなく、そのビジネスモデルを抽象化して「ビジネスモデル・パターン」として示すことが参照しやすいため、研究者やコンサルタントから提案されている。

これらのビジネスモデル・パターンをマスターすることは、企業のビジネスモデルを分析したり、自らのビジネスモデルの改良、改革を実施する上で、参照する「引き出し」を増やすことにつながるため、大いに推奨される。

### 2）代表的なビジネスモデル・パターン

ここでは、代表的なビジネスモデル・パターンの概要を紹介することにしよう。

**図表2・2・1**では、様々なビジネスモデル・パターンを大きく次の三つに分類して紹介している。

（1）ＩＣＴが加速させたビジネスモデル・パターン

これは２０００年代の中ごろに入って、先に取

**図表2.2.1** 主なビジネスモデル・パターン一覧

| ビジネスモデル・パターン | | ビジネスモデル・パターン | |
|---|---|---|---|
| 1. ICTが加速 | | (16) | 価値連鎖ポジション利益 |
| フリー | | (17) | 景気循環利益 |
| ロングテール | | (18) | 販売後利益 |
| マルチサイド・プラットフォーム | | (19) | 新製品利益 |
| シェア | | (20) | 相対的市場シェア利益 |
| 2. スライウォツキーの23種 | | (21) | 経験曲線利益 |
| (1) | 顧客ソリューション利益 | (22) | 低コスト・ビジネスデザイン利益 |
| (2) | 製品ピラミッド利益 | (23) | デジタル利益 |
| (3) | マルチコンポーネント利益 | 3. バリューチェーン革新他 | |
| (4) | スイッチボード利益 | 1）バリューチェーン革新 | |
| (5) | 時間利益 | オープン・イノベーション | |
| (6) | ブロックバスター利益 | ハイブリッド・ソリューション | |
| (7) | 利益増殖 | マス・カスタマイゼーション | |
| (8) | 起業家利益 | JIT | |
| (9) | スペシャリスト利益 | フランチャイズ・チェーン | |
| (10) | インストール・ベース利益 | 2）CSV | |
| (11) | デファクト・スタンダード利益 | CSV（共通価値の創造） | |
| (12) | ブランド利益 | 3）業種レベル | |
| (13) | 専用品利益 | EMS（電子機器受託製造業） | |
| (14) | ローカル・リーダーシップ利益 | SPA（製造小売業） | |
| (15) | 取引規模利益 | — | |

参照：『ビジネスモデル・マッピング・ケースブック』松原恭司郎編著、日刊工業新聞社、2014

り上げたアマゾンやアップルといったＩＣＴの機能を活用したビジネスモデルの研究からまとめられたビジネスモデル・パターンである。

なお、ＩＣＴが加速させたＢＭパターンについては、拙著『ビジネスモデル・マッピング教本』の第８章で詳しく検討しているので参照されたい。［松原,2013］

（２）スライウォツキーの23種のビジネスモデル・パターン

ビジネスモデル関連書籍の古典ともいうべきエイドアン・スライウォツキーの『ザ・プロフィット（原題は〝The Art of Profitability〟）』（原書の出版は２００２年）［Slywotzky,2002］と『プロフィット・ゾーン経営』（同１９９９年）他の中で紹介されているパターンである。

そこでは、図表2･2･1に示したように、利益を獲得する方法として23種のプロフィット・モデルが紹介されている。

なお、この23種のＢＭパターンについては、『ビジネスモデル・マッピング教本』の第10章で詳しく紹介している。［松原,2013］

（3）バリューチェーン革新他のビジネスモデル・パターン

ビジネスモデルは何もＩＣＴビジネスの専売特許ではない。製造業、流通業、サービス業などの業態においても、オープン・イノベーション、マスカスタマイゼーションといったビジネスモデルの革新的パターンが生まれている。

### 3）複数のパターンの組み合わせで構成されている

成功している事業のビジネスモデルは、図表2・2・1で紹介した、ある個別のビジネスモデル・パターンのみを活用しているものはむしろ少ないと言える。

現実のビジネスモデルは、先で見たアマゾンのケース（図表2・1・1）にあるように、複数のビジネスモデルのパターンの組み合わせで構成されていることも多いことに留意する必要がある。

このことは、拙編著の『ビジネスモデル・マッピング・ケースブック』で取り上げた28件の企業のビジネスモデルのケースで採用されている主なビジネスモデル・パターンの合計が54件に上っていることからもうかがえる。［松原,2014］

## 3．ビジネスモデルを見える化する

### 1）ビジネスモデルの見える化

ビジネスモデルの定義やパターン化を更に進めて、ビジネスモデルを「見える化」するには、どのような手法が有効なのだろうか。それは、曖昧になりがちな「文章」ではなく、フレームワークやマップなどの「図」を用いることであろう。

ビジネスモデルの見える化に、図（フレームワークやマップ）を用いれば、Ｍ・マハルコが指摘しているように、次の効果が期待できる。

＊マップにはストーリーが表れる
＊マップは全体像を見るのに役立つ
＊マップからは一次元的な原因と結果のつながりではなく、主な要因の相関関係が見えてくる
＊マップを作れば、無関係の静止した場面ではなく、変化の過程が読みとれる
＊マップは細部を見せてくれる（フロイトにとっては、文脈と矛盾する細部、典型的な推測と矛盾する細部こそ、創造的な発想の主な要素だった。）［Michalko,2001］

### 2）ビジネスモデルを見える化するフレームワークの登場

ビジネスモデルをフレームワークやマップで構造化し、見える化しようとする動きが2010年を前後して高まってきた。

そこで、代表的なビジネスモデルのフレームワークについて、その発表年順に見ることにしよう。

①ジョンソン等の「四つの箱のビジネスモデル（The four-box business model）」［Johnson,2010］

②オスターワルダー等の「ビジネスモデル・キャンバス（Business Model Canvas）」［Osterwalder,2010］

③松原恭司郎の「ビジネスモデル・マップ（Business Model-Map）」［松原,2013］

④ガスマン等の「マジック・トライアングル（Magic Triangle）」［Gassmann,2014］

があげられる。

**図表2・2・2**に示したように、いずれも、ビジネスモデルを構成する基本的要素とそれらの相互関係で示すという構造になっている。

これらのフレームワークは、ビジネスモデルの評価、優れたビジネスモデルとのベンチマーキング、そして新たなビジネスモデルの構想などに活用することができる。

**図表2.2.2** ビジネスモデルのフレームワーク

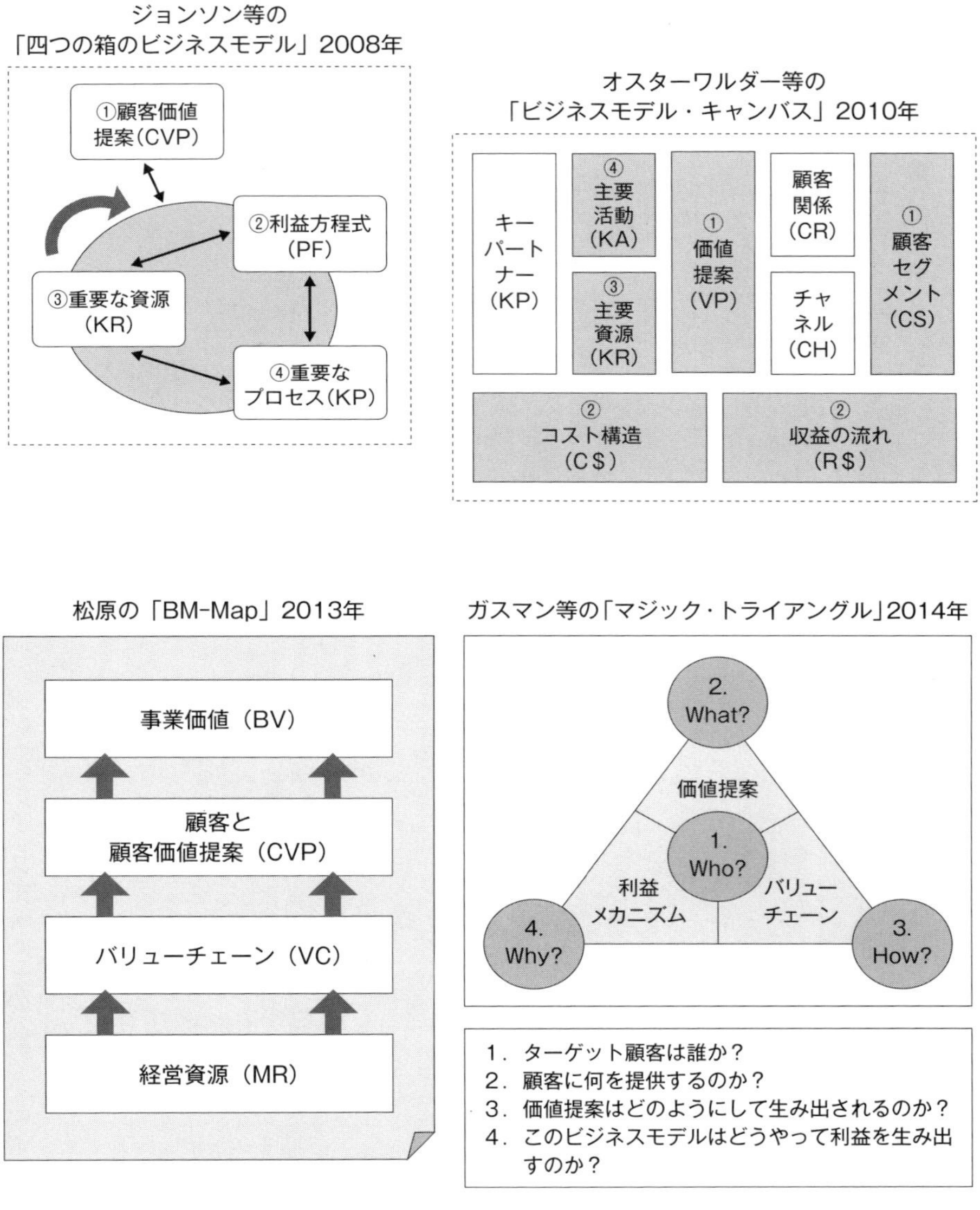
ジョンソン等の
「四つの箱のビジネスモデル」2008年
①顧客価値
提案(CVP)
②利益方程式
(PF)
③重要な資源
(KR)
④重要な
プロセス(KP)
オスターワルダー等の
「ビジネスモデル・キャンバス」2010年
キー
パート
ナー
(KP)
④
主要
活動
(KA)
③
主要
資源
(KR)
①
価値
提案
(VP)
顧客
関係
(CR)
チャ
ネル
(CH)
①
顧客
セグ
メント
(CS)
②
コスト構造
(C$)
②
収益の流れ
(R$)
松原の「BM-Map」2013年
事業価値(BV)
顧客と
顧客価値提案(CVP)
バリューチェーン(VC)
経営資源(MR)
ガスマン等の「マジック・トライアングル」2014年
2.
What?
価値提案
1.
Who?
利益
メカニズム
バリュー
チェーン
4.
Why?
3.
How?
1. ターゲット顧客は誰か?
2. 顧客に何を提供するのか?
3. 価値提案はどのようにして生み出されるのか?
4. このビジネスモデルはどうやって利益を生み出
すのか?

## 3）ビジネスモデルのフレームワークの共通点とBSCの四つの視点

これらビジネスモデルを見える化する代表的な四つのフレームワークに共通点があることにお気付きだろうか。それは、**図表2・2・3**に示すように、

①グルーピングや名称に異なる場合があるものの、ビジネスモデルを、⑴事業価値、⑵顧客（ターゲット顧客と顧客価値提案）、⑶バリューチェーン、そして⑷経営資源の四つの基本要素に分解していること。

②その上でビジネスモデルの構成要素間の相互関係を重視していることである。

この四つの基本要素と相互関係の重視は、正に戦略を見える化するフレームワークとしての戦略マップ／BSCの「四つの視点」に相当するものである。（〈6・1〉講を参照）

**図表2.2.3** ビジネスモデルのフレームワークに共通するポイント

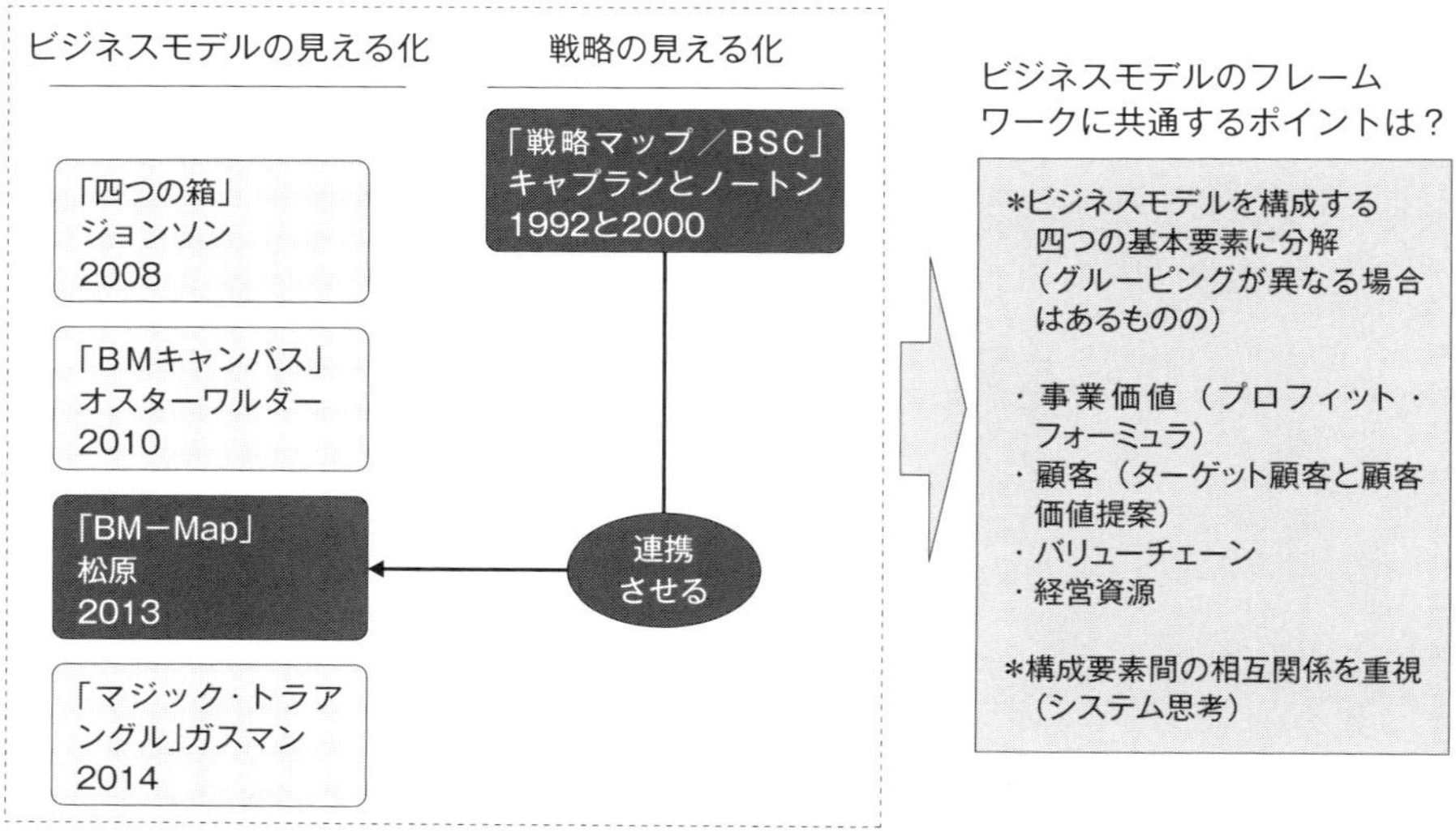

# 2.3 ビジネスモデルと戦略の関係を検討する

## 1. ビジネスモデルと（事業）戦略の関係

ここで、改めてビジネスモデルと（事業）戦略の違いについて考えてみることにしよう。

仮にビジネスモデルと（事業）戦略が同じものであり、四つの視点、または四つの構成要素で説明できるとするならば、ビジネスモデルを見える化するフレームワークとしては、実践にもまれ、関連知識も充実している戦略マップで十分であり、あえて、ビジネスモデルを見える化するツールを再び創り出す必然性が見当たらない。

だが、ここで問題となるのは、ビジネスモデルと戦略という双方の言葉の定義について定まったものがないことに加えて、ビジネスモデルと（事業）戦略との関係については、十分な議論がなされてこなかった点にある。

ビジネスモデルについて著者は、「ビジネスモデルとは、顧客と企業の双方に向けた価値の創造と提供の仕組みである」と定義した。

一方の、戦略の定義や策定手法については、ミンツバーグが『戦略サファリ』を出版した1998年時点で、既に10種類の考え方（スクール）の存在が認識されているように諸説存在している。（図表5・2・2参照）［Mintzberg,1998］

著者の調べによれば、双方の関係について明確に論述した文献はそれほど多くは存在しないが、その中で、ラモン・カサデサス＝マサネルらの見解を参考にした考えを**図表2・3・1**に示してある。

ビジネスモデルは、「ビジネスモデルとは、顧客と企業の双方に向けた価値の創造と提供の仕組みである。」と定義したように、静態的な概念であり、仕組みとして、「現状評価（Ａｓ－Ｉｓ）」

**図表2.3.1** ビジネスモデルと戦略の関係

| | ビジネスモデル | (事業)戦略 |
|---|---|---|
| 定義 | *定義…定説はなく、曖昧(儲かる仕掛け) | *定義…戦略の策定について諸説ある。ミンツバーグ「10の戦略学派」、「ポジショニング・アプローチとリソース・ベースト・ビュー」 |
| | *静態的、スナップショット | *動態的 |
| | *仕組み | *計画 |
| | *現状評価(As－Is)<br>*ビジョン(To－Be)<br>「何処へ行きたいのか」 | *「そこへどうやってたどり着こうとしているのか」 |
| まとめ(松原) | ビジネスモデルとは、顧客と企業の双方に向けた価値の創造と提供の仕組みである。 | 経営戦略とは、将来のビジョンを設定し、それを指定した期間内にどのようにして達成するかを示した計画である。 |

及び「将来のビジョン（Ｔｏ－Ｂｅ）」つまり「何処へ行きたいのか」を明確にすることができる。

一方で、（事業）戦略は、ミンツバークがまとめたように「10の戦略学派」など諸説あるものの、「経営戦略とは、将来のビジョンを設定し、それを指定した期間内にどのようにして達成するかを示した計画である。」と定義される動態的な概念であり、「そこへどうやってたどり着こうとしているのか」を示す計画である。

より詳しい解説は、拙著『ビジネスモデル・マッピング教本』の第5章第5節を参照されたい。［松原.2013］

# 2.4 ビジネスモデル・ベースの戦略マネジメントが大きな効果を生む

## 1．ビジネスモデル・マッピングの提案

ビジネスモデルと（事業）戦略の相互関係が、明確になったなら、まず、戦略のコミュニケーション・ツールである戦略マップ／BSCで学んできた知恵を活用しない手はないであろう。

そこで著者は、戦略マップ／BSCの知識・経験の上に立ったビジネスモデルのフレームワークとして、**図表2・4・1**に示すような基本的な三つのツールから成るフレームワークを開発した。この手法を「ビジネスモデル・マッピング」と呼んでいる。以下に簡単に解説することにしょう。

まず、図の右側に示した戦略マップ・BSCと対をなした次の二つのツールから始めることにしよう。

（1）BM‐Map（ビジネスモデル・マップ）

これは、ビジネスモデルを見える化するツールで、ビジネスモデルの四つの構成要素とそれらの相互関係を示したものである。ビジネスモデルの分析、評価、設計を含むコミュニケーションのツールとしての役割を果たす。

戦略を見える化する「戦略マップ」に対応する位置づけにある。

（2）BM‐DB（ビジネスモデル・ダッシュボード）

これは、ビジネスモデルの有効性を評価するKPI（重要業績評価指標）の設定とモニタリングを行うツールである。バランス・スコアカードの「スコアカード」に対応する位置づけにある。

そして、図の左側にあるのが、ビジネスモデルのフレームワークのために追加開発した三つ目のツールである。

（3）BM‐Tree（ビジネスモデル・ツリー）

**図表2.4.1**　「ビジネスモデル・マッピング」の三つのツール

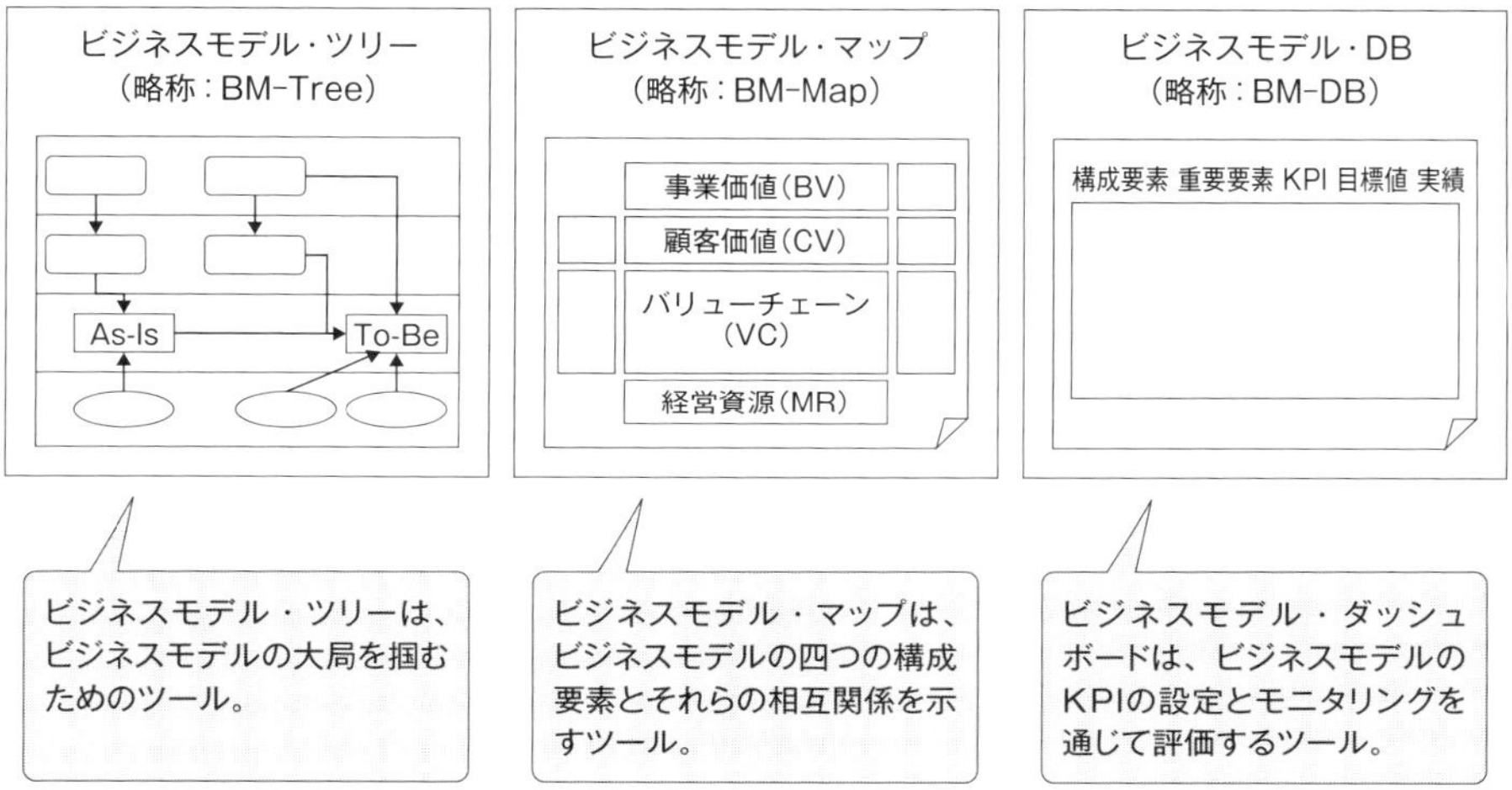


出典：松原恭司郎『ビジネスモデル・マッピング教本』日刊工業新聞社.2013

ビジネスモデルの大局を掴むためのツールである。対象とするビジネスモデルの解析（解析版）、組織のビジネスモデルの変遷（ヒストリー版）、そして新たなビジネスモデルの構想（イノベーション版）に用いることができる。

これは、戦略マップ／BSCにはない新たなツールである。

これらのビジネスモデル・マッピングの三つのツールについては、拙著『ビジネスモデル・マッピング教本』の第2章でより詳しく解説している。[松原.2013]

## 2．BM-Mapの構造とレイヤー

ビジネスモデル・マッピングの三つのツールの中で、戦略マネジメントの「戦略マップ」に相当する「ビジネスモデル・マップ（BM-Map）」について、少し詳しく紹介することにしよう。

### 1）BM-Mapの基本構造

「ビジネスモデル・マップ（BM-Map）」は、ビジネスモデルを見える化する基本的なツールである。先に紹介した代表的なビジネスモデルのフレームワークと同様に、顧客と企業への双方に向けた価値の創造と提供の仕組みであるビジネスモデルの構成要素と相互関係を図示したものである。

**図表2・4・2**を見てみよう。上段にある「事業価値」と「顧客と顧客価値提案」の二つの構成要素は、ビジネスモデルの定義の「顧客と企業の双方に向けた」に相当する。

（1）まず「事業価値（BV）」で、事業価値は適切か、つまり売上は充分か、利益やキャッシュフローは充分かについて見える化する。

（2）次に、「顧客と顧客価値提案（CVP）」で、ターゲット顧客と顧客価値提案は適切かを見える化する。

そして下段の二つの構成要素は、ビジネスモデルの定義にある「価値の創造と提供の仕組み」に相当する。

（3）「バリューチェーン（VC）」では、価値提供プロセスは適切か、つまりバリュー

**図表2.4.2** BM-Mapの基本構造

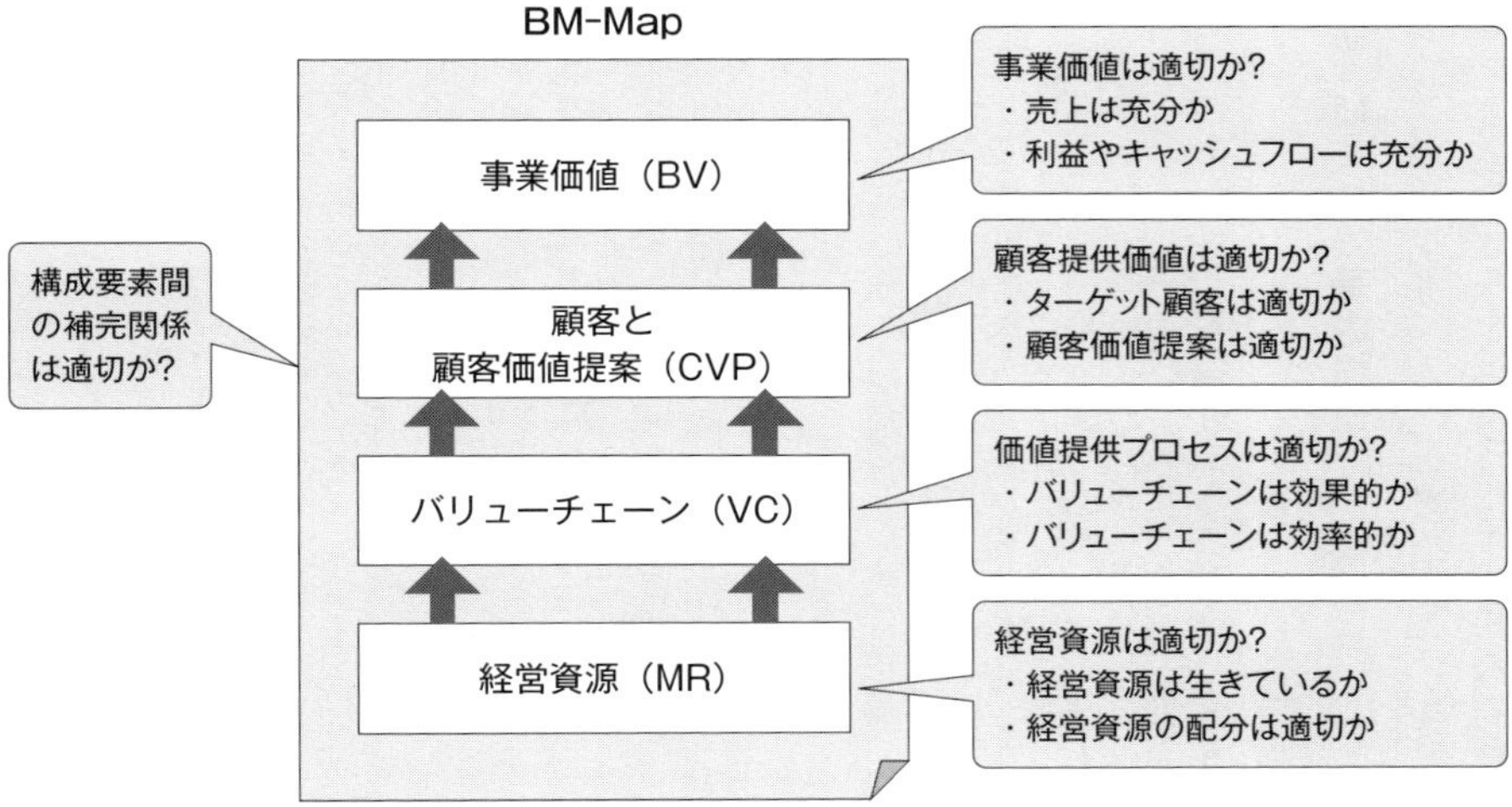
BM-Map
事業価値（BV）
顧客と
顧客価値提案（CVP）
バリューチェーン（VC）
経営資源（MR）
構成要素間の補完関係は適切か?
事業価値は適切か?
・売上は充分か
・利益やキャッシュフローは充分か
顧客提供価値は適切か?
・ターゲット顧客は適切か
・顧客価値提案は適切か
価値提供プロセスは適切か?
・バリューチェーンは効果的か
・バリューチェーンは効率的か
経営資源は適切か?
・経営資源は生きているか
・経営資源の配分は適切か

出典：松原恭司郎『ビジネスモデル・マッピング教本』日刊工業新聞社 .2013

チェーンが効果的かつ効率的であるかを見える化する。

（4）そして「経営資源（ＭＲ）」で、経営資源は適切か、つまり、経営資源が生かされているのか、そして経営資源が適切に配分されているかを見える化する。

更に、構成要素間に示した矢印は、補完関係の適切性を見える化することが、四つの各構成要素と同等以上に重要になることを示している。

## ２）ＢＭ-Ｍａｐの「テンプレート」

ＢＭ-Ｍａｐを活用したビジネスモデルの分析、評価、設計作業を支援するためには、四つの構成要素（コンポーネント）では抽象的である。そこで、キャプランとノートンが戦略マップの作成を支援する戦略マップのテンプレートも合わせて公開したように、事業価値を収益性と生産性に分けるなど「副次的構成要素（サブ・コンポーネント）」を例示すると共に、ビジネスとステークホルダー（利害関係者）とのつながりも明示した、ＢＭ-Ｍａｐの「テンプレート」（汎用版）を開発した。（図表２・４・３）

戦略マップのテンプレート（レッスン６参照）と比較した大きな特徴として、次が挙げられる。

（1）ビジネスの境界線を設定

ＢＭ-Ｍａｐでは、対象となるビジネスと関係するステークホルダーを明確にするために、境界線を設けている。図の中央が対象となるビジネスの範囲で、両サイドはビジネスの利害関係者であるステークホルダー、つまり投資家、顧客そしてパートナー等を示すようになっている。

（2）ビジネスモデルは「状態」で表現

ビジネスモデルはスナップショット、つまり静態的な静止画であり、動態的な（事業）戦略とは区別される。

そこで、ＢＭ-Ｍａｐでは、ビジネスの現状（Ａｓ-Ｉｓ）を評価し、またあるべきビジョン（Ｔｏ-Ｂｅ）を描くため、ＢＭ-Ｍａｐ上の個々の重要要素（キー・ファクター）は、「高い利益率」、「短い納期」、「士気の高い社員」など「状態」を表す言葉で表現することになる。

なお、ＢＭ-Ｍａｐのテンプレートについて

**図表2.4.3** BM-Mapの「テンプレート（汎用版）」

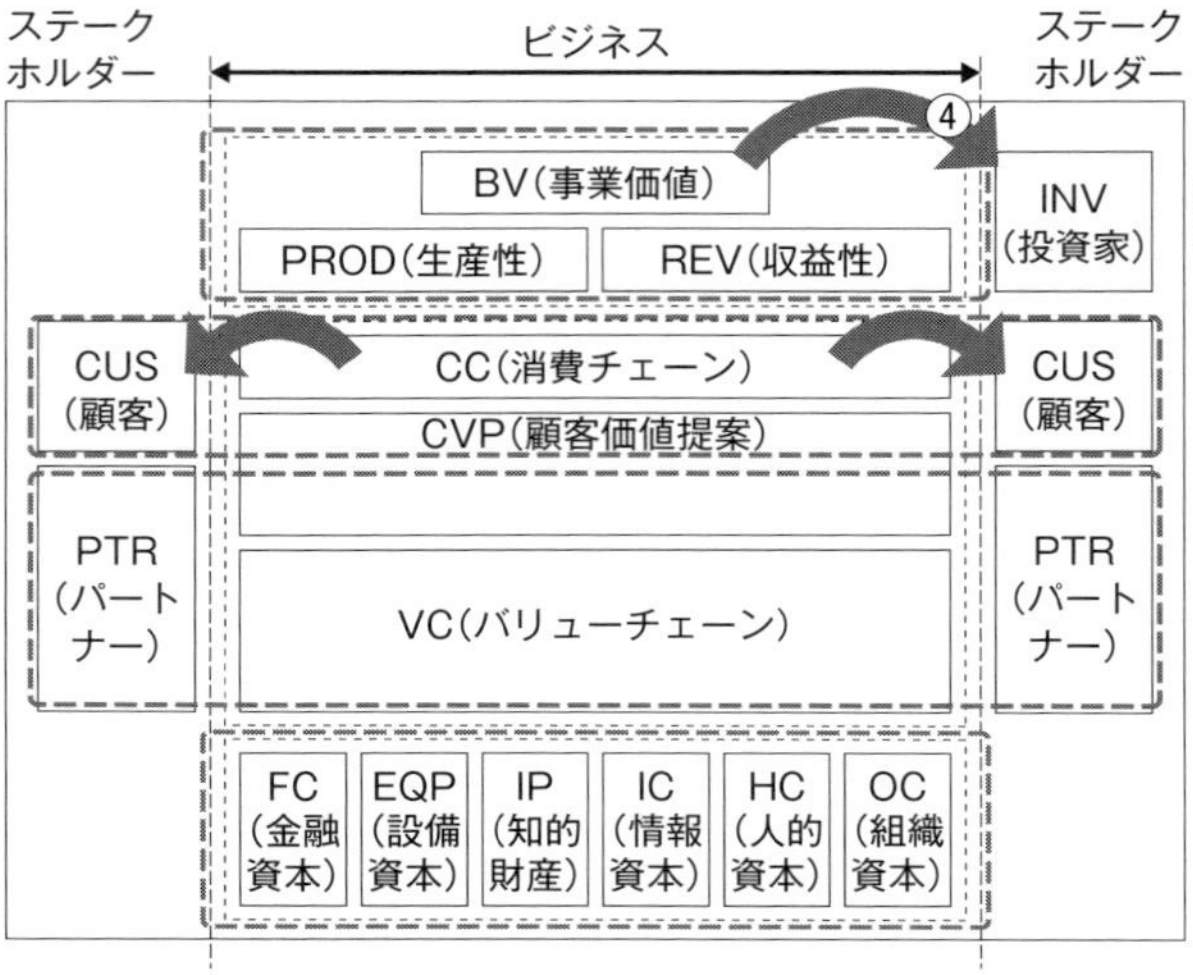


出典：松原恭司郎『ビジネスモデル・マッピング教本』日刊工業新聞社.2013

は、ビジネス・エコシステムとのつながりが新たなビジネス・チャンスとなるＩｏＴ（インターネット・オブ・シングズ）に対応したＢＭ‐Ｍａｐ（ＩｏＴ版）を開発し、拙著「ＩｏＴを活かすビジネスモデルの見える化と勘所」で紹介している。［松原.2017］

### 3．ビジネスモデル・ベースの戦略アプローチ

フレームワークを使ってビジネスモデルを見える化する機運が高まってきた。だが、それだけで満足していてはいけない。

ビジネスモデルと戦略を「関連付け」られれば、計り知れない効果が期待できる。ビジネスモデルと戦略を融合した新たなマネジメントとして、著者は「ビジネスモデル・ベースの戦略アプローチ」の体系を提案している。

次に、ビジネスモデルを見える化する「ビジネスモデル・マップ」と、戦略を見える化する「戦略マップ」を活用したビジネスモデルと戦略の連携アプローチについて紹介する。

### １）ビジネスモデル・ベースの戦略アプローチ

**図表２・４・４**は、ビジネスモデルと戦略との関係を示している。ここで、図の左下に位置する「ＢＭ-Ｍａｐ（Ａｓ-Ｉｓ版）」はビジネスモデルの現状の姿を示し、右側の「ＢＭ-Ｍａｐ（Ｔｏ-Ｂｅ版）」は、将来あるべきビジョンを示している。

「ビジネスモデル・ベースの戦略アプローチ」は、次のステップを踏んで戦略を策定する。

（１）現状のビジネスモデルのアセスメント

ビジネスモデルのマチュリティ・モデルや、ＢＭ-ＭａｐとＢＭ-ＤＢを活用して、組織のビジネスモデルの実態を把握する。この時に、〈経営資源〉にある組織のコア・コンピタンス（中核となる能力）に着眼し、次に、改善や革新を起こすべき点の見極めを行う。

（２）将来のビジョンの設定

将来のビジョンとして、コア・コンピタンスを最大限に活かすことができ（これが戦略論の中のリソース・ベースト・ビューにあたる）、今後成

**図表2.4.4**　ビジネスモデルと戦略の連携（コンセプト・レベル）

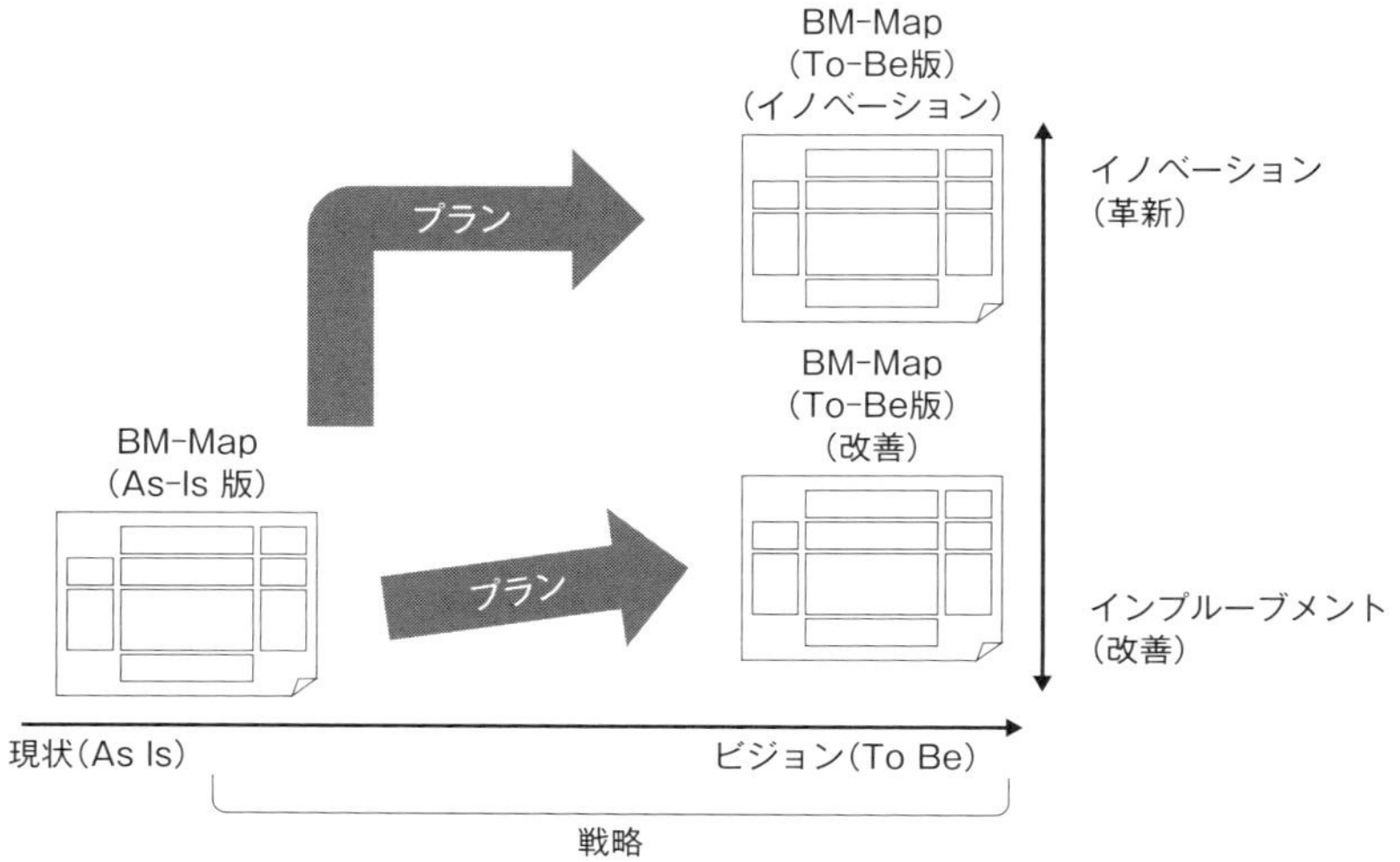


出典：松原恭司郎『ビジネスモデル・マッピング教本』日刊工業新聞社 .2013

長が見込まれる産業、業種、製品カテゴリーでどのようなポジションを確立するべきか（ポジショニング・アプローチ）を検討する。その際に、BM-Tree（イノベーション版）や、BM-Map（To-Be版）を使って、ビジョンを鮮明に描きだす。

（3）戦略の策定

ビジョンを達成するための独自の方法として、戦略を策定し、それを戦略マップとBSCを使って見える化する。

### 2）SWOT分析から戦略マップを作成するアプローチの課題

〈10・1〉講で詳しく取り上げているように、戦略マップを作成するアプローチとして、SWOT分析から抽出されたCSF（重要成功要因）を戦略マップ上の四つの視点の該当する箇所に配置するアプローチが広く紹介され、実践されてきた。

しかし、このSWOT分析から戦略マップを作成するという比較的ポピュラーなアプローチは致命的な問題点を幾つか内包している。

ビジョンを明確にしないまま、現状の問題とその改善策が議論されてしまうこともその一つである。

「ビジネスモデル・ベースの戦略アプローチ」が、一般に行われているSWOT分析から誘導して戦略マップを作成するアプローチの限界を改善する有効な方法の一つとなることが期待される。

### 3）フレームワークの共有がもたらすメリット

ビジネスモデルと戦略の連携に関して活用するフレームワークの部分をクローズアップして示したものが**図表2・4・5**である。

フレームワークを共有することにより、次のメリットを得ることが期待できる。

①戦略マップとBSCの特徴を取り入れたBM-MapとBM-DBにより、ビジネスモデルの評価能力が向上する。

②戦略マップ／BSCの特徴である因果関係が、BM-Mapでも強調され、現在のビジネスモデルの問題点を明らかにし、新たなビジネスモ

**図表2.4.5** ビジネスモデルと戦略の連携（フレームワークの共有）

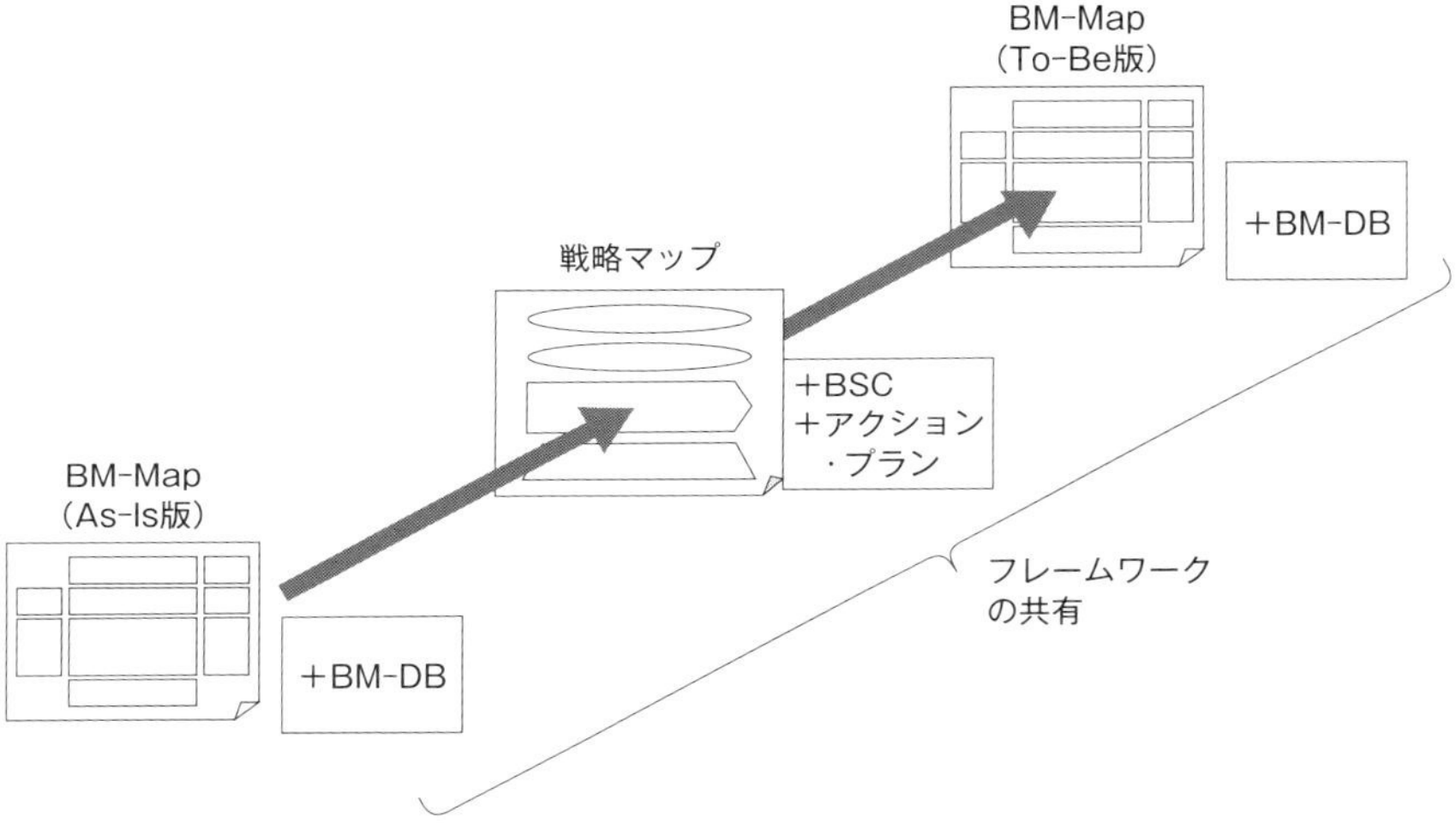


出典：松原恭司郎『ビジネスモデル・マッピング教本』日刊工業新聞社.2013

デルの構想に役立つ。

③ビジネスモデル・マネジメントと戦略マネジメントを連携させることにより、ビジネスモデルのイノベーションに必要な戦略的なアクション・プランの策定につなげ、ビジネスモデル・イノベーションに重要な経営資源が割り当てられ、その実現可能性を高めることができる。

④ビジネスモデル・マネジメントと戦略マネジメントのフレームワークの構造を統一することにより、ビジネスモデルと戦略の連携が向上する。

先に紹介したように、ビジネスモデルを見える化するいくつかのフレームワークが開発されてきたが、このようにフレームワークの構造を統一し共有することが、ビジネスモデル・マネジメントと戦略マネジメントのプロセスの連携を後押ししてくれることになる。

本章で紹介したビジネスモデル・マッピングについては、著者による次の書籍が出版されている。

■松原恭司郎『ビジネスモデル・マッピング教本』日刊工業新聞社．２０１３

■松原恭司郎編著『ビジネスモデル・マッピング・ケースブック』日刊工業新聞社．２０１４

■松原恭司郎「ＩｏＴを活かすビジネスモデルの見える化と勘所　～ビジネスモデル・マッピングの基礎からＩｏＴ対応の『価値星座-Ｍａｐ』まで」Amazon Kindle,2017

# レッスン3

# SDGs
## ～SDGsの戦略への組み込みを戦略マップで見える化する

経団連によるSDGs（持続可能な開発目標）に配慮した「企業行動憲章」の改訂、GPIF（年金積立金管理運用独立行政法人）によるESG（環境・社会・ガバナンス）要因を考慮した投資がスタートするなど、環境と社会に配慮した戦略の策定の重要性が高まっています。

そこで、国連のSDGsに係るグローバルな潮流を概説し、SDGsの戦略への組み込みを見える化するビジネスモデル・マップと戦略マップの活用を提案する。

# 3.1 高まるＳＤＧｓとＥＳＧへの関心

## １．ＳＤＧｓとＥＳＧ投資に向けたグローバルなうねり

国連の「ＳＤＧｓ（持続可能な開発目標）」、「ＥＳＧ（環境・社会・ガバナンス）投資」など、企業活動を巡るサステナビリティという新たな潮流を、グローバルと日本の双方の動きから概観してみよう。

### １）環境と社会重視のビジネスへの舵取り

ビジネスの領域では、**図表３・１・１**の左上に示したように、既に２０００年前後には、ＴＢＬ（トリプル・ボトムライン）の提唱、ＣＳＲ（企業の社会的責任）そして、２０１１年には、マイケル・ポーターらによって、「ＣＳＶ（共通価値の創造）」が提唱されており、環境と社会への意識が高まっていた。

今般、国連がＳＤＧｓ（持続可能な開発目標）を２０１５年に採択したことにより、強制力はないものの、環境と社会重視の経営へとギア・チェンジが進んでいる。

### ２）長中期の投資とＥＳＧ要素への配慮

一方で、金融市場を見ていると、２００８年のリーマン・ショックと呼ばれる世界規模の金融危機の発生の原因の一つともなった短期志向の経営と投資への反省が叫ばれるようになった。

図表３・１・１の右側に示したように、国連のＰＲＩ（責任投資原則）に署名した機関投資家が、ＥＳＧ（環境・社会・ガバナンス）要素に配慮した投資に力を入れ始めている。

企業と機関投資家を始めとしたステークホルダーとの対話の重要性が指摘され、２０１３年には国際統合報告評議会（ＩＩＲＣ：International

**図表3.1.1** SDGsとESGに係るグローバルな動き

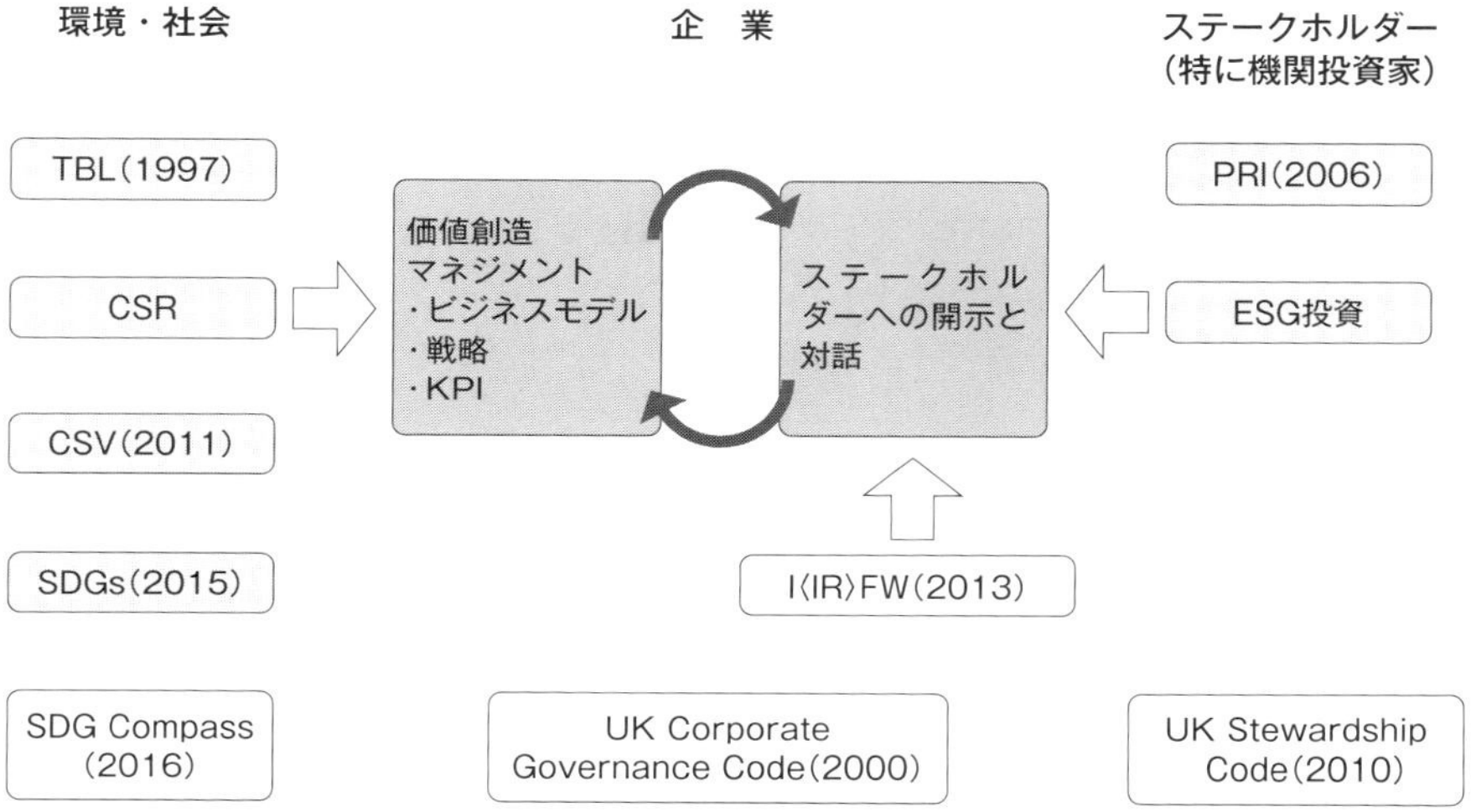


Integrated Reporting Council）から、「I〈IR〉フレームワーク（国際統合報告フレームワーク）」が公表されており、日本でもグローバル企業を中心に、いわゆる「統合報告書」を発行する企業の数が、２０１７年には約４００社に上っている。

## 2．SDGsに係る日本国内のムーブメント

日本国内に目を転じると、**図表3・1・2**に示したように、安倍政権が主導する一連の動きが見て取れる。２０１６年には日本政府内に首相をトップとする「ＳＤＧｓ推進本部」が設置された。

日本経済団体連合会は、２０１７年に改訂版の「企業行動憲章２０１７」「Society5.0 for SDGs」を公表し、ＳＤＧｓを前面に打ち出している。

また、機関投資家の間では、ＥＳＧ要素に配慮した投資判断を行う「ＥＳＧ投資」の動きが加速している。

国民の年金を預かるＧＰＩＦ（年金積立金管理運用独立行政法人）は、２０１５年にＰＲＩに署名し、２０１７年からＥＳＧ投資をスタートさせている。

図表3.1.2　SDGsとESGに係る日本の動き

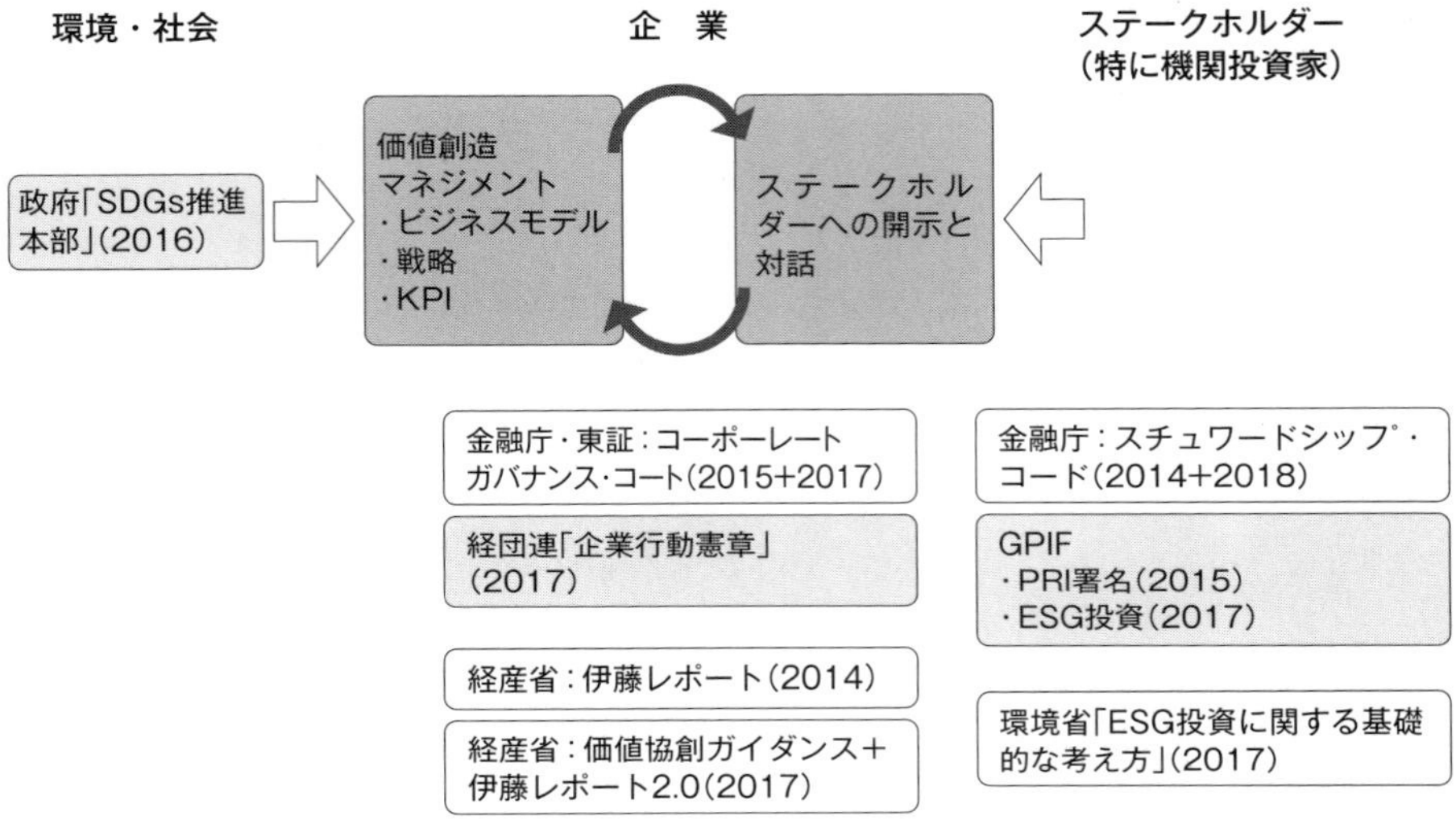


民間企業の間では、環境・社会に係るこの一連のムーブメントを積極的に活用しようとする機運が高まっている。そのために、本章のテーマでもある持続的成長と価値創造のテコとして、SDGsをどのようにして戦略に組み込むかが、世界的な重点課題となっている。

# 3.2 SDGsとESGの基本を押さえる

## 1．持続可能な社会の実現を目指すSDGs

### 1）2030年に向けた国連のSDGs

SDGs（Sustainable Development Goals：持続可能な開発目標）は、2015年9月の「国連持続可能な開発サミット」で採択されたもので、国連が主導する、あらゆる貧困に終止符を打つことを究極の目的とするグローバルな取組みであり、期間は2016～2030を対象としている。

前身として、2000年の「国連ミレニアムサミット」で採択された「MDGs（ミレニアム開発目標）」があり、SDGsは、その後継にあたる。

そこで、MDGsと比較し確認してみると、**図表3・2・1**に示したように、MDGsが発展途上国を対象としていたのに対して、SDGsは先進国も対象とするグローバル・アジェンダである点に特徴があることが分かる。

**図表3.2.1** MDGsからSDGsへ

| MDGs（ミレニアム開発目標） | 項目 | SDGs（持続可能な開発目標） |
|---|---|---|
| 「国連ミレニアムサミット」2000年 | 採択 | 「国連持続可能な開発サミット」2015年 |
| 国連が主導した貧困撲滅を究極の目的とするグローバルな取組み | 目的 | あらゆる形態の貧困に終止符を打つことを目的とする行動計画 |
| 発展途上国を対象 | 特徴 | 先進国も対象とするグローバル・アジェンダ |
| 2000～2015 | 対象期間 | 2016～2030 |
| 目標8、ターゲット21、指標60 | 構造 | 目標17、ターゲット169、指標230 |
| 数値を使ったモニタリング | モニタリング | 数値を使ったモニタリング |

（参照）「我々の世界を変革する：持続可能な開発のための2030アジェンダ」国連広報局、2016年1月

**図表3.2.2**　SDGは「目標－ターゲット－指標」の三重構造から成る

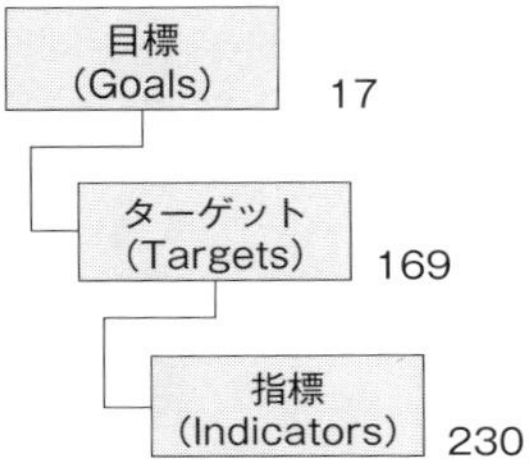


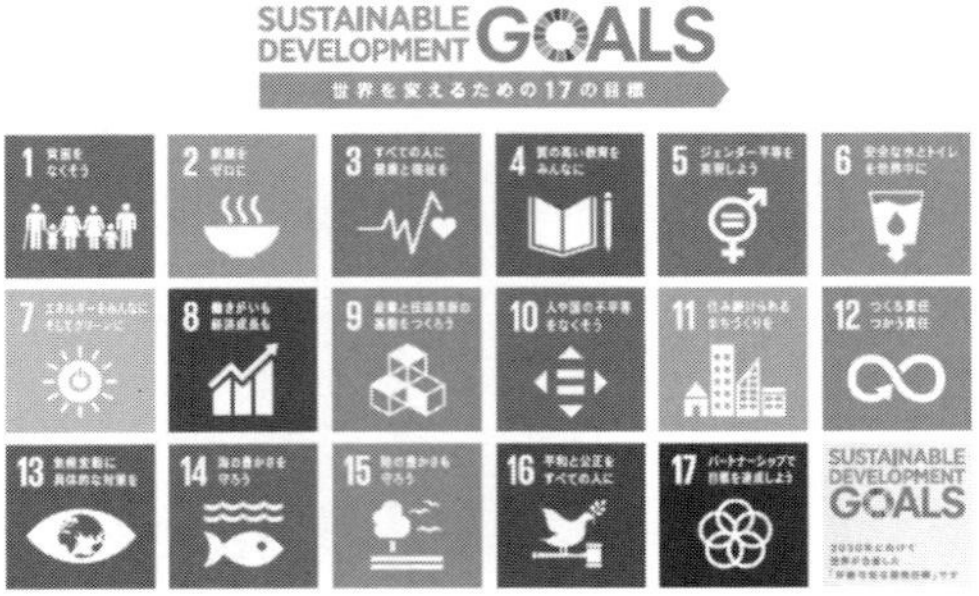


＊ターゲットは、数字が付番された「Targets（目標）」126項目、そしてアルファベットが付番された「Means（方策）」の43項目から構成されている。

＊指標には、開発途上のもの、国際的に合意された定義の無いものや、統計処理が困難なものも含まれる。

（参照）「我々の世界を変革する：持続可能な開発のための2030アジェンダ」国連広報局、2016年1月

## 2）ＳＤＧｓの17の目標と三重構造

ＳＤＧｓは、次の三重構造で構成されている。

**（図表3・2・2）**

①17の「目標（Goals）」、

②それをブレークダウンした１６９の「ターゲット（Targets）」、そして、③それらをモニタリングする２３０の「指標（Indicators）」

このＳＤＧｓには法的な拘束力はないものの、各国政府は当事者意識を持って、17の目標の達成に向けた国内的枠組を確立されることが期待されており、前述の日本政府の「ＳＤＧｓ推進本部」はその役割を担っている。

また、ＳＤＧｓの目標は高く設定されており、国やＮＰＯだけでは、その目標を達成できるものではない。そこで、政府のみならず、民間セクター、市民社会その他のステークホルダーが行動を起こすことが期待されている。これが、企業がＳＤＧｓを戦略に組み込むことが求められる所以でもある。

このＳＤＧｓの17の目標のテーマを列記したも

が、**図表3・2・3**である。これらは、5つの重要領域に「5つのP」としてカテゴライズすることができる。

## 2．ESG要素に配慮した投資

ここで、ESG投資について解説を加えておくことにしよう。

### 1）「ESG投資」

ESGとは、E（Environment、環境）、S（Social、社会）、G（Governance、ガバナンス）の頭文字をとった用語である。

企業のサステナビリティに関連する、「環境（E）と社会（S）」への配慮が求められる背景としては、

- 地球温暖化問題が、原材料の調達難
- 食糧不足が、貿易摩擦や社会不安
- 格差問題が、社会的不満や紛争の勃発、難民問題へとつながるなど、経済全体の持続的成長にとってマイナスとなるリスク要因となるためである。

ESG投資は、ESGに関する情報（ESG要因、ESG要素）を投資の分析と意思決定のプロ

**図表3.2.3** SDGsの「5つのP」と17の目標～5つの重要領域（5 critical important areas）」

| 「5つのP」 | 17の目標 |
|---|---|
| 人間（People） | 1.貧困をなくそう（No poverty） |
| | 2.飢餓をゼロに（Zero hunger） |
| | 3.すべての人に健康と福祉を（Good health and well-being） |
| | 4.質の高い教育をみんなに（Quality education） |
| | 5.ジェンダー平等を実現しよう（Gender equality） |
| | 6.安全な水とトイレを世界中に（Clean water and sanitation） |
| 豊かさ（Prosperity） | 7.エネルギーをみんなにそしてクリーンに（Affordable and clean energy） |
| | 8.働きがいも経済成長も（Decent work and economic growth） |
| | 9.産業技術革新の基盤をつくろう（Industry, innovation and infrastructure） |
| | 10.人や国の不平等をなくそう（Reduced inequalities） |
| | 11.住み続けられるまちづくりを（Sustainable cities and communities） |
| 地球（Planet） | 12.つくる責任つかう責任（Responsible consumption and production） |
| | 13.気候変動に具体的な対策を（Climate action） |
| | 14.海の豊かさを守ろう（Life below water） |
| | 15.陸の豊かさも守ろう（Life on land） |
| 平和（Peace） | 16.平和と公正をすべての人に（Peace and justice） |
| パートナーシップ（Partnership） | 17.パートナーシップで目標を達成しよう（Partnerships for the goals） |

（参照）「我々の世界を変革する：持続可能な開発のための2030アジェンダ」国連広報局、2016年1月を参照しまとめ

セスに適切に組み込んだ投資のことで、年金基金などのアセット・オーナー等の機関投資家に急速に受け入れられるようになったコンセプトである。

また、ＥＳＧのＧは、企業価値を高める前提となる規律やインセンティブが働く仕組みとしてのガバナンス（Ｇ）を指す。ＧＰＩＦは、２０１５年のＰＩＲに署名し、２０１７年にはＥＳＧ投資をスタートさせている。

## ２）「責任投資原則」

責任投資原則（ＰＭＩ）とは、コフィー・アナン第７代国連事務総長の提唱のもと、国連環境計画・金融イニシアチブ（ＵＮＥＰ　ＦＩ）と国連グローバルコンパクト（ＵＮＧＣ）のパートナーシップにより２００６年に発表された投資家イニシアチブである。

機関投資家を対象に、ＥＳＧ課題の投資への影響を理解し、署名機関がＥＳＧ要因を投資及び株式所有の意思決定に組み込むための支援を提供することを目的とした枠組である。

①投資分析と意思決定のプロセスにＥＳＧの課題を組み込むこと、

②そして、投資対象の主体に対してＥＳＧの課題について適切な開示することが求められている。

# 3.3 環境と社会に係るこれまでの議論を振り返る

先にも述べたように、環境と社会は、ビジネス上の重要テーマとして過去にも議論がなされてきた。そこで、今までの取り組みを振り返り確認しておくことにしよう。

## 1. CSVは社会的責任を競争戦略として位置づける

2000年前後から、環境と社会への配慮に係るビジネス上の重要コンセプトが提唱されているので、**図表3・3・1**を参照しながら、そのポイントを確認しておくことにしよう。

①TBL（Triple Bottom Line：トリプル・ボトムライン）は、ジョン・エルキントンによって1997年に提唱されたとされ、財務上の利益が損益計算書（P／L）の最終行に示されるため「ボトムライン」と呼んでいるが、企業活動が持続可能であるためには、この利益に代表される経済的側面に加えて、環境的、社会的側面も重要であるとする考え方である。

②CSR（Corporate Social Responsibility：企業の社会的責任）は、企業は社会的な存在であり、利益や経済的効率だけを追求するものではないとする考え方である。CSRは企業の主要活動以外の社会貢献活動として捉えられている。CSRプログラムの多くは、企業の評判を高めるもので、いわば必要経費と考えられてきた。

③これに対して、マイケル・ポーターとマーク・クラマーが2006年と2011年に提唱したCSV（Creating Shared Values：共通価値の創造）は、営利企業がその本業を通じて社会の

**図表3.3.1** TBL、CSRとCSVの関係

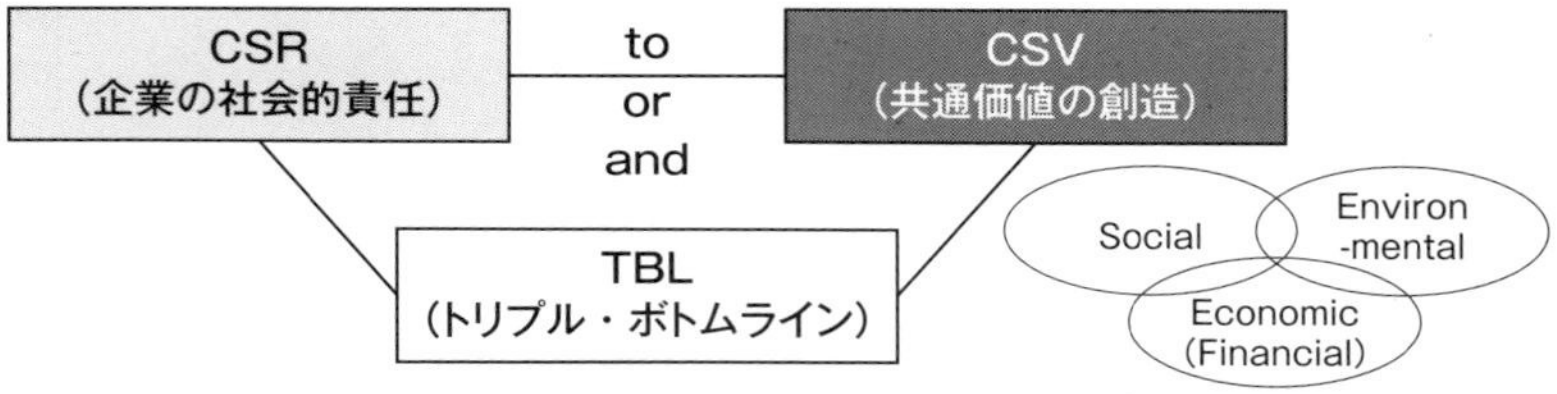


| コンセプト | TBL | CSR | CSV |
|---|---|---|---|
| | トリプル・ボトムライン（Triple Bottom Line） | 企業の社会的責任（Corporate Social Responsibility） | 共通価値の創造（Creating Shared Values） |
| 提唱者 | ジョン・エルキントン 1997年 | — | マイケル・ポーターとマーク・クラマー 2006年と2011年 |
| 概説 | ＊企業活動が持続可能であるためには、経済的側面に加えて、環境的、社会的側面も重要であるとする考え方。 | ＊企業は社会的な存在であり、利潤や経済的効率だけを追求するものではないとする考え方。<br>＊企業の主要活動以外の社会貢献活動として捉えられる場合が多い。 | ＊営利企業がその本業を通じて社会のニーズや問題の解決と、企業の経済的価値を共に追求し、かつその両者の間に相乗効果を生み出そうというもの。 |

ニーズや問題の解決と、企業の経済的価値を共に追求し、かつその両者の間に相乗効果を生み出そうという、ビジネス上の競争戦略の一手法であるとされる。

このように、CSRとCSVは本来位置づけが異なるコンセプトであり、CSVがCSRに取って代わるものではなく、CSVに取り組んでいれば企業の社会的責任（CSR）が免れるわけでもない。

また、SDGsへの配慮を、単に負のリスク要因として捉えるのではなく、CSV（共通価値の創造）のように競争戦略として位置づけて、SDGsを組み込んだ戦略策定とマネジメントのアプローチが求められている。

## 2. 戦略マップでは環境と社会を戦略テーマとして取り扱ってきた

〈11・1〉講で、環境・社会やCSRは、戦略マップ／BSC上で、独立した一つの「視点」なのか、それとも「戦略テーマ」として取り扱う方が良いのかについて、詳しく取り上げているが、

**図表3.3.2** 戦略マップ上での環境・社会の取り扱い

1）視点とする方法

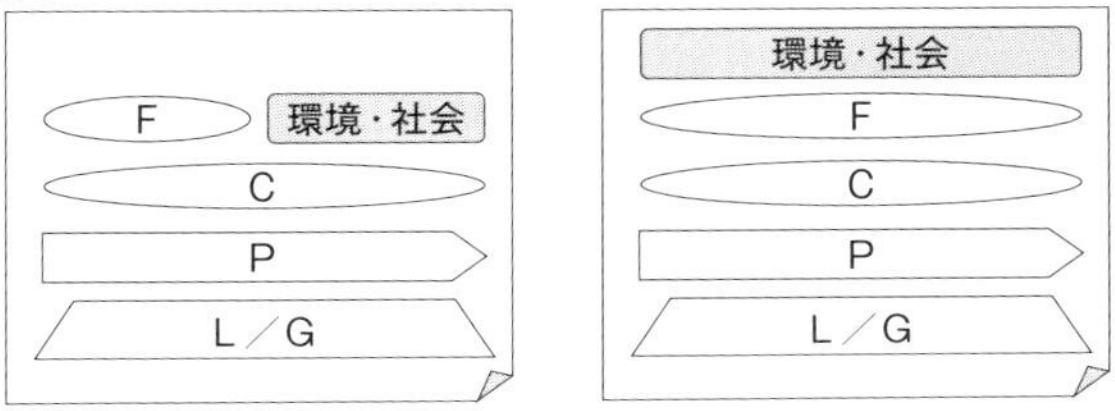


2）戦略テーマとする方法

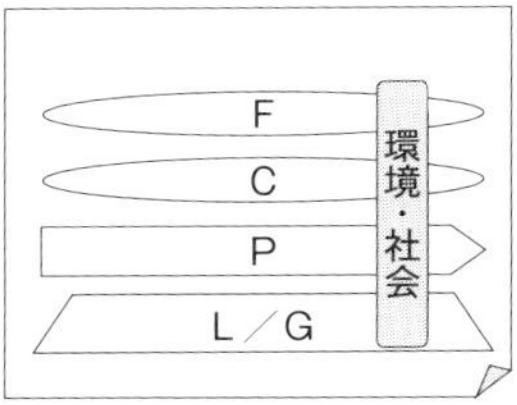


環境と社会やＣＳＲを独立した「視点」とすると、その中に既存の四つの視点が入り込んでおり、入れ子状態になり混乱するということで、「戦略テーマ」とする方法が推奨されてきた。提唱者であるキャプランとノートンもこの方法によっている。（図表3・3・2）

## 3．I〈IR〉フレームワークでは環境と社会をアウトカムとして捉えている

統合報告書は、ワン・レポートとも呼ばれ、財務に加えてＥＳＧ要素等の非財務情報をコンパクトに一つのレポートにまとめた企業報告書であり、企業とそのステークホルダーとの対話のベースとして重視されている。

統合報告書を作成するに当たって一般に参照されるフレームワークが、国際統合報告評議会（ＩＩＲＣ）から２０１３年に公表された「国際統合報告フレームワーク（Ｉ〈ＩＲ〉フレームワーク）」である。

「Ｉ〈ＩＲ〉フレームワーク」ではビジネスモデルを重視しており、日本企業が公表する統合報

告書の多くが、その前段で価値創造プロセスとしてのビジネスモデルを掲載している。

**図表3・3・3**に示すように、「I〈IR〉フレームワーク」では、ビジネスモデルを「I（インプット）-P（プロセス）-O（アウトプット）-O（アウトカム）」として表現する方法をとっており、そこでは、環境と社会を「アウトカム（Outcome：成果）」として捉えている。

ここで、アウトプット（Output：結果）とアウトカム（Outcome：成果）を少し解説しておく必要があろう。

①国際統合報告評議会は、ビジネスモデルに関するバックグラウンド・ペーパーで、次のように区分し紹介している。[IIRC,2013]

・アウトプットには、組織の主要な製品及びサービス、そして副産物と廃棄物が含まれる。

・アウトカムは、組織の事業活動とアウトプット、そして資本への影響によりもたらされるとしている。

**図表3.3.3** アウトプット（結果）とアウトカム（成果）を区別する

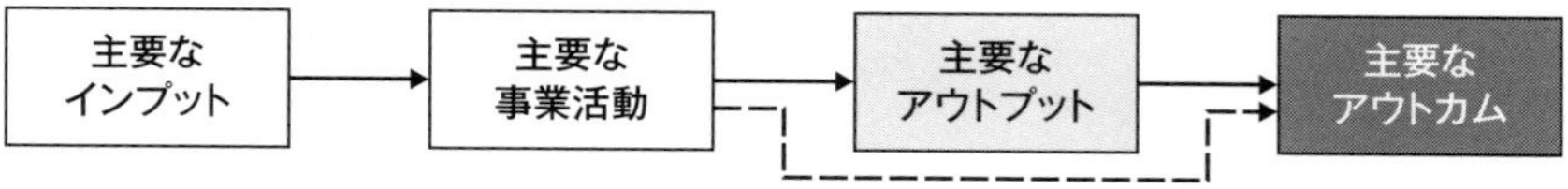


| 参考文献 | Output（結果） | Outcome（成果） |
|---|---|---|
| IIRC<br>'Business Model: Background Paper for 〈IR〉' | 組織の主要な製品及びサービス、そして副産物と廃棄物が含まれる。 | 組織の事業活動とアウトプット、そして資本への影響によりもたらされる。<br>アウトカムは、組織の内部及び外部に存在し、通常、組織が所有ないしコントロールしているというより、バリューチェーン全体を考慮する必要がある。 |
| Niven、Paul R.<br>"Balanced Scorecard Step-by-step for Government and Nonprofit Agencies" | あるプログラムやサービスにより、サービスを提供された人数、生産数などである。<br>Output Measuresの例としては、予防注射の実施数、路上の穴をふさいだ数、など。 | 組織の活動の結果、ステークホルダーが享受するベネフィットである。組織の全体的なゴールの達成状況を指す。<br>Outcome Measuresの例としては、HIV発生率の低減、公共の安全性に対する認知度の向上、など。 |

②ニーブンは政府やＮＰＯを対象としたＢＳＣ著作の中で、次のように区分し紹介している。[Niven,2003]

・アウトプットとは、あるプログラムやサービスにより、サービスを提供された人数、生産数などである。

・アウトカムとは、組織の活動の結果、ステークホルダーが享受するベネフィットであり、組織の全体的なゴールの達成状況を指すと定義している。

そして、アウトプットを測定するＫＰＩの例として、予防注射の実施数、路上の穴をふさいだ数などがあり、アウトカムを測定するＫＰＩの例として、ＨＩＶ発生率の低減、公共の安全性に対する認知度の向上などがあるとしている。

# 3.4 SDGsの戦略への組み込みにマップを活用する

ここまでで、SDGsの掲げる目標は、いわゆるBHAG（ビーハグ：大きく困難で大胆な目標）（〈8・5〉講を参照）であり、その達成に企業活動が果たす役割は大きく、そのため企業がSDGsを積極的に戦略に組み込めるかが、SDGs達成のキーとなることが明確となった。

競争戦略であるCSVの考え方に基づいて、SDGsを戦略に組み込むアプローチと、それを支援するビジネスモデル・マップと戦略マップのCSV・SDGs版テンプレートについて次に紹介する。

## 1．アウトカムと戦略テーマとして取り扱う

環境・社会の戦略マップ上での取り扱いについては、前述したように独立した視点ではなく、戦略テーマとする方法が推奨されてきた。（この従来の考え方については、〈11・1〉講を参照されたい）

SDGsの戦略への組み込みを強く意識した場合、

①SDGsの169項目のターゲットの内、該当するターゲットについて、アウトカムである環境・社会を独立した視点として、BM-Mapと戦略マップ上の事業価値ないし財務の視点の上に設置し、目標とその達成度をBM-Mapと戦略マップ上で明示する。

②そのアウトカムを創造するストーリーを「戦略テーマ」とする。**図表3・4・1**に示すような方法の採用を提案する。

ESG要素という点では、先に解説したように、企業のサステナビリティに関連する「環境（E）と社会（S）」と企業価値を高める前提となる規律やインセンティブが働く仕組みとしての「ガバナンス（G）」とは別物であり、BM-Mapと戦略マップ上でガバナンスは、図表3・4・1

**図表3.4.1** マップ上での環境と社会の取り扱い

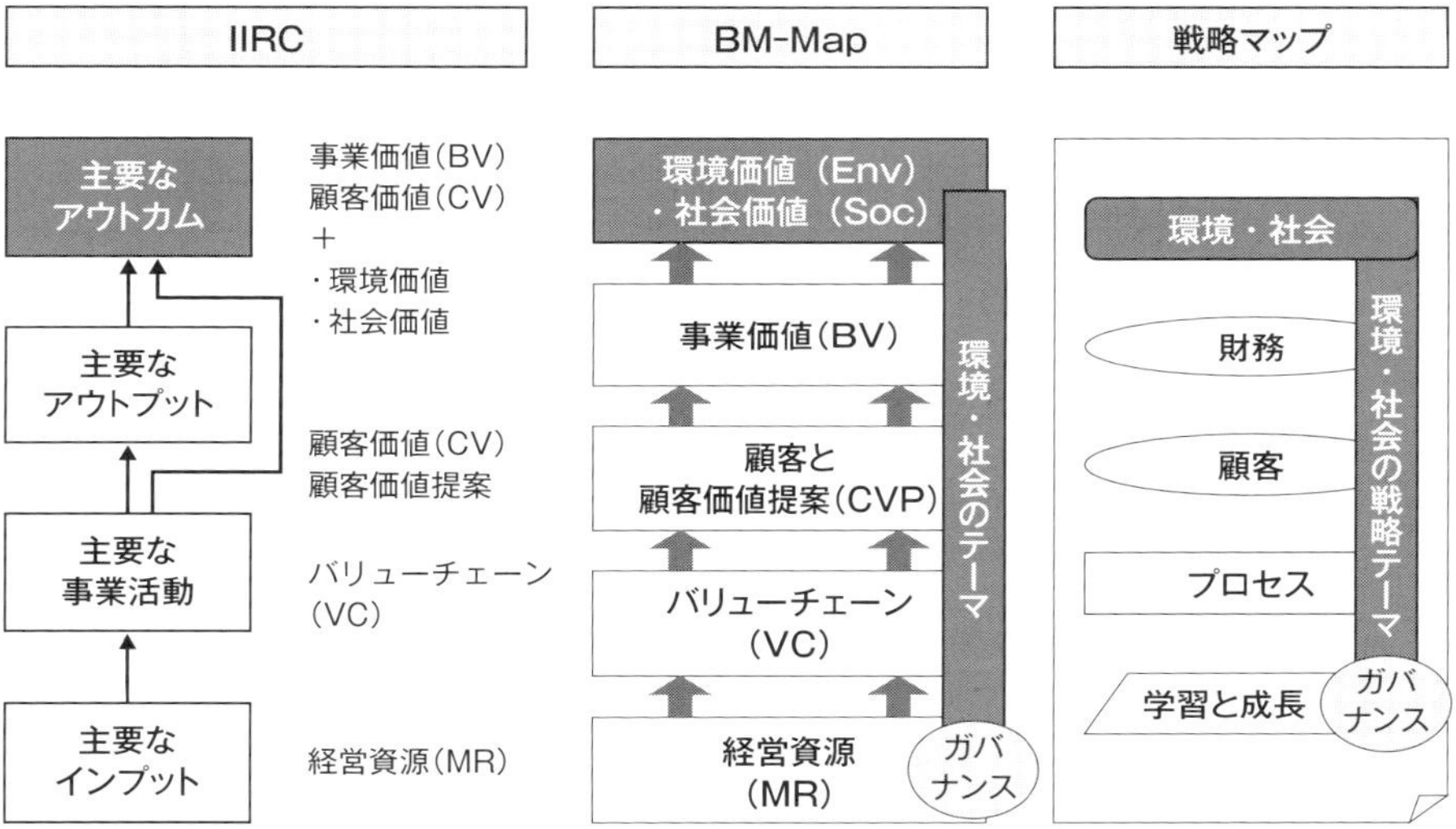


の右下に示したように、経営資源ないし学習と成長の視点の組織資本として取り扱うことになる。

## 2．SDGs対応版のマップのテンプレート

ビジネスモデル・マップ（BM-Map）の汎用的なテンプレートについては、〈2・4〉講で説明したが、SDGsの戦略への組み込みを想定したBM-Map（CSV・SDGs版）を、**図表3・4・2**に示してある。

このBM-Mapのテンプレートの構造と特徴としては、次の三点が挙げられる。

①社会価値と環境価値を、アウトカム（成果）とし、独立した5番目の重要要素（BSCでは視点）として追加する。

②次に紹介するCSVの共通価値が創造される第三のレベルとして、エコシステムをバリューチェーンの外部に追加する。

③必要に応じて、SDGsの目標・ターゲットの番号を記載する。

**図表3.4.2** BM-Map（CSV・SDGs対応版）のテンプレート

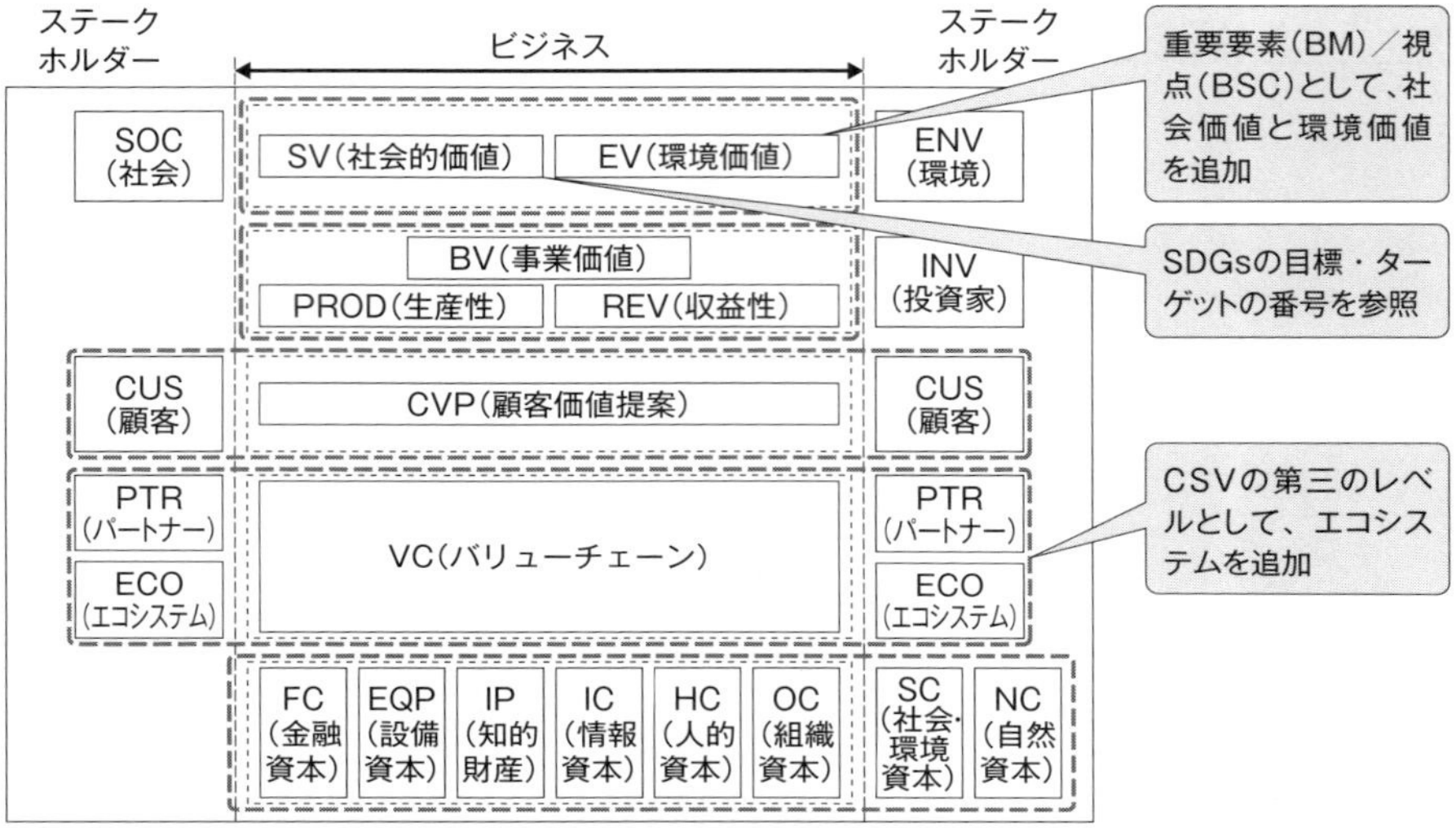


## 3．SDGsの戦略への組み込みを支援するマップ

### 1）共通価値を創造する三つの領域とケース

環境と社会的価値の創造を競争戦略としてを捉えるコンセプトが、ポーターとクラマーによるCSV（共通価値）である。ポーターらによると、CSVは、次の三つのレベルで創造されるとしており、これはSDGsを戦略に組み込む場合の重要な視点となるので、以下で紹介する。**（図表3・4・3）**

①SDGsに貢献する製品／サービスの開発
②バリューチェーン／サプライチェーンの改善・改革
③地域エコシステム（生態系）の構築

ここで、〈2・4〉講で紹介したビジネスモデル・ベースの戦略アプローチを活用するなら、SDGsは2030年までに達成すべきゴール、つまりビジョンとして位置づけられる。そして、①BM-Map等を活用して、現在（並びに将来）のビジネスモデルが、SDGsの17の目標

**図表3.4.3** CSV～共通価値を創造する三つのレベル

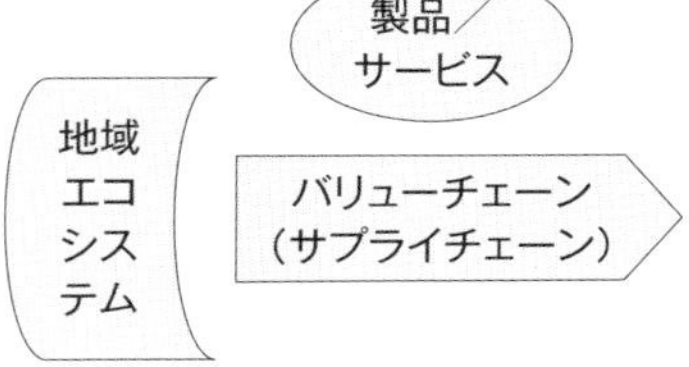


1）製品／サービス・レベル
・製品と市場を見直す。
・社会的課題を、自社の製品やサービスでどう解決するか。
・新規事業を創出する。

2）バリューチェーン・レベル
・バリューチェーンの生産性を再定義する。
・効率化によるコスト削減。
・資源消費量の削減。
・物流の見直し。
・教育による所得の向上。
・調達先の育成を通じた高品質の材料の安定供給。

3）地域エコシステム（生態系）レベル
・企業が拠点を置く地域を支援する産業クラスター（集積）をつくる。
・サプライヤー、サポート機関との協業。

（参照）ポーター＆クラマー「共通価値の戦略」ダイヤモンド・ハーバードビジネス・レビュー誌、2011.11

（169のターゲット）に与える正と負の影響を評価し、優先的に取り組む課題を決定する。

②次にSDGsが目指す2030年を念頭に、自社の次期中期経営計画の最終期限のビジョンを、BM-Map（To-Be版）で見える化する。

③そして、現状とBM-Map（To-Be版）で示したビジョンとのギャップを埋める独自の活動である戦略を、戦略マップを使って見える化することになる。

## 2）SDGsに貢献する製品／サービスの開発

まず、最初のCSVのレベルとして、SDGsに貢献する製品／サービスの開発を見てみよう。

関連する主な戦略テーマとしては、

・製品と市場を見直す
・社会的課題を自社の製品やサービスで解決する
・新規事業を創出する

などがあげられる。

ここで、一つのケースとして、図表3・2・3に掲げたＳＤＧｓの17の目標の中の「ＳＤＧｓ目標＃３」の「すべての人に健康と福祉を（Good health and well-being)」に貢献するため、健康上の成果の向上を目的とする製品、サービスそしてビジネスモデルを調査、開発、展開するというビジョンが想定される。

これをＢＭ-Ｍａｐに示せば、**図表３・４・４**のようになる。

経済価値の向上と共に、環境と社会価値の向上の実現を目指すビジョンと戦略が明確になる。

### ３）バリューチェーン／サプライチェーンの改善・改革

ＣＳＶの二番目のレベルとして、ＳＤＧｓに貢献するバリューチェーン／サプライチェーンの改善・改革がある。

関連する戦略テーマとしては、

- 効率化によるコスト削減
- 資源消費量の削減
- 物流の見直し
- 教育による所得の向上
- 調達先の育成を通じた高品質の材料の安定供

**図表3.4.4** 製品／サービス・レベルの共通価値の創造のBM-Map

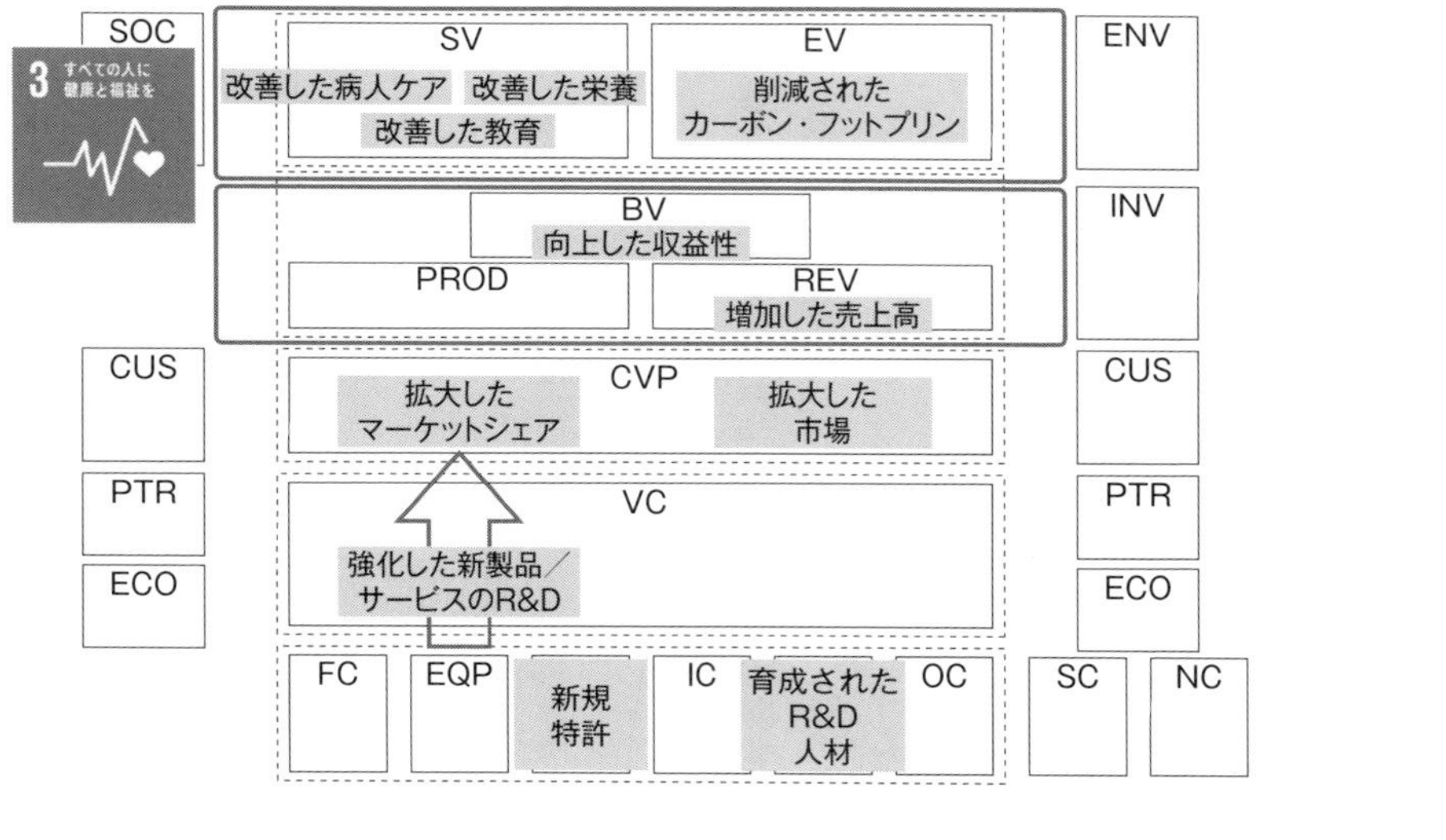

給

といったバリューチェーンの生産性を再定義することがあげられる。

関連するケースとして、「SDGs目標#8」の「働きがいも経済成長も（Decent work and economic growth）」に貢献するため、サプライチェーンをまたがった全ての従業員に対して、働きがいのある人間らしい仕事（ディーセント・ワーク）環境を支援するといったビジョンがあげられる。

これをBM-Mapに示せば、**図表3・4・5**のようになる。

### 4）地域エコシステムの構築

CSVの三番目のレベルとして、SDGsに貢献する地域エコシステム（生態系）の構築がある。

関連する戦略テーマとして、

- 企業が拠点を置く地域を支援する産業クラスター（集積）を形成する
- サプライヤー、サポート機関と協業する

**図表3.4.5**　バリューチェーン／サプライチェーン・レベルの共通価値の創造のBM-Map

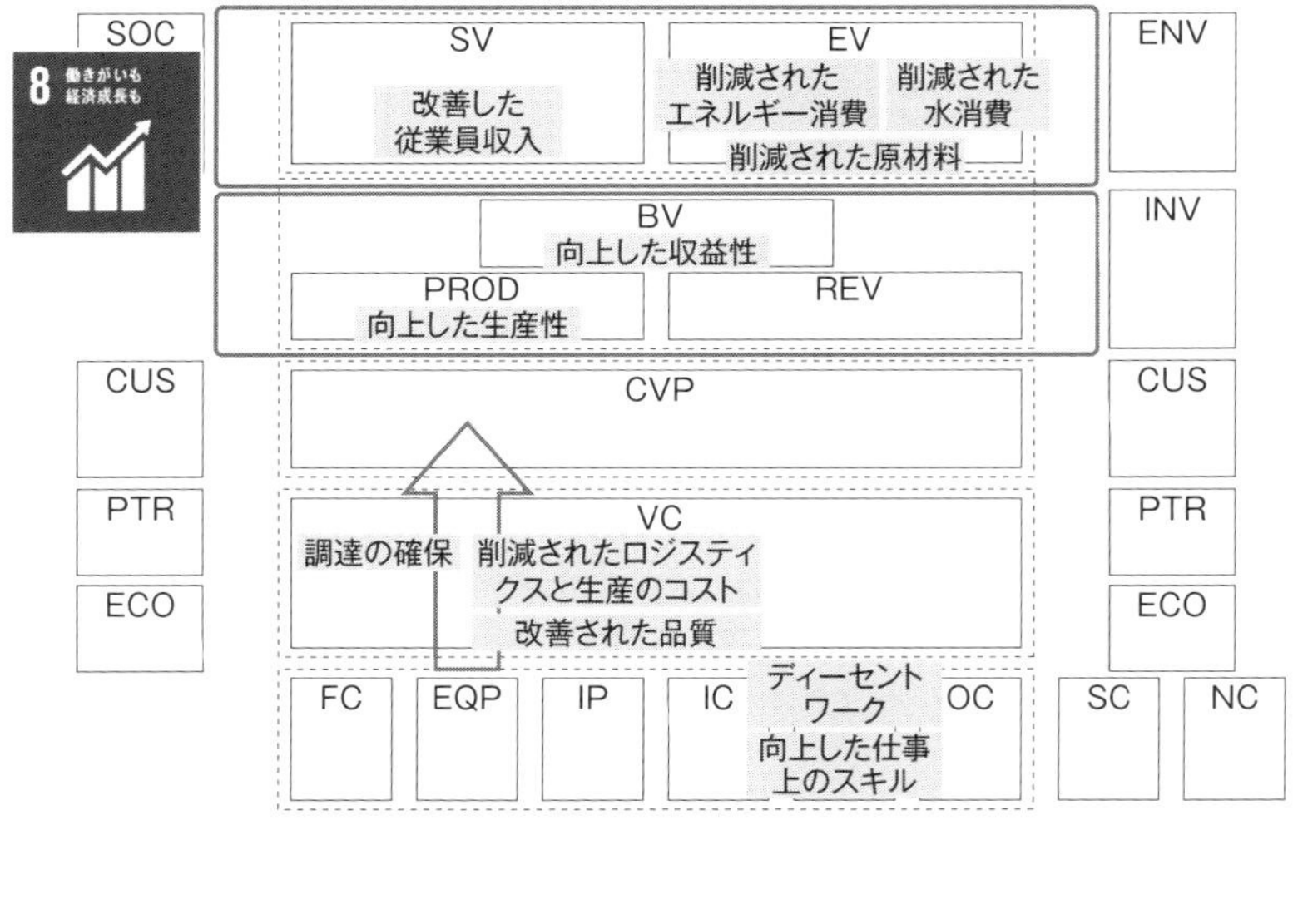

などがあげられる。

関連するケースとして、「SDGs目標#2」の「飢餓をゼロに（Zero hunger）」に貢献するため、自社が業務を行う周辺の全てのコミュニティにおいて、栄養不良と飢餓を終わらせることに貢献するべく、食品の製造、流通そして小売を変革することがあげられる。

これをBM-Mapに示せば、**図表3・4・6**のようになる。

以上のように、BM-Map及び戦略マップは、マップ上で環境と社会を独立した、重要要素（または視点）とし、その価値を創造するストーリーをテーマとして示すことで、SDGsへの貢献と、その戦略のストーリーを明確にすることに有効なフレームワークである。

**図表3.4.6** 地域エコシステム・レベルの共通価値の創造のBM-Map

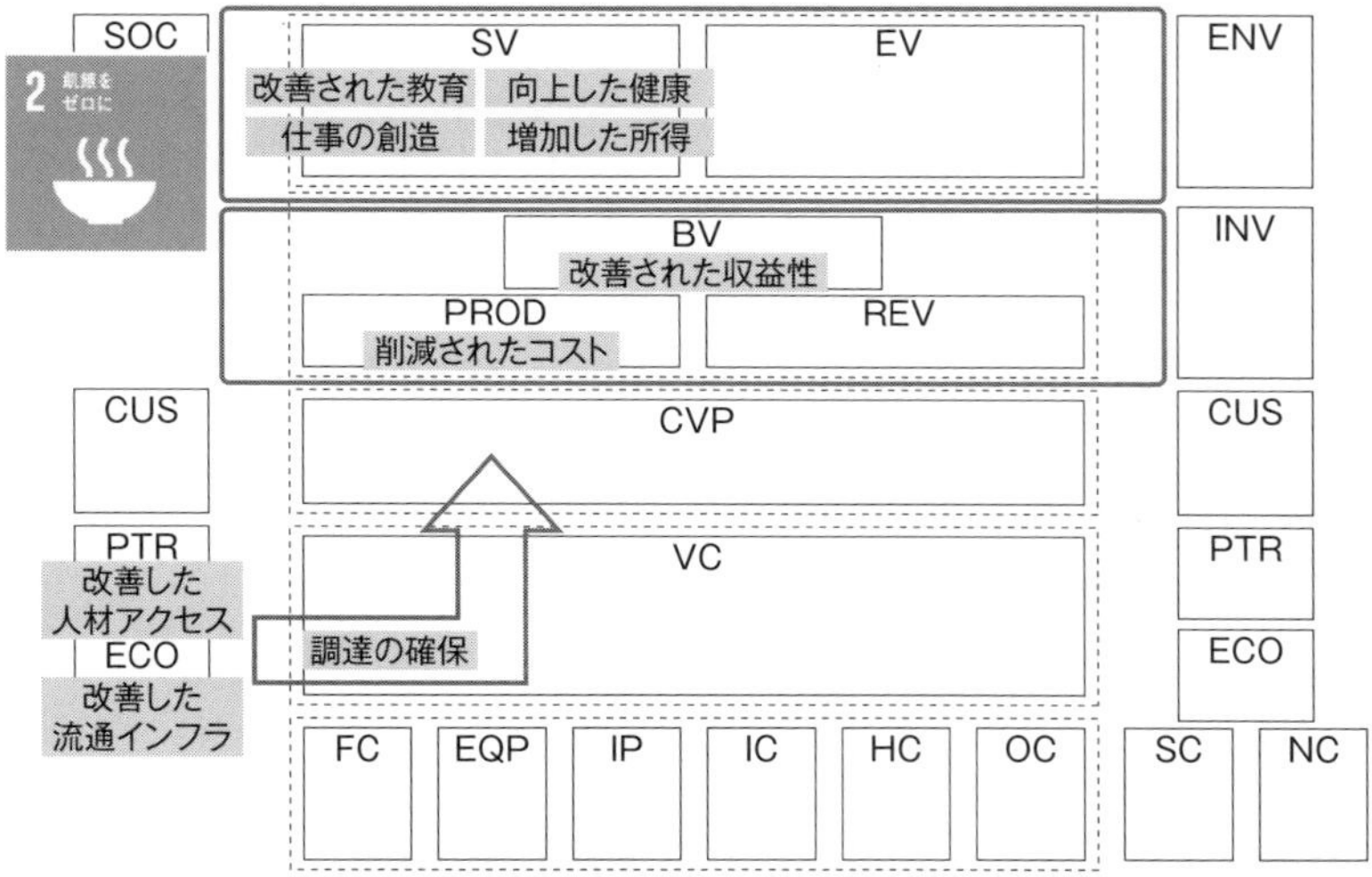

# 第2部 基本の部

# 戦略マップ／BSC理論の基本を押さえる

第2部（基本の部）では、BSCの提唱者であり、その進展をリードしてきたキャプランとノートンによる基本形を正しく修得することを目指します。

著者のコンサルティング経験に基づく〈極意伝授〉の講を除く各講の冒頭に〈基本クイズ〉を設け、初心者にとっては入りやすく、そして既習者や実践者にとっては知識をチェックしながら進めていけるように構成してあります。

**なお、〈基本クイズ〉は、全問解答例の最終番号が正解となっています。**

## レッスン4

# BSCの定義と目的を押さえる

## 4.1 BSCの定義と目的はその進化とともに変化している

**基本クイズ**

BSCの定義について、次の中から最も適切と考えるものを一つ選びなさい。

1. BSCは、その名が示す通り、組織の業績を、財務指標のみならず、非財務指標を含めてバランスよく総合的に評価する業績評価のツールである。
2. BSCは、戦略マップと共に経営戦略の着実な実行を支援する戦略のコミュニケーションとマネジメントのためのツールである。
3. BSCは、戦略マップと共に経営戦略と業務を結ぶ統合マネジメント・システムの重要な柱の一つである。
4. BSCは、業績評価ツールとして誕生し、後に戦略に焦点をあて、戦略マネジメント、更には統合マネジメントへとその統合のレベルを高めてきており、前記の三つの回答のいずれにも活用できるツールである。

## 1．BSCの導入実態調査を鵜呑みにしてはならない

日本でもBSCの導入実態に関する調査が、今までに複数の機関や研究者により幾度か実施されてきた。だが、それらの調査結果を鵜呑みにすることは、非常に危険である。なぜなら、組織によってBSCの導入目的や定義が区々であるため、その調査の中で、BSCについて「知っていますか」や「導入していますか」と問いかける場合には、断り書きとしてBSCの定義を添えるか、そのBSCの「目的は何ですか」と追加質問が成されているかを確認する必要がある。これを怠ると、その回答結果自体が意味のないものになってしまうからだ。

## 2．バランス・スコアカードの定義が曖昧なわけ

では、なぜBSCの定義や目的が区々なのであろうか。その背景として、次の二つがある。

第一に、BSCは、それ自体の進化に伴ってその定義や目的が変化してきていること。

第二に、Balanced Scorecard、BSCという用語自体が商標登録されていなかったために、様々なコンサルタント会社などが勝手な解釈の下に、自己流のBSCを流通させてしまったことである。

## 3．BSCの進化に伴う定義や目的の変化

BSCは提唱者であるロバート・S・キャプラン（Robert S. Kaplan）とデビット・P・ノートン（David P. Norton）の始めての論文「新しい経営指標〝バランスド・スコアカード〟」［Kaplan and Norton,1992］が1992年に米国のマネジメント誌「ハーバード・ビジネス・レビュー」誌上で発表されて以来、20年近くマネジメントのニーズに応えるべく実践の場で磨かれ、進化し発展し続けてきたマネジメント・コンセプトである。

このため、一言にBSCといっても、提唱者であるキャプランとノートンの定義や目的も、大きく四つのステージに分けることができる。その進化の歴史をまとめたものを、**図表4・1・1**に示してある。

**図表4.1.1** BSCの起源と進化

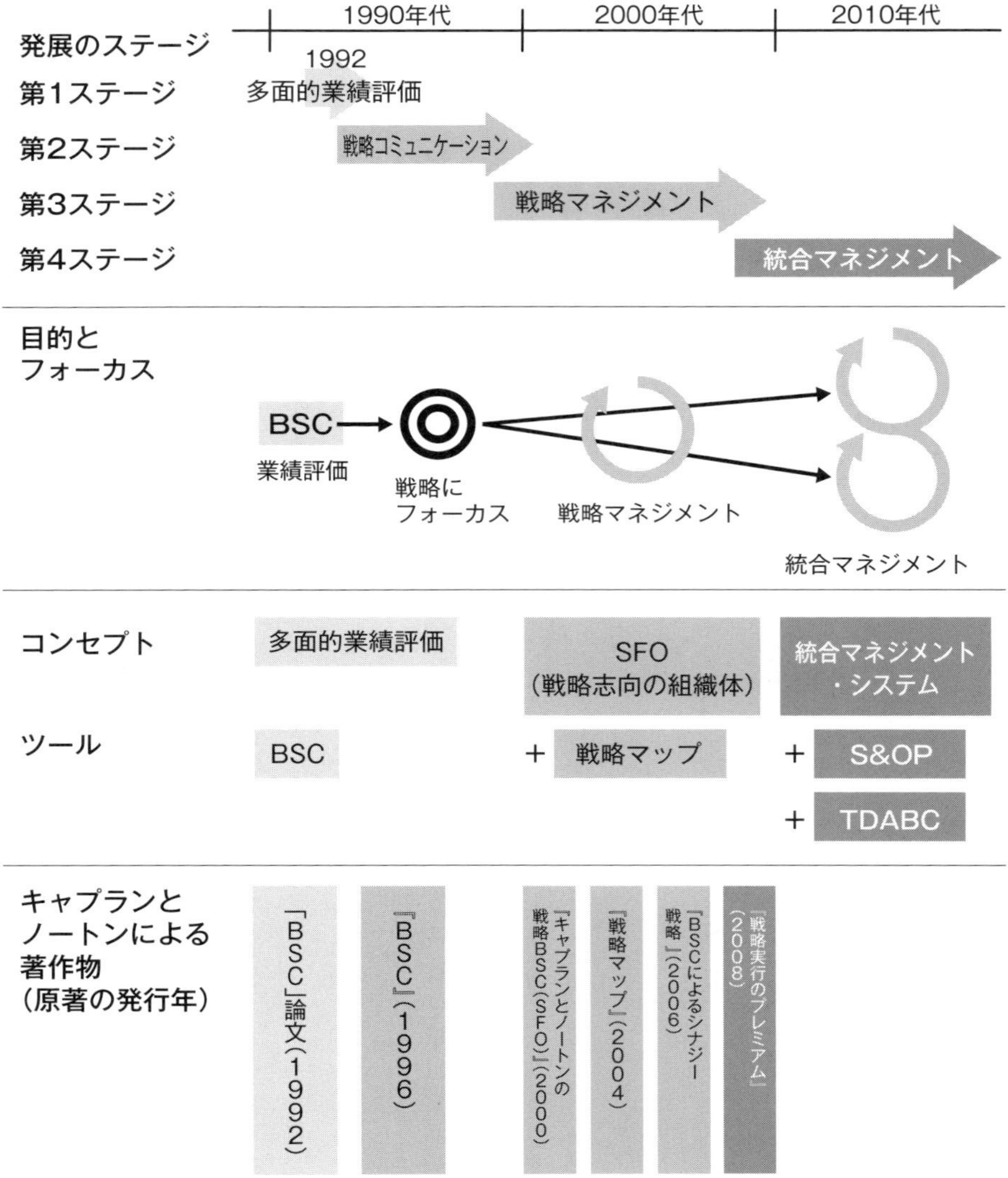

**1）第1ステージ：多面的業績評価のツール**

最初の論文［Kaplan and Norton,1992］では、スコアカードの名が表すように、多面的業績評価のツールとして発表された。これについては、〈4・3〉講で詳しく取り上げる。

**2）第2ステージ：戦略コミュニケーションのためのツール**

二番目の論文「バランスト・スコアカードによる企業革新」［Kaplan and Norton,1993］では、米国のFMC社などにおける戦略コミュニケーションのツールとしての活用事例が紹介されている。

また、三番目の論文「バランスト・スコアカードによる戦略的マネジメントの構築」［Kaplan and Norton,1996a］では、「BSCについて抱いていた我々のビジョンを超えて、新たな戦略的マネジメント・システム（strategic management system）の礎石としての価値を見出している企業が、最近いくつか出現してきていることを目のあたりにした。」（著者訳出）としており、また、既に「ビジョンと戦略を翻訳（translate）する四つの視点」として、四つの視点の図〈図表4・2・2〉参照）の中央には「ビジョンと戦略」が明記されている。

このステージにおいて、BSCの目的は戦略へと焦点が定まり、戦略コミュニケーションのツールとしての活用に重点が移ってきている。そして、後の戦略マップの原型となる四つの視点を跨るKPIの因果関係を表すチャートを掲載している。

1996年出版のBSCの一冊目の書籍『バランス・スコアカード』［Kaplan and Norton,1996b］でも、同様の方向が示されている。

**3）第3ステージ：戦略マネジメントを支援するシステム**

2000年出版のBSCの二冊目の書籍『キャプランとノートンの戦略バランスト・スコアカード』［Kaplan and Norton,2000a］では、戦略コミュニケーションから一歩先に進めることになる。

表形式のスコアカードは、1990年代末に開発された「戦略マップ」と共に、「戦略志向の組織体

（ＳＦＯ：The Strategy-Focused Organization）」へと進化するための戦略マネジメント・システムを構成するツールの一つとして位置づけられることになる。

ここでＳＦＯとは、トップが率いるトップダウンのプロセスによって、戦略を、明確にし、コミュニケートし、そして組織の各部署と人々がその戦略と連携するためのマネジメントの思想であるとされている。これについては、〈５・４〉講で詳しく取り上げる。

著者の印象では、２００４年頃には、ＢＳＣの進化もいったん膠着状態に入ってしまった観があるが、採用組織のグローバル規模での広がりや、営利組織のみでなく行政や病院そして非営利組織などへと、その適用は広がりを見せることになる。

### ４）第４ステージ：統合マネジメント・システムの重要な要素

キャプランとノートンは、２００８年発表のＢＳＣ関連の五冊目の書籍である『バランスト・スコアカードによる戦略実行のプレミアム』［Kaplan and Norton,2008］によって、戦略マップ／ＢＳＣとS&ＯＰ（セールス・アンド・オペレーションズ・プランニング）そしてＴＤＡＢＣ（時間駆動型活動基準原価計算）を統合した統合マネジメント・システムとして、クローズド・ループ・マネジメント・システムを提案している。

ここで、クローズド・ループ・マネジメントシステムとは、計画、資源配分そして業績のレビューを、戦略と連携させるために、ＢＳＣのツール群を使ってガバナンス・プロセスを再定義するものであるとしている。

## ４．ＢＳＣの発展はフォーカスとインテグレーションにある

以上、ＢＳＣの発表から約二十年間に及ぶ歴史を見てきたが、キャプランとノートンは、自らのコンサルティング会社を通じて、ＢＳＣの導入支援を行い、また「ＢＳＣサミット」と呼ばれた大会を世界の主要な地域で開催し、それらの機会を通じて得たナッレジに基づいて、ＢＳＣのコンセプトに継続的な改良を加えてきたのである。

このようにして、図表4・1・1に示すように、キャプランとノートンによる多面的業績評価のツールとしてのBSCに始まるコンセプトは、「戦略志向の組織体（SFO）」へと戦略にフォーカスし、そして「戦略と業務の統合マネジメント・システム」へとインテグレーションのレベルを高めようという実践的な進展を遂げることができたといえよう。

BSCが戦略にフォーカスし、経営戦略をマネジメントするツールへと発展を遂げたことは、提唱者の一人であるノートンが戦略コンサルタントであることと、戦略の策定のみならず実行までを含めた戦略マネジメントに対するマーケットのニーズの存在から、必然的な舵取りであったと著者は考えている。

# 4.2 BSCの視点はいくつがよいか

**基本クイズ**

BSCの視点について、次の中から最も適切と考えるものを一つ選びなさい。

1. BSCでは必ず、財務、顧客、業務プロセス、そして学習と成長という「四つの視点」に区分するべきである。

2. BSCでいう視点とは、その組織を取り巻く様々なステークホルダー（利害関係者）から見た独立の視点であり、それぞれの視点の間には、特別な因果関係は意識されていない。

3. BSCでは、個々の組織の差別化された活動である戦略を記述するために視点を設定している。このため、「四つの視点」とされる財務、顧客、業務プロセスそして学習と成長の四つにこだわる必要はない。

## 1. BSCの視点の役割

ＢＳＣの重要な特徴の一つが、「視点（パースペクティブ：perspective）」である。「視点」を設定することにより、

①業績評価では、財務指標に加えて、非財務指標をバランスよく用いて評価する切り口が与えられる。

②戦略コミュニケーションないし戦略マネジメ

ントでは、ビジョンを達成するための戦略のストーリーをわかりやすく表現するための切り口が与えられる。

## 2. 「四つの視点」とは

BSCといえば即、「四つの視点」が思い浮かぶくらい、四つの視点はBSCの代名詞ともなっている。

四つの視点は、営利組織の戦略を構成する視点としては標準的な分類であり、非常に汎用性が高く、テンプレートとして活用することができる。

### 1）「四つの視点」の中身と名称

BSCの「四つの視点」とは、

- 財務の視点
- 顧客の視点
- 業務プロセスの視点
- 学習と成長の視点

を指し、**図表4・2・1**に示すように、各々の視点の背後には、ステークホルダーの見た目が意識されている。

ここで、「業務プロセスの視点」の正式な英文

**図表4.2.1** 四つの視点

| 視　点 | 英　語 | 略　号 | ステークホルダー（誰の見た目か） |
|---|---|---|---|
| 財務の視点 | Financial Perspective | F | 投資家や債権者などの資金提供者 |
| 顧客の視点 | Customer Perspective | C | 顧客 |
| 業務プロセスの視点 | Internal Business Process Perspective | PまたはI | 協力会社 |
| 学習と成長の視点 | Learning and Growth Perspective | L／GまたはL | 従業員 |

は、Internal Business Process Perspectiveであり、日本語のフル表記は、「内部業務プロセスの視点」となる。英語圏では、Internal Process Perspective（内部プロセスの視点）やInternal Perspective（内部の視点）と略されることも多い。「学習と成長の視点」については、従業員の視点や革新の視点が用いられることもある。

### 2）「四つの視点」の略号

ＢＳＣの視点は、頻繁に使用するキーワードであるため、メモをしたり、議論をする場合などには、略号を用いると便利である。

業務プロセスの視点については、キャプランとノートンを含め英語圏では、Internalの「Ｉ」を用いることが多いが、**【松原流】**では、業務プロセスで早期の革新をもたらすには、何でもかんでも自前主義ではなく、外部組織とのコラボレーションを考えることが重要であり、内部に閉じたイメージを持つ「Ｉ」では戦略的思考を制限しかねないとの危惧から、「Ｐ」を用いることを勧めている。学習と成長の視点については、正式にはＬ／Ｇとなるが、Ｌのみとすることも多い。

## 3．ＢＳＣは何をバランスさせるのか

ＢＳＣによる視点間のバランスとして、一般に知られているのが財務と非財務のバランスであるが、**図表４・２・２**に示すように、これを含め、大きく次の三つを押さえておくことが肝要である。

### 1）財務と非財務の視点間のバランス

財務の数値や指標などと、非財務を区分しバランスさせること。これは、業績評価の領域では、従来からある一般的な分類方法である。

### 2）過去、現在、将来の視点間のバランス

これは、時系列のバランスであり、

- 財務の視点（例えば、売上高や利益率などの財務実績）が「過去」、
- 顧客の視点（例えば、今、店先で、顧客がクレームをいっている）と、業務プロセスの視点（工場で不良品を垂れ流している）が「現在」、
- そして、学習と成長の視点（例えば、人材教育やＩＴ投資など）が「将来」への投資を意味しており、過去のみではなく、現在、そし

**図表4.2.2** BSCの三つのバランス概念

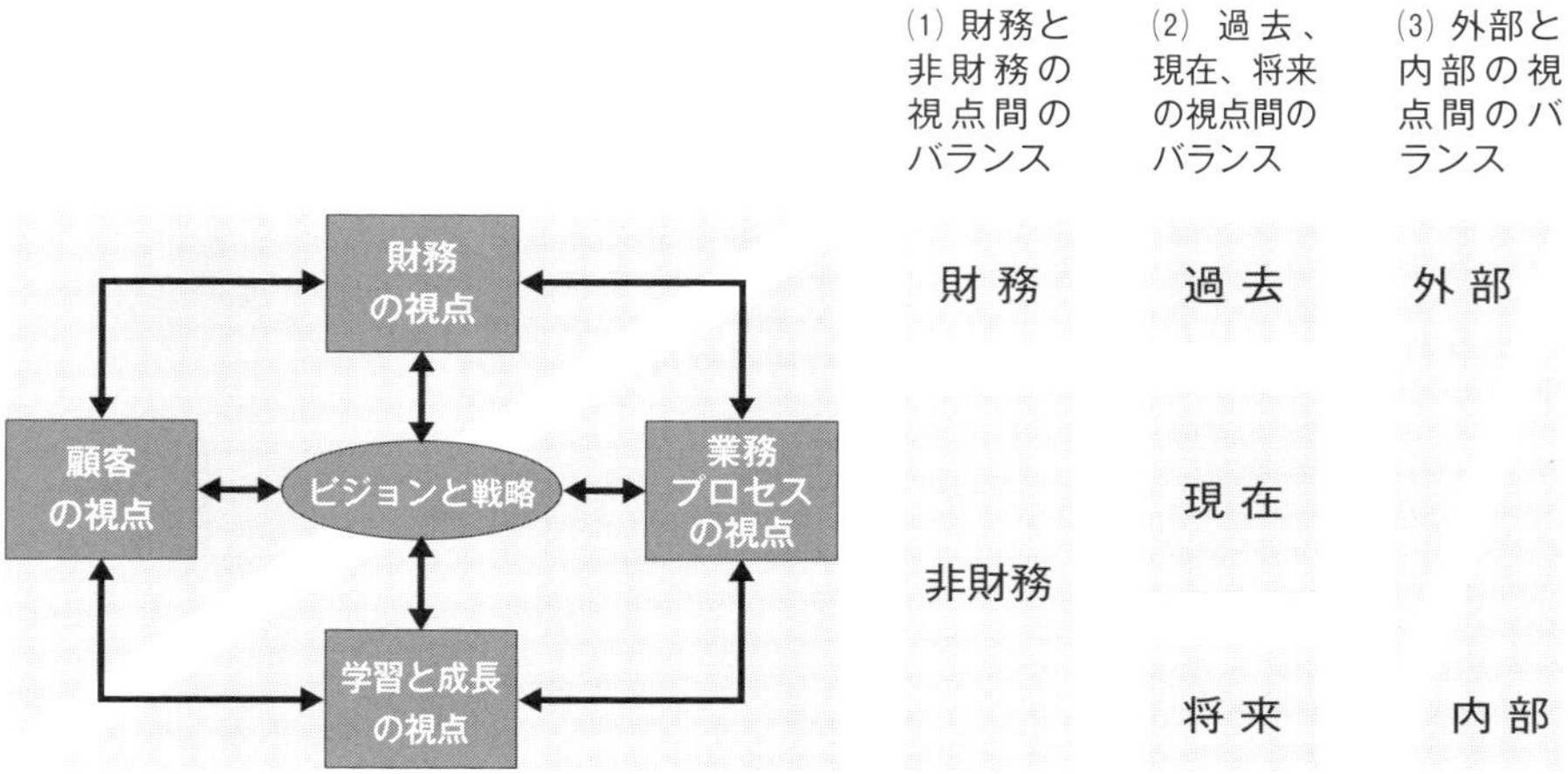


て将来をバランスよく見ていこうとするものである。

### 3）外部と内部の視点間のバランス

BSCの各「視点」の背後には、図表4・2・1に示したように、ステークホルダーと呼ばれる組織の利害関係者が想定されている。つまり、

- 財務の視点には、現在および将来の「投資家や債権者などの資金提供者」、
- 顧客の視点には、現在および将来の「顧客」、
- 業務プロセスの視点には、「協力会社」、

そして

- 学習と成長の視点には、「従業員」、

といったステークホルダーがいる。

ここで、投資家などの資金提供者の視点である財務の視点と、顧客の視点は、「外部の視点」であり、組織のマネジメントは彼等が求める価値をよく理解することが求められる。これに対して、業務プロセスの視点とそれを支える学習と成長の視点は、マネジメントが対処すべき「内部の視点」を意味する。

**図表4.2.3** BSCの四つの視点と「木の実と根っこ」の例え

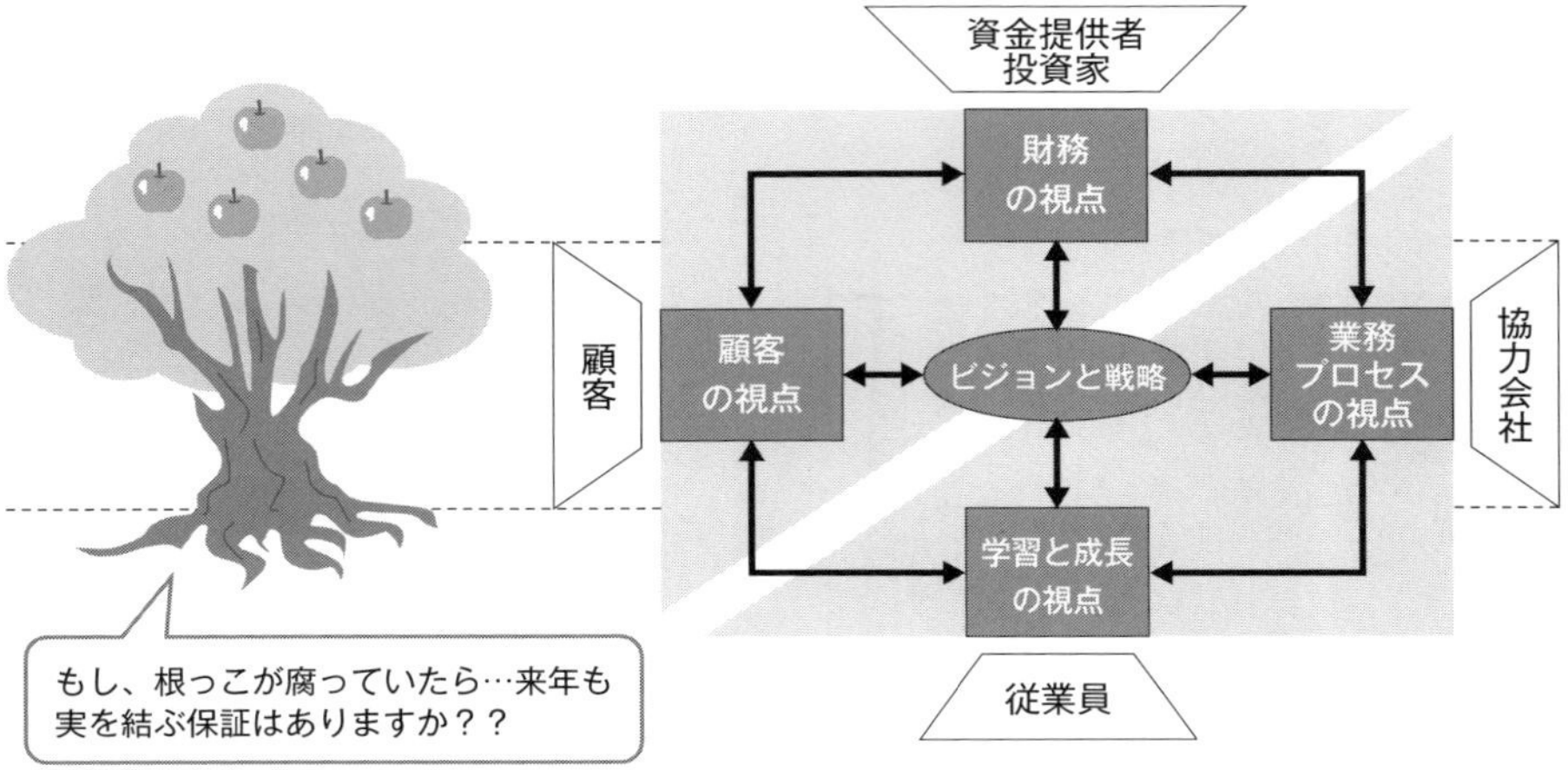


## 4.「木の実と根っこの例え」で腑に落ちる原因と結果の関係

図表4・2・3に示すように、樹木の根っこに例えるなら、財務の視点は、今期たわわに実った「果実」を意味する。これは今までの努力が実を結んだ結果である。

顧客の視点が「枝葉」、そして業務プロセスの視点が「幹」にあたり、これらが栄養を運んでくれる。そして、通常、地中にあって見ることができないが最も重要な「根っこ」にあたる部分が、学習と成長の視点である。

樹木の主治医は、根っこをチェックして歩いているという。これは、根っこが腐っていれば、今年がどんなに豊作であっても、次年度以降の収穫は期待できないからである。組織もこれと同じということがいえるのだが、不況になると企業が真っ先にカットするのは、学習と成長の視点にあたる人材教育やIT投資である。いずれも財務の視点へのインパクトのタイミングと効果がわかりにくいためである。

## 4.3 多面的業績評価のツールとしてのBSC

**基本クイズ**

業績評価システムとしてのBSCの最大の特徴について、次の中から最も適切と考えるものを一つ選びなさい。

1. KPI（重要業績評価指標）を使った業績評価。
2. 財務に加えて非財務のKPIを使った業績評価。
3. 各視点の間やKPIの間に因果関係を設定した業績評価。

### 1. 財務中心の業績評価の限界

本講では、〈4・1〉講で紹介した「第1ステージ：多面的業績評価ツール」としてのBSCの特徴について詳しく見ていくことにしよう。

日本の上場会社に対しても、金融商品取引法にもとづき2008年4月1日以後開始する事業年度から四半期報告制度が導入され、3ヶ月ごとに財務報告を実施することになったが、このような財務報告中心の業績評価の下では、経営者がどうしても短期指向に陥りかねないとの指摘がある。

利益を捻出するために、ひたすらコスト削減に走り、損益分岐点の位置を下げるべく、変動費の削減、更には固定費の削減へと踏み切る。最悪のシナリオとしては、中・長期の投資の抑制も行われる。そのため、人材育成（人的資本）やIT投資（情報資本）といった、投資効果の透明性が低く、即効性が低いと思われている知的資本への投資の抑制が進む。

**図表4.3.1** BSCの最初の論文に掲載されたBSCの定義

「我々は、12社を対象とした一年に及ぶ最新の業績評価に関する調査プロジェクトを通じて、『バランス・スコアカード』と呼ぶ、トップ・マネジメントに事業の迅速かつ包括的なビューを提供する一連の指標を考案した。バランス・スコアカードは、既に実施された活動の結果を示す財務指標を含む。そして、BSCは、顧客満足、内部プロセス、そして組織の革新と改善活動に関する業務指標（業務指標は将来の財務の業績のドライバーとなる）によって、財務指標を補完している。」

出典：「新しい経営指標“バランスド・スコアカード”」（著書訳出）

## 2．非財務の指標にスポットライトを当てる

ＢＳＣは、１９９０年頃に、ある国際的会計事務所の米国オフィス内に設けられた「21世紀に生き残る組織のための業績評価」を検討するプロジェクトを起源としている。その成果が、１９９２年に「新しい経営指標〝バランスド・スコアカード〟」として、ハーバード・ビジネス・レビュー誌［Kaplan and Norton,1992］上で発表されている。

１９８０年代は、日本の製造業が、ハイクオリティ、ローコストを売り物に世界を席巻していた時代であり、欧米では、グローバル競争への復帰を目指して、日本の経営管理手法などを学び昇華させて、経営品質（マルコム・ボルドリッジ国家経営品質賞）やシックス・シグマなど様々なマネジメント・コンセプトが新たに開発されている。ＢＳＣもその一連の流れの中で生まれたマネジメント・コンセプトの一つである。

例えば、

①財務中心の業績評価に対して、非財務（顧客、業務プロセス、そして学習と成長の視

点）をバランスよく評価する。

②結果のみでなくプロセスも評価する。

これは、日本のTQC／TQM（全社的品質管理）の考え方に呼応するもので、これをマネジメントに展開した経営（品）質賞も、結果とプロセスの双方を評価する仕組みである。

## 3．BSCの真骨頂としての因果関係

財務と非財務のKPIを使った業績評価は、BSCが登場するかなり前から存在していた。では、BSCの真骨頂とはいったい何なのであろうか。

それは、「事業の迅速かつ包括的なビューを提供する一連の指標」（**図表4・3・1**）とあるように、四つの視点に代表される「視点」という切り口の間、そしてKPI間に因果関係を設定する点にある。

# レッスン5

# 戦略マップ／BSC で戦略を見える化しマネジメントする

# 5.1 ミッション、バリュー、ビジョン、そして戦略の定義と位置づけ

**基本クイズ**

企業の使命、価値観、ビジョンなど経営戦略に係わるキーワードについて、次の中から最も適切と考えるものを一つ選びなさい。

1. 経営戦略論が盛んに論じられるようになった今日では、使命、価値観、ビジョンなどの経営戦略関連のキーワードの定義は、ほぼ統一されている。

2. 経営戦略関連のキーワードには規定などは存在しないため、依然として、様々な用語が定義も区々のまま流通しているのが現状である。

## 1. 標準語が存在しない経営戦略論の世界に踏み入る

経営戦略論には様々な学派があり、その使用する専門用語についてもバリエーションが存在し、必ずしも統一されている訳ではない。

ただし我々は、戦略マップとBSCを使って戦略をコミュニケートし、マネジメントしていく訳なので、混乱したままで放置することはできない。

【松原流】では、経営戦略論者たちが異なる専門用語を用い、異なる理論を展開している現状があるからこそ、むしろ、自ら軸となる戦略のキーワードの意味と位置づけを持っておくことが肝心であると説いている。そうすれば、迷うことも少なくなるということだ。

**図表5.1.1**　ミッション、バリュー、ビジョン、そして戦略

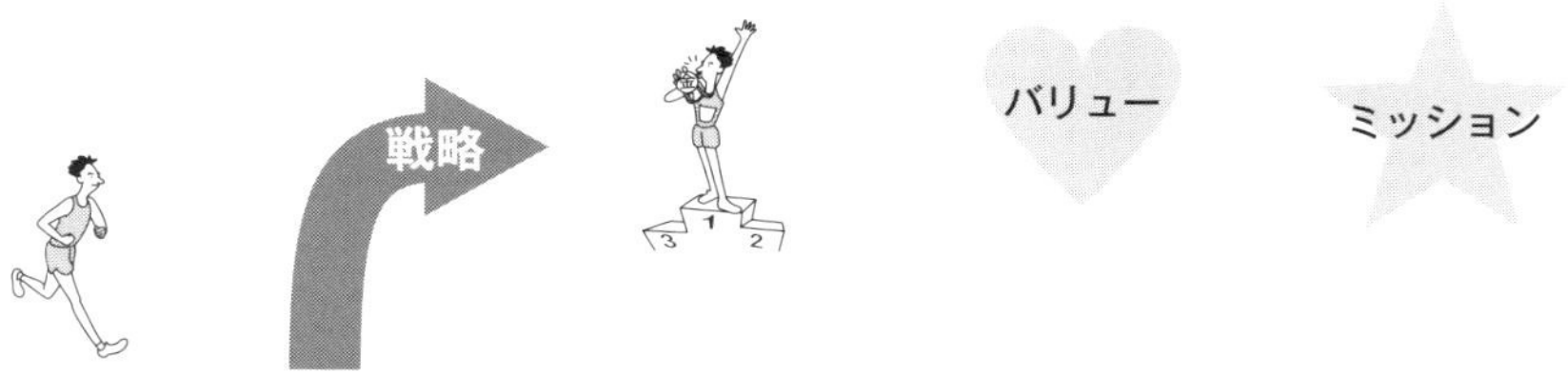


| | 戦略 | ビジョン（将来像） | バリュー（価値観） | ミッション（使命） |
|---|---|---|---|---|
| 経営戦略 | 組織の主要な目的や目標を、指定した期間内に、どのようにして達成するかを示した原則である。 | 方向を明示するもので、活動をモチベートし、そして努力をコーディネイトする。 | 組織で深く信仰されている信条のことであり、意思決定を導く普遍の原則を意味する。 | 組織の中核となる目的、つまり我々は何故存在しているのかを明確にする。 |
| スポーツの例え | オリンピックのメダリストを育てた実績のあるコーチにつき、ストレッチな目標と現在の実力とのギャップを解消する。 | 次期オリンピックのマラソン種目でメダルを取る。 | マラソンを通じて心身を鍛える。 | ・マラソンを通じて、人類の可能性に挑戦する。<br>・2千万人ともいわれる日本の市民ランナーに希望を与える。 |

## 2. 戦略のキーワードとその位置づけを定義してかかる

**図表5・1・1**は、キーワードの位置関係を示してある。左端が現状つまりスタートラインであり、中央のビジョン（将来像）が目標である。そして、右側のミッションとバリューは、上位概念として位置づけてある。

ここでは、**【松原流】**が採用している用語とその意味づけを確認しておくことにしよう。

### 1）ミッション（使命）

ミッションとは、

- 組織の中核となる目的、つまり我々は何故存在しているのかを明確にする。
- 組織が人類に対して提供しようと望んでいる価値を意味する。
- 大海原で舵を取る時の星のような機能を提供する。
- 長期的であり、変革を促進させ、理

解しやすく、コミュニケートしやすい性格を持っているべきである。
- 類似用語として、使命などがある。

### 2）バリュー（価値観）

バリューとは、
- 組織で深く信仰されている信条のことであり、意思決定を導く普遍の原則を意味する。
- 類似用語として、コア・バリュー、価値観、信条、クレドーなどがある。

### 3）ビジョン（将来像）

ビジョンとは、
- 普遍性の高いミッションとバリューから、戦略というダイナミックな世界へと移動させる橋渡しの機能を果たす。
- 方向を明示し、活動をモチベートし、そして努力をコーディネイトする。
- 簡潔、立証可能、実行可能であり、人々を奮い立たせ、全てのステークホルダーにアピールする。
- 類似用語として、目標などがある。

### 4）戦略

戦略とは、組織の主要な目的や目標を、指定した期間内に、どのようにして達成するかを示した原則である。

なお、この戦略については、様々な定義が存在しており、次の〈5・2〉講で詳しく検討する。

図表5・1・1の下段にスポーツの例えとして、マラソン選手の個人としてのミッション、バリュー、ビジョン、そして戦略の解説を加えてあるので参考にされたい。

## 5.2 戦略マップ／BSCの描写対象である戦略とは何ぞや

**基本クイズ**

戦略マップとBSCは、経営戦略の実行に向けて戦略をコミュニケーションすること、つまり「見える化」するためのツールではあるが、そのコミュニケーションの対象である経営戦略に関連して、次の中から最も適切と考えるものを一つ選びなさい。

1. 経営戦略論は、古くは二千五百年前の中国は春秋時代の兵法書『孫子』にまで溯ることができるように、古くからある学問領域である。
2. 経営戦略論は、我が国でも著名な経営戦略学者のマイケル・ポーターが始めて提唱した学問である。
3. 経営戦略論は、第二次世界大戦後に生まれた比較的新しい学問領域であり、今日でも新たな経営戦略論が登場し続けている。

## 1. 描写対象である「経営戦略」とは何か

戦略マップとBSCは、経営戦略の実行に向けて戦略をコミュニケーションすること、つまり「見える化」するためのツールである。

**図表5・2・1**は、人物を描く「人物画」と比較する形で、戦略マップとBSCを説明したものである。

人物画を描くには、その描写の対象である人間そして個人の研究が欠かせない。優れた画家なら、上辺だけではなく、骨格を知るために解剖学を学び、人となりを知るために心理学などを学んでいる。

したがって、【松原流】では、戦略マップとBSCを使って描写する対象、つまり「経営戦略」とはどのような特性を持っているのかを理解することから始める。

## 2. 百花繚乱状態の経営戦略論

では、経営戦略とは何かについて知るべく、経営戦略論を紐解くことにしよう。

経営戦略論は、第二次世界大戦後に、戦闘の戦略を、マネジメントの世界に持ち込んだ新たな学

**図表5.2.1** 戦略マップ／BSCと人物画

| 項目 | 戦略マップとBSC | 人物画（洋画） |
|---|---|---|
| 描写対象 | 経営戦略<br>・営利、非営利<br>・ポジショニング・アプローチ、リソース・ベースト・ビューなどの戦略アプローチ | 人物モデル<br>・老若男女<br>・個性を持った個人など |
| 描写主体 | 戦略ビジネス・ユニットの長や戦略策定担当 | 画家などの描き手 |
| 媒体 | 3点セット（「戦略マップ+BSC+アクション・プラン」） | キャンバス |
| 流派 | キャプランとノートンなど | 印象派、キュビズム、シュールレアリズムなど |
| 技法 | 四つの視点、戦略テーマ、戦略目的など | 遠近法、点描法など |

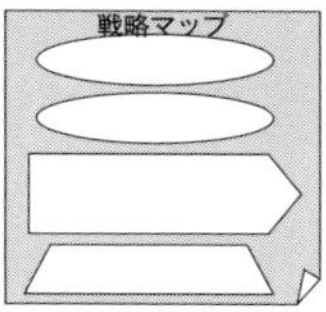


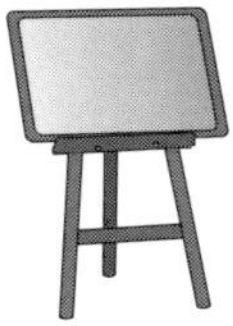

問領域であるとされている。

### 1）ミンツバーグによる経営戦略学派の十分類

戦後資本主義の発展、経済のグローバル化、ITの革新などに伴って、多くの戦略事例が出現し、数多くの書籍や論文が発表されており、経営戦略論の世界はいささか情報過多の状況を呈している。

だが、幸いなことに、米国の経営戦略学者であるミンツバーグらが、それまでに提唱された文献などをベースに、戦略論をグルーピングした著作『戦略サファリ』［Mintzberg,1998］を出版しているので、同著を参照しながら、どのような経営戦略論があるかを見ていくことにしよう。

ミンツバーグらによれば、経営戦略の考え方は、同著を出版された時点で既に10の学派に分けられているという。

**図表5・2・2**は、『戦略サファリ』で紹介されている10の戦略学派を一覧表にまとめたものである。

ミンツバーグによれば、経営戦略論の黎明期に登場し、「彼を知り己を知れば、百戦殆うからず」という孫子の兵法を経営戦略に当てはめた環境分析の手法「SWOT（スウォット）分析」（〈10・1〉講参照）を提唱したとされる「デザイン学派」を皮切りに、グローバリゼーションやITを活用したビジネス・モデルなどマネジメント領域における戦略の重要性の高まりから、過去50年間に、10の学派が百花繚乱の如くに出現している。

10の学派の中でも我々にとって比較的馴染みがあるのが、SWOT分析を提唱したデザイン学派と、日本にその氏名を冠した賞まで創設されているマイケル・ポーターの属するポジショニング学派であろう。

### 2）経営戦略の全体像は捉えどころがない

ミンツバーグは、ジョン・サックスの目の不自由な男たちが、それぞれ象の一部を触って、鼻を触った者は、象とは蛇のような動物だ、耳を触った者は、象とは団扇のような動物だ、足を触った者は、象とは丸太のような動物だ、シッポを触った者は、象とは縄のような動物だといって譲ろうとしないという「目の不自由な男たちと象」を引用して、次のように戦略の難しさを説いている。

**図表5.2.2** ミンツバーグの戦略思考の10の学派

| 学派 | 概要 |
|---|---|
| デザイン | 内部の能力と外部の可能性との適合を追及する戦略策定モデルを提案している。おそらく、最も影響力を持つ思考の学派であり、SWOT（強み、弱み、機会と脅威）技法を生み出した。 |
| プランニング | 公式な手続き、公式なトレーニング、公式な分析、そして多くの数値が、このアプローチのトレードマークである。デザイン・スクールではシンプルで非公式であったステップが、緻密な順序だったステップとなっている。定義された部品を生産し、図面に基づいて組み立てれば、結果として戦略ができるとする。 |
| ポジショニング | ごく少数の重要な戦略（経済的市場におけるポジション（位置））が望ましいと提案している。マイケル・ポーターのほとんどの著作がこのスクールに分類される。 |
| アントレプレナー | 戦略の形成は、一人のリーダーの洞察力と、研ぎ澄まされた直感、判断、知恵、そして経験からもたらされる結果である。リーダーの「ビジョン」が、戦略の指導原理となる。 |
| コグニティブ | 戦略の形成は、ストラテジストの心の中で行われるコグニティブ（認知）プロセスである。戦略は、ストラテジストがその考えをマップ、コンセプトそしてスキーマを通した時に現れる。 |
| ラーニング | 戦略は人々が（単独もしくは集団で）ある状況と、それに対処する組織の能力をラーン（学習）した時に現れる。 |
| パワー | このスクールは、戦略の形成とは、特定の利害者にとって有利な戦略を交渉する権力と政治力の活用に力点を置く、公然の支配プロセスであると主張している。 |
| カルチャー | 組織のメンバー間で共有されている利益や理解に基づく社会的相互作用が、戦略の形成を導く。 |
| エンバイロメント | エンバイロメント（環境）は、組織に対する一連の圧力として現れることにより、戦略策定プロセスの中心的な要素となった。組織はこれらの要素に反応しなければならないか、もしくは、自らが「選ばれ」なければならない。 |
| コンフィギュレーション | 戦略は、組織が、ある特定の行動を喚起する特定の環境に適合する組織構造を採用する期間に生まれる。 |

参照：ニーブン、松原訳『ステップ・バイ・ステップBSC経営』

「われわれ（経営学者）がこの盲目の男たちであり、戦略形成とは、この象のようなものである。誰も象の全体像を見ようというビジョンを持たず、どこか一部だけを捉えているだけで、他の部分については「よく知りもしないのにけなす」のだ。部分を足し上げたところで象を理解できるわけではない。本当の象はそれ以上のものなのだから。しかし全体を理解するためには、まず部分を理解することが必要だ。」と、経営戦略論の各論者ですら戦略の全体像を見ているとはいえないという警鐘を鳴らしている。

## 3）【松原流】戦略の定義

戦略マップを人物画に例えるなら、描写の対象となる人物は、いったい誰なのだろうか。

ミンツバーグがいうように、数ある経営戦略学派に属する研究者の誰一人として戦略を見た者はいないとすれば、経営戦略とは幽霊のように、捉えどころのないものであり、戦略マップは幽霊を描写するという難題を突きつけられたようなものだということになる。

【松原流】では、戦略を次のように定義している。

「戦略とは、激変する経営環境の下で、生き残る（持続的成長、継続的な競争優位）術である。」

# 3．日本企業の中期経営計画はプランニング学派で立ち往生している

読者の属する組織の中期経営計画（中計）には次のような症状が出てはいないだろうか。

✓「中計」は、財務目標数値と施策（プロジェクト）の羅列となっており、求められる変革をリードするものになっていない。

✓ステークホルダーにコミットする財務目標が、どのように達成されるのか「中計」上ではそのロジックが明確に示されていない。

✓「中計」は部分最適の施策の羅列で全体最適の視点が弱く、リソース配分に無駄が生じている。

✓「中計」と単年度の「事業計画」との関連が不十分である。

✓「中計」と目標管理、方針管理、予算管理などとの連携が不十分で、継続的な管理と乖離

**図表5.2.3** あなたの組織の「中期経営計画」は「プランニング学派」段階で止まってはいませんか

| | プランニング学派の特徴 |
|---|---|
| 起源 | アンゾフ『企業戦略論』〔Ansoff,1965〕 |
| 中心テーマ | 形式化<br>形式的な手順、形式的なトレーニング、形式的な分析、及びおびただしい数量データ |
| 基本的モデル | 策定ではなく、むしろプログラム化 |
| 戦略 | 計画をサブ戦略やプログラムに分解 |
| 変化 | 周期的、漸進的 |
| 中心人物 | 企画スタッフ |
| 最適な適合環境 | 簡単かつ安定(従って予測可能) |
| 適合しやすい組織形態 | 大規模な機械的組織 |
| 問題点 | 形式的プランニングへの過度の依存により、戦略の中身に関する議論が不十分 |

参照：ミンツバーグ他 『戦略サファリ』を参照し作成

している。

総じて、「中期経営計画」の策定は定期的に繰り返される「形式的な行事」と化し、実効性の乏しい「絵に描いた餅」になっている。

日本企業の経営戦略を表した中期経営計画は、依然として膨大な数値をこねくり回している状況にあり、**図表5・2・3**に示すように、経営戦略論の初期に登場した「プランニング学派」の段階にあるものが比較的多いと著者は感じている。

# 5.3 代表的な経営戦略論を押さえる

**基本クイズ**

代表的な経営戦略論について、次の中から最も適切と考えるものを一つ選びなさい。

1. マイケル・ポーター賞が日本で創設されていることに象徴されるように、ポーターの経営戦略論は、1980年代の日本企業の躍進などに影響を受けた「リソース・ベースト・ビュー」である。
2. ポーターの経営戦略論は、ブルー・オーシャンを目指す戦略である。
3. 産業構造を与件とし、その中で競争するとする戦略論（レッド・オーシャン戦略）に対して、ブルー・オーシャン戦略は、企業の信念や行動により業界を再構成できるとする戦略論である。

## 1．経営戦略論の二大アプローチ

ミンツバーグによる経営戦略論10の分類もやや多すぎる感がある。そこで、経営戦略論については、大まかに、ポーターに代表される「ポジショニング・アプローチ」と、1980年代の日本企業の躍進などに影響を受けた「リソース・ベースト・ビュー」と呼ばれる経営戦略論の二大アプローチをしっかりと押さえることを勧める。

**図表5.3.1**　経営戦略の二大アプローチ

| | ポジショニング・アプローチ | リソース・ベースト・ビュー |
|---|---|---|
| 1.戦略目的 | ・ポジショニングを確立する | ・経営資源のフル活用 |
| 2.戦略的な問いかけ | ・我々はどこにあるべきか (where) | ・我々は何であるべきか (who) |
| 3.最も有効な市場 | ・変化が緩慢で構造が固定的な市場 | ・適度に変化し、構造が固まった市場 |
| 4.優位性の源泉 | ・きっちり統合された行動体系を伴ったユニークで価値のあるポジショニング | ・模倣困難な希少資源 (VRIO) |
| 5.戦略策定のステップ | ・魅力的な市場を特定する<br>・防御可能なポジショニングを定める<br>・補強し防御する | ・ビジョンを確立する<br>・経営資源を蓄積する<br>・各市場で経営資源をフル活用する |
| 6.リスク | ・状況が変化した時にポジショニングを変更するのが困難になる | ・動きが鈍くなり、状況の変化に合わせた新たな資源の蓄積に出遅れる |

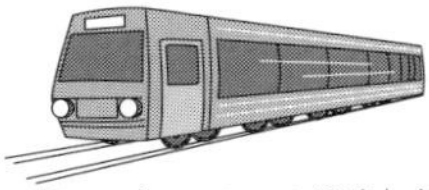

参照：アイゼンハートとサル「シンプル・ルール戦略」を参照し作成

**図表5・3・1**に、両アプローチを対比する形で示してあるが、ポイントは「戦略的な問いかけ」、つまり、

- 我々はどこにあるべきか（where）＝ポジショニング・アプローチ
- 我々は何であるべきか（who）＝リソース・ベースト・ビュー

にある。［Eisenhardt and Sull,2001］

**1）ポジショニング・アプローチ**

ポジショニング・アプローチは、今後成長が期待されるのはどのような産業、業種、製品カテゴリーなのか。またその産業などの中でどこに位置すれば持続的な競争優位を獲得できるのか、を考えて戦略の打ち手を考えるアプローチである。

ＢＳＣの視点でいえば、まず「顧客の視点」から発想する考え方である。

経営戦略論の研究者からすれば、邪道かもしれないが、【松原流】では、「満員の通勤電車の陣取り」に例えて、朝の通勤時間帯なら、何両目の何番目のドアから入ってどの位置が楽な体勢で過ごせるか、を考えることに似ていると説明している。

## 2）リソース・ベースト・ビュー

これに対して、リソース・ベースト・ビューは、自組織のコア・コンピタンス（中核となる能力）と呼ばれる強みにまず着眼点（ビュー）を置き、それを最大限に活かすことができ、今後成長が見込まれる産業、業種、製品カテゴリーなどを考えて、戦略の打ち手を考えるアプローチである。

ＢＳＣの視点でいえば、まず「学習と成長の視点」から発想する考え方である。

【松原流】では、大相撲力士の第二の職業に例えて、自らの身体能力や力士生活で培ってきた能力を活かすことができる新たな市場として「総合格闘技に転向」することを決め、不足している能力を強化しようと考えることに似ていると説明している。

# 2．ブルー・オーシャン戦略

## 1）バリューイノベーションとブルー・オーシャン戦略

キムとモボルニュによる著書『ブルー・オーシャン戦略』[Kim and Mauborgne,2005] が、41ヶ国語で出版されるなど世界的なベストセラーとなった。

これは、バリューイノベーション（価値革新）と呼ばれる経営戦略論である。バリューイノベーションは、差別化するためにはコストがかさむという、顧客価値とコストのトレードオフを否定するところに特徴がある。

## 2）ブルー・オーシャン戦略とレッド・オーシャン戦略の違い

従来の産業構造を与件とし、企業はその中で競争するとする産業構造主義的な戦略論をレッド・オーシャン戦略と呼び、これに対して、ブルー・オーシャン戦略は、企業の信念や行動により業界を再構成できるとする再構成主義の戦略論としている。[Kim and Mauborgne,2009] **図表5・3・2**に両者を対比する形で示しておく。

**図表5.3.2** レッド・オーシャン戦略 対 ブルー・オーシャン戦略

| 戦略論 | レッド・オーシャン戦略 | ブルー・オーシャン戦略 |
|---|---|---|
| 市場 | 既存の市場空間の中で競争する | 競争のない市場空間を切り開く |
| 競争 | 競争相手を打ち負かす | 競争を無意味なものとする |
| 需要 | 存在する需要を引き寄せる | 新たな需要を創造し獲得する |
| 価値とコスト | 価値とコストのトレードオフを作る | 価値とコストのトレードオフを打ち破る |
| アプローチ | 差別化もしくは低コストを戦略的に選択し、企業活動の全システムをそれに連携させる | 差別化と低コストの双方を追及し、企業活動の全システムをそれに連携させる |

出典：Kim and Mauborgne "Blue Ocean Strategy" を参照し作成

### 3）バリューカーブ：ブルー・オーシャン戦略のツール

ブルー・オーシャン戦略では、その策定に向けたいくつかのツールやフレームワークが紹介されているが、中でも、バリューカーブ（価値曲線）は、戦略マップ／BSCの顧客の視点の設計にも活用することができるため、ここで、その概要を紹介しておくことにしよう。

なお、バリューカーブを顧客の視点の設計に活用する方法については、〈11・7〉講で取り上げる。

**図表5・3・3**は、ポーターの戦略論とバリュー・イノベーションのブルー・オーシャン戦略のバリューカーブを比較する形式で示したものである。

図の下部に示した図を「戦略キャンバス」と呼び、その上に示した折れ線グラフが、バリューカーブである。

バリューカーブは、横軸に「製品やサービスの主要要素」を、そして縦軸に要素ごとの自社の現状および競合の「相対的な提供水準」をプロット

**図表5.3.3** ポーターの戦略論とブルー・オーシャン戦略

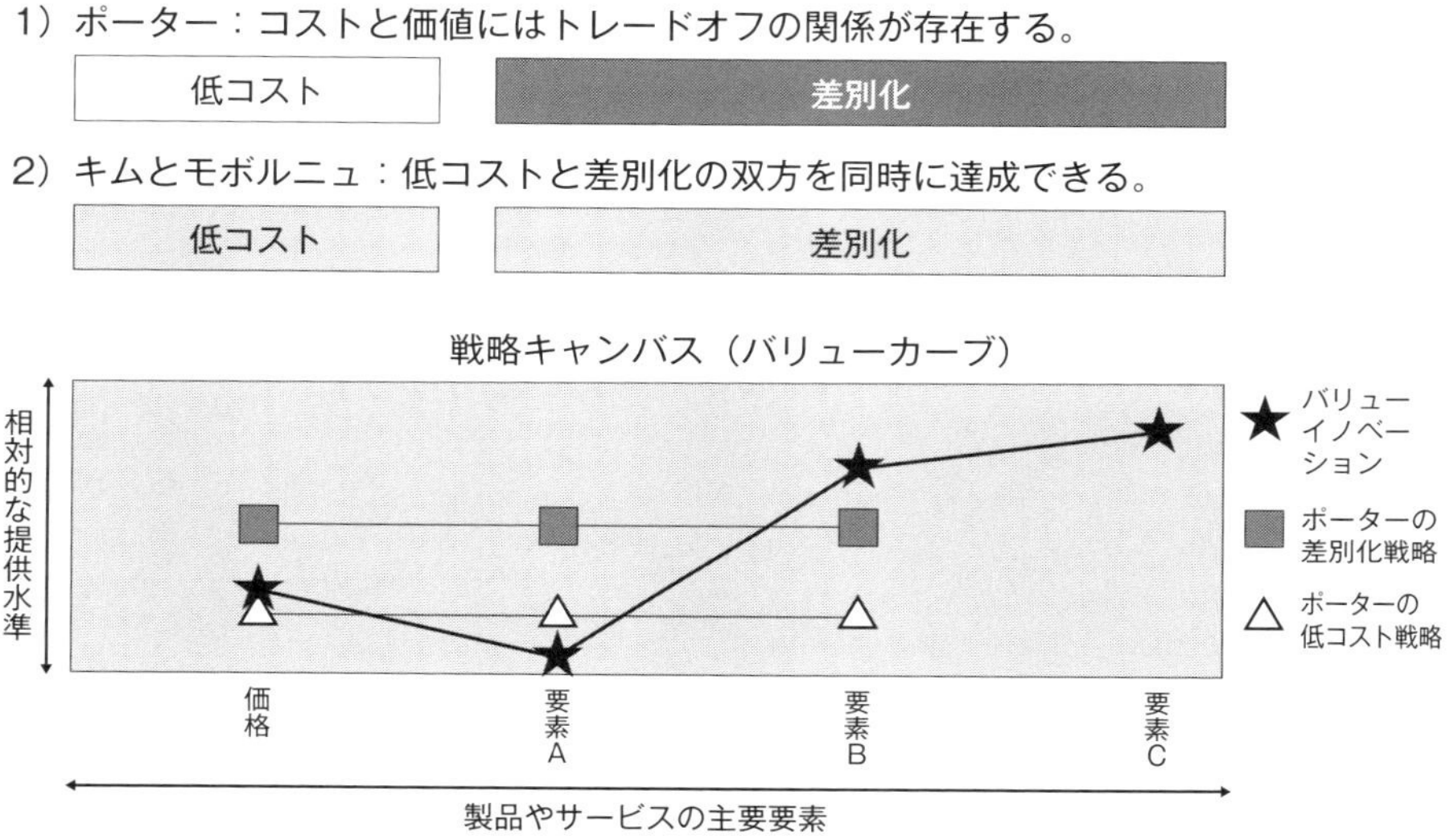


することにより表される。

（1）ポーターの戦略論のバリューカーブ

ポーターは、コストと価値にはトレードオフの関係が存在するとし、差別化もしくは低コストを戦略的に選択し、企業活動の全システムをそれに連携させることを説いている。

これを、象徴的に示したバリューカーブが、図表5・3・3の■と△で示した折れ線グラフである。

（2）ブルー・オーシャン戦略のバリューカーブ

これに対して、キムとモボルニュは、低コストと差別化の双方を同時に達成できるとし、差別化と低コストの双方を追及し、企業活動の全システムをそれに連携させることを説いている。

これは図表5・3・3で★で示したバリューカーブとなり、不要な要素の提供水準を低減したり、削除することにより、低価格と差別化の双方を追及することを示している。

バリュー・イノベーションの提唱者によるバ

リューカーブ上の提供水準の表し方は、当該要素について、顧客にとって価値が高いほど、高水準を付すが、価格については、低価格ほど低い水準となるように表すことになっている。

これは、ブルー・オーシャン戦略の原則である、顧客価値を高めるためには、コストが上昇し、価格に転嫁せざるを得ないという、コストと顧客価値のトレードオフを否定することを明示するためと考えられる。

# 5.4 戦略マネジメントを支援するシステムとしての戦略マップとBSC

**基本クイズ**

経営戦略の策定と実行に関連して、次の中から最も適切と考えるものを一つ選びなさい。

1．数多くの経営戦略論が提唱されているように、経営戦略がうまくいかないのは、戦略の形成／策定が難しいこと、つまり戦略の策定フェーズがボトルネックとなっているからである。

2．経営戦略の実行には、様々な障害が存在する。戦略マネジメントのボトルネックは、戦略の策定フェーズではなく、むしろ実行フェーズにある。そこで実行フェーズを支援するツールとして戦略マップとBSCが注目されている。

## 1．ボトルネックは戦略の実行にあり

経営戦略のプロセスは、**図表5・4・1**に示すように、大きく戦略の策定と戦略の実行の二つのフェーズに分けることができる。

経営戦略学者のミンツバーグ自身が「目の不自由な男たちと象」の話を引用して、いずれの戦略学派といえども戦略の一部分を見ているにすぎず、戦略の全体像をハッキリと捉えている者はいないと指摘しているように、図の左の輪つまり、最良の「経営戦略を策定」することは、アート

**図表5.4.1** 戦略の策定と実行は車の両輪

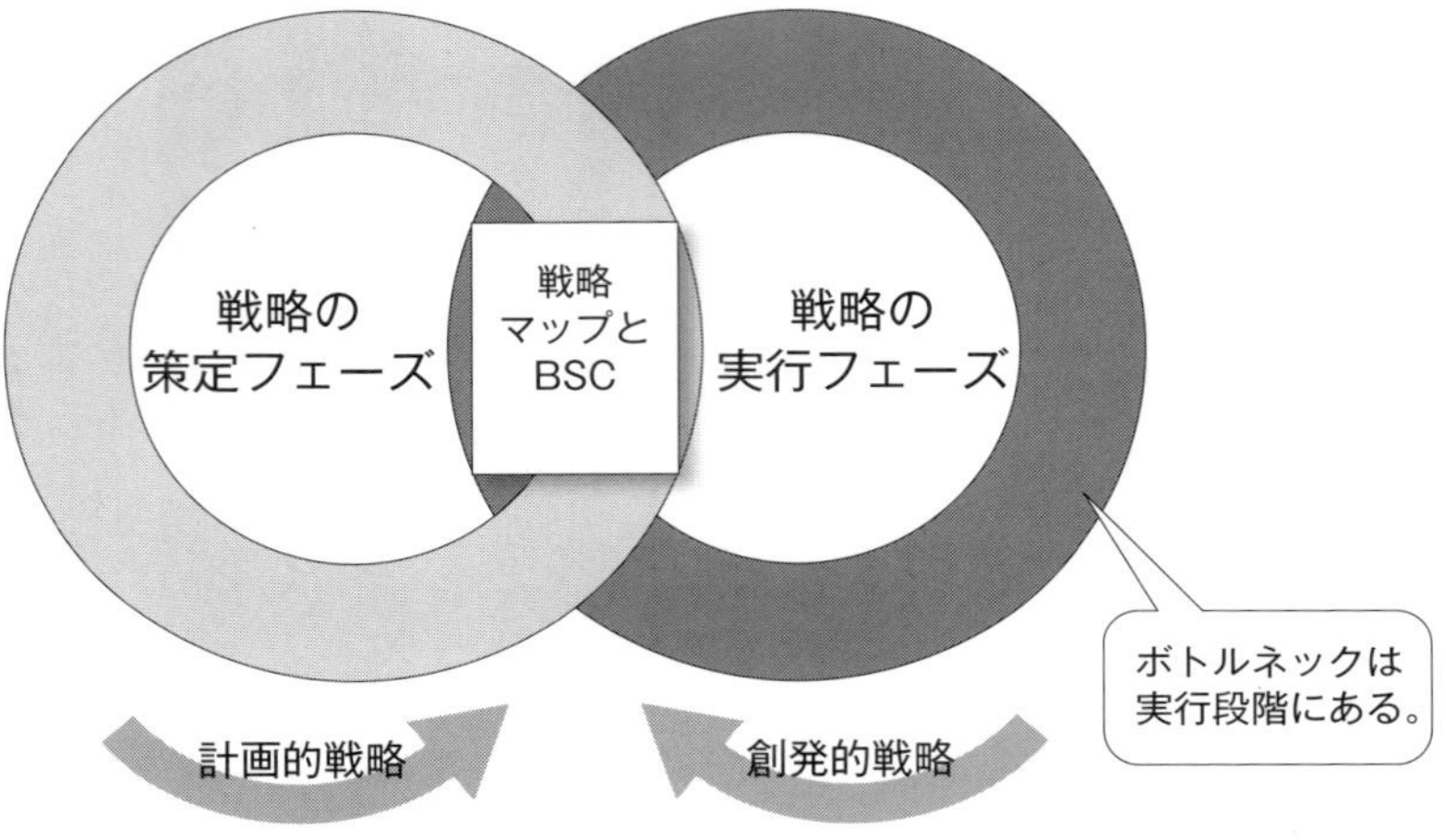


（芸術）に例えられるように非常に難しいことであり、完璧な戦略を求めることは至難の業でもある。

そこで、戦略に完全なものを期待できないとすれば、「ほどほどの戦略を全員でキチンと徹底して実行する方が、すばらしい戦略を中途半端に実行するより、よほど成果が大きい」［伊丹,2003］ということになる。そこで、注目されているのが右の輪、つまり「戦略の実行」のフェーズの充実である。

## 2．戦略の実行を阻む「四つの壁」

キャプランとノートンは、BSCを提唱するに当たって、戦略の実行状況に関する調査を欧米で実施しており、これに基づき、「戦略の実行を阻む四つの壁」の存在を指摘している。

ここで、「戦略の実行を阻む四つの壁」とは、①ビジョンの壁、②人の壁、③マネジメントの壁、そして④資源の壁を指す。

**図表5・4・2**に、この四つの壁に対応する形で、BSCと戦略マップによる対応をまとめてある。

**図表5.4.2** 「戦略の実行を阻む四つの壁」とBSC戦略マップによる対処

| 戦略の実行を阻む四つの壁 | | BSCと戦略マップによる対応 |
|---|---|---|
| ①ビジョンの壁 | 戦略を理解している作業担当者は5%にすぎない。 | 戦略マップとBSCに翻訳することにより、戦略を業務の言葉に変換する。 |
| | | 戦略マップとBSCを下位の組織階層に展開（カスケード）したり、シェアード・サービス部署を直接部門に連携（アラインメント）することにより、組織を戦略に結びつける。 |
| ②人の壁 | 戦略とリンクしたインセンティブを持つマネジメントは、25%にすぎない。 | BSCを、グループまたは個人レベルまでカスケードし、戦略の実行に基づき業績を評価することにより、戦略を全員の仕事にする。 |
| ③マネジメントの壁 | エグゼクティブ・チームの85%は、戦略に関する討議に月1時間以下しか使っていない。 | 戦略マップとBSCを使った戦略レビューを、四半期ないし月次に実施することにより、戦略を継続的なプロセスにする。 |
| ④資源の壁 | 60%の組織が、予算と戦略をリンクさせていない。 | 戦略マップとBSCにより導き出された戦略的施策の戦略的経費を管理することにより、戦略と予算管理をリンクさせる。 |

参照：ニーブン著、松原訳『ステップ・バイ・ステップ　バランス・スコアカード経営』を参照して作成

## 3．戦略の実行の助けとなるツール

前二講にあるように、左の輪の「戦略の策定」の巧拙を論ずる戦略論は多く提唱されてはいるが、右の輪の「戦略の実行」の助けとなるツールは少なく、主なツールとしては、日本のTQC／TQMの「方針管理」［赤尾,1989］などしかなく、欧米でも、Hoshin PlanningやHoshin Kanriとして採用されているほどで、これに替わる仕掛けが渇望されていた。

このため方針管理に類似した要素を持つBSCが注目され、後に開発された戦略マップと共に、戦略コミュニケーション、更には戦略マネジメントのツールとして発展することになったのである。

## 4．戦略マネジメントと戦略マップ／BSC

### 1）戦略マネジメントとは

業務レベルの活動については、日本の製造業を中心に戦後普及したTQC／TQMで、計画を立て（Plan）、それに基づき実行（Do）し、計画通りに進んでいるかを確認（Check）

し、計画と実績に解離がある場合は、適切な対策を打つ（Ａｃｔｉｏｎ）という、「ＰＤＣＡサイクル」（デミング・サイクルまたはマネジメント・サイクルともいう）がある。

経営戦略にも同様のサイクルがあり、戦略の策定自体はＰｌａｎに相当するが、戦略に基づいて実行し、戦略の達成状況をモニタリングし、必要に応じたアクションを打つことが必要になる。これを「戦略マネジメント」という。

戦略マネジメントは、戦略的マネジメント(Strategic Management)と混同されることがあるが、ここで、戦略マネジメントとはStrategy Management、つまり戦略そのものをマネジメントすることであり、両者は全く異なる概念であることに注意する必要がある。

### 2）戦略マネジメント・システムと戦略マップ／ＢＳＣ

図表５・４・３は、キャプランとノートンの「戦略と業務を結ぶマネジメント・システム」[Kaplan and Norton,2008]を基に、著者が加筆・修正して作成した統合マネジメント・システムの図である。

統合マネジメント・システムの中で、ローマ数字で表した部分が、戦略マネジメントのステップである。

戦略マネジメントは、「Ⅰ．戦略の策定」を受けて「Ⅱ．戦略の記述」、そして、戦略を組織の下位にカスケードし、シェアード・サービス・ユニットと連携させる「Ⅲ．戦略の展開と連携」へと進む。ＰＤＣＡプロセスでいえば、ここまでが、戦略のＰｌａｎの段階である。

そして、戦略の実行をＣｈｅｃｋすると共に学ぶ、「Ⅳ．戦略のモニタリングと学習」へとつながり、当初立てた仮説を検証し、必要に応じて改定する「Ⅴ．戦略の検証と改造」へとつながるステップから構成され、その主要なツールとして戦略マップとＢＳＣが位置づけられる。

**図表5.4.3** 統合マネジメント・システムにおける 戦略マネジメント・システム

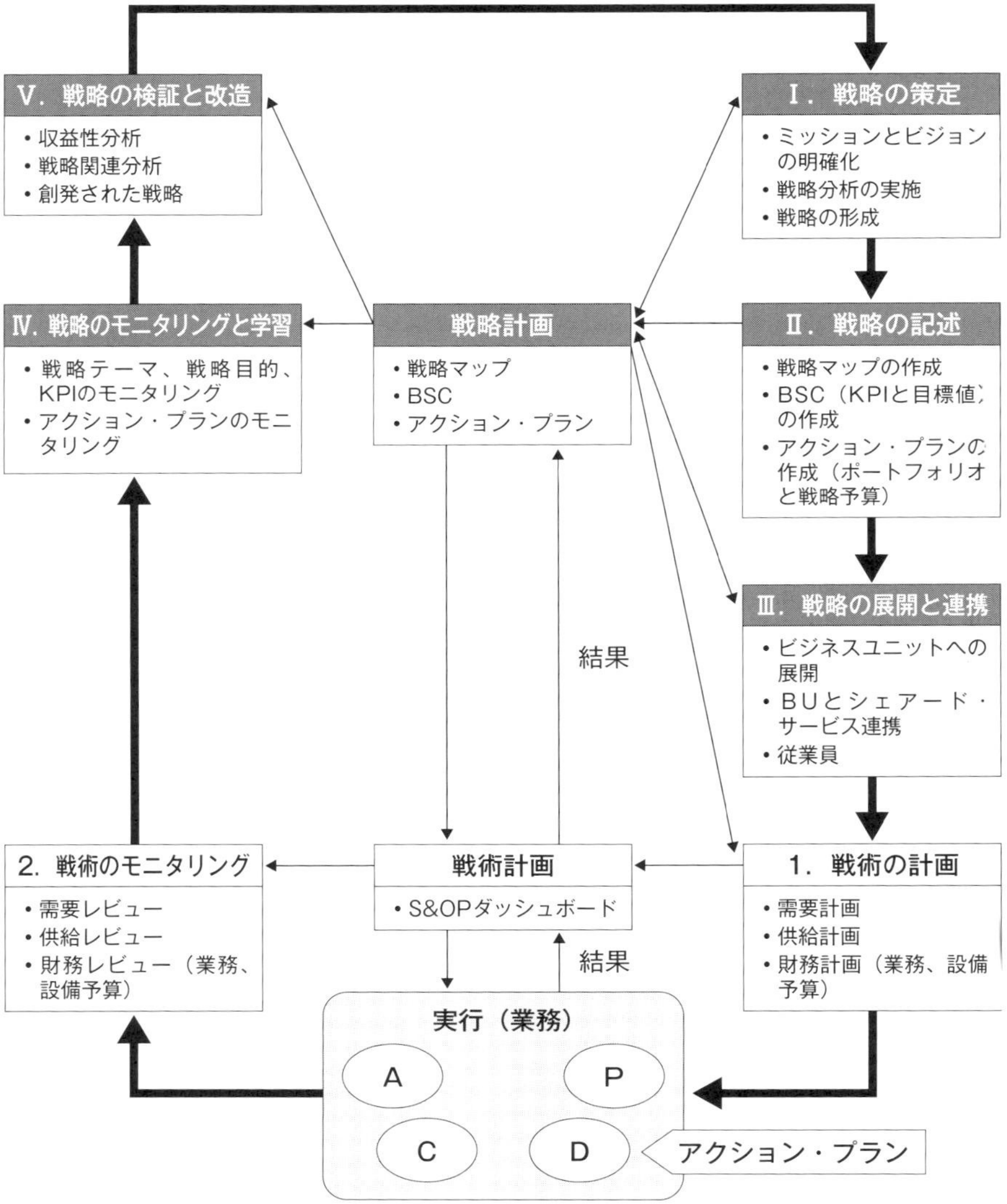

レッスン6

# 戦略マップの原則を修得する

# 6.1 戦略マップの原則を押さえる

**基本クイズ**

戦略マップについて、次の中から最も適切と考えるものを一つ選びなさい。

1. 戦略マップは、表形式のバランス・スコアカードを単にビジュアルに図示したものである。
2. 戦略マップの業務プロセスの視点には、組織が顧客に価値を提供するバリューチェーン（価値連鎖）の活動の全てが詳細に描写されている。
3. 戦略マップは、料理のレシピに例えることができる。つまり、最上位に位置する視点や戦略目的がサーブしようとする料理であり、その下位を構成する視点や戦略目的はその料理に使う材料に相当する。

## 1. 戦略マップ誕生の背景

そもそも、ＢＳＣは表形式のスコアカードであるが、そのＢＳＣを戦略のコミュニケーション・ツールとして活用するには、視点を跨った戦略目的／ＫＰＩ間の「縦の因果関係」が重要になる。これを表現するには、表形式のスコアカード上に矢印で示すのも限界があるため、従来から１９９６年のＢＳＣ三番目の論文［Kaplan and

Norton,1996a］に掲載されているような因果関係図が作成されていた。

１９９０年代の終わりに、ＢＳＣの戦略実行を支援するツールとしての活用を促進させるために、キャプランとノートンによって「戦略マップ(Strategy Map)」という固有の名称がつけられ、同時にテンプレートが公表された。

## 2．戦略マップの基本構造とその背後にあるコンセプト

キャプランとノートンは戦略マップのテンプレートを開発するにあたって、次の事項を配慮してしたとしている。［Kaplan and Norton,2004］（**図表６・１・１**）

①横軸にＢＳＣの（四つの）視点
②縦軸に戦略の時間軸上のダイナミックスを表現
③粒度を設定し明瞭性と焦点を向上

以下に、各々について見ていくことにしよう。

**図表6.1.1** 戦略マップの背後にある原則

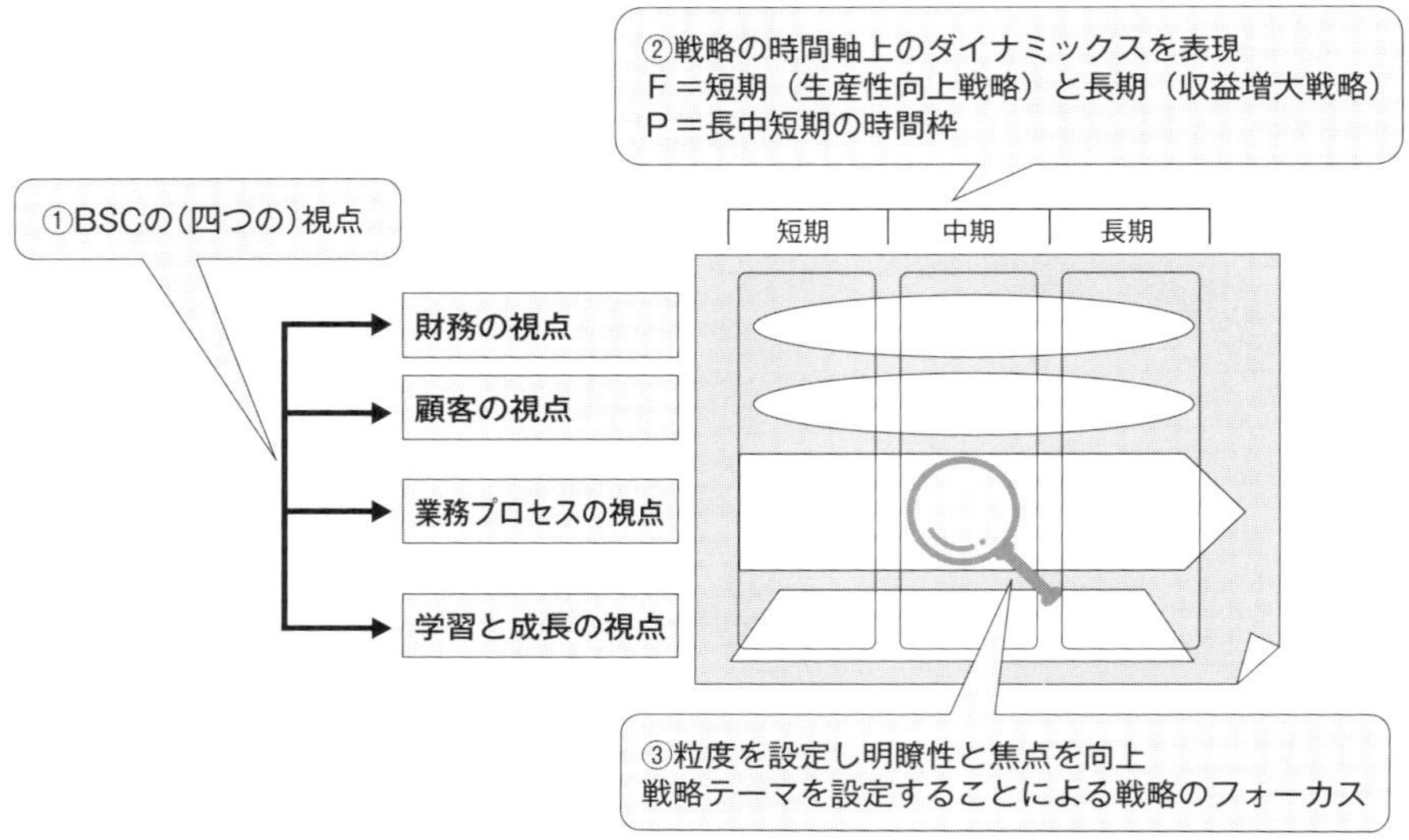

## 1）ＢＳＣの（四つの）視点

当然のことながら、戦略マップにはＢＳＣの視点が組み込まれている。一般的な「四つの視点」であれば、横軸に財務の視点、顧客の視点、業務プロセスの視点、そして学習と成長の視点が示される。

今日、ビジネスの世界では、単なる売上高の拡大や、コストの削減に留まらず、バリュー（提供価値）を重視する傾向がある。

これを反映して、**図表6・1・2**にあるように、営利モデルの戦略マップの基本構造にも、「四つの視点」ごとに「価値」が強調されている。

- 財務の視点の「株主価値」を高めるために、
- 顧客の視点で、顧客に明確な「価値提案」を提供し、
- 業務プロセスの視点で、顧客価値を生み出し、かつ生産性を高めることができる「バリューチェーン（価値連鎖）」を構築し、また環境に配慮した業務プロセスを構築し、
- 学習と成長の視点で、それらの活動を遂行する、ヒト、ＩＴといった知的資本を養成する

**図表6.1.2**　営利モデルの戦略マップの基本構造：四つの視点と価値創造のための戦略ストーリー

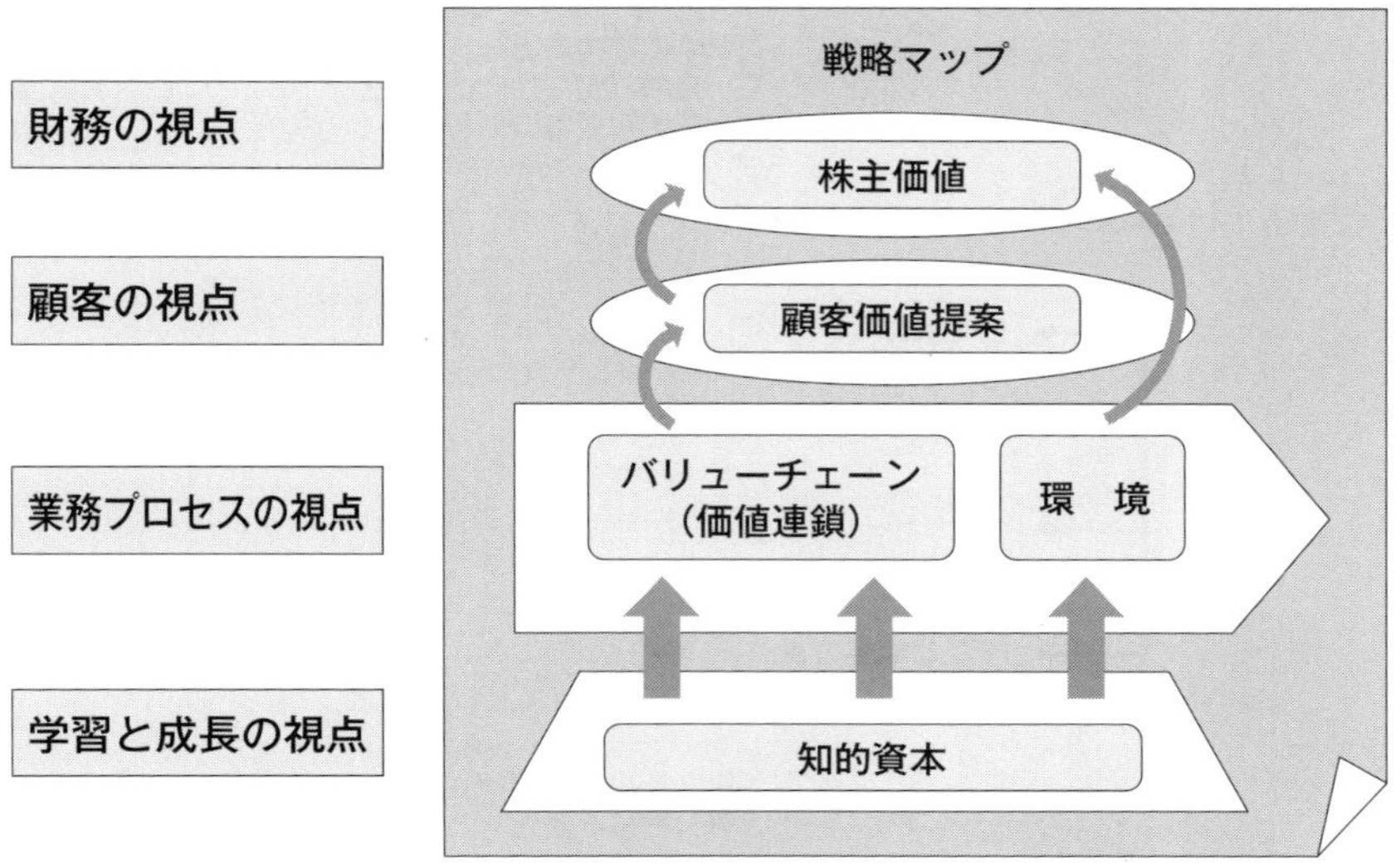

という、価値創造のための戦略のストーリーが表現されている。

## 2）戦略の時間軸上のダイナミックスを表現

良き戦略は、長期、中期そして短期の「タイム・フェージング（区切られた時間枠）」に配慮して策定すべしとの要件を取り込んでいる。

つまり、林業に例えれば、植林活動には、苗木の植林（長期）、間伐（中期）そして伐採（短期）がある。伐採（短期）ばかり行って、苗木の植林（長期）を怠っていては、将来の保証はないために、戦略はタイム・フェージングを考慮する必要があるわけである。

戦略マップ上では、図表6・1・1に示すように、横軸の視点を串刺しにする形で、縦軸に組み込まれている。

具体的に説明すると、財務の視点にインパクトが生じるタイムラグ（時間のずれ）によって、長期、中期そして短期とし、ビジネスや製品のリードタイムにもよるが、それぞれ長期4～5年、中期2～3年そして短期1年以内とする。

**図表6.1.3**　戦略マップの縦の因果関係：「効果的な戦略とは、全てのシステムを顧客価値提案に合わせる」

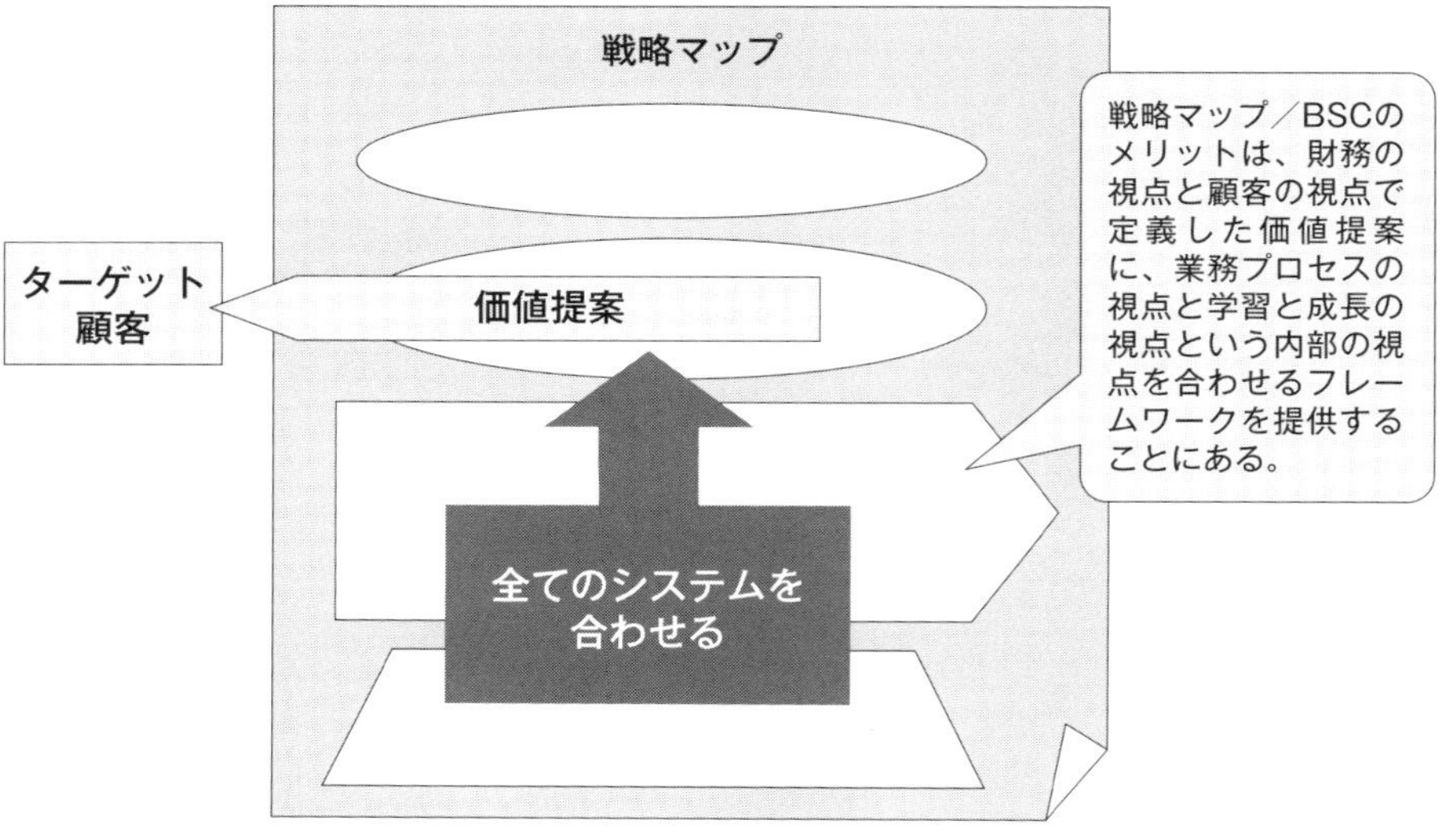
戦略マップ
ターゲット顧客
価値提案
全てのシステムを合わせる
戦略マップ／BSCのメリットは、財務の視点と顧客の視点で定義した価値提案に、業務プロセスの視点と学習と成長の視点という内部の視点を合わせるフレームワークを提供することにある。

この時間軸の並べ方については、図表6・1・1のように、左側から短期―中期―長期と並べる方法と、長期―中期―短期と並べる方法があるが、この並べ方により、業務プロセスの視点と学習と成長の視点の構成が異なってくるので注意する必要がある。

**3）粒度を設定し明瞭性と焦点を向上**

経営戦略では、限りのあるリソースを有効に活用して最大限の効果を上げることが求められる。このために総花的ではなくメリハリを利かせた、「選択と集中」が要求される。

写真のように全てを漏らさずに描写するわけではなく、「選択と集中」で強調すべき箇所を誇張して描くことになる。これが、選択と集中を旨とする経営戦略をモデルとして描く場合の王道であり、【松原流】では「戦略マップは、ピカソが描く絵だ」と思えばよいと教えている。

## 3. 効果的な戦略とは、全てのシステムを顧客価値提案に合わせる

経営戦略学者のマイケル・ポーターは、「効果的な戦略とは、全てのシステムを顧客価値提案に合わせる」ことであると語っている。これを戦略マップ上で示せば、**図表6・1・3**に示すように、「縦の因果関係」として表現される。

このことからも明らかなように、戦略マップのメリットは、財務の視点と顧客の視点で定義した価値提案に、業務プロセスの視点と学習と成長の視点という内部の視点を合わせるフレームワークを提供することにある。

## 6.2 戦略マップのパーツと構成を押さえる

**基本クイズ**

戦略マップを構成するパーツに関連して、次の中から最も適切と考えるものを一つ選びなさい。

1. 戦略マップは、複数の戦略目的を示した図である。
2. 戦略マップは、戦略を達成するために必要となる具体的なアクション・プラン（施策）から構成された図である。
3. 戦略マップは、視点を構成する複数の戦略目的を示した図であり、戦略の柱として「戦略テーマ」が設定され、必要に応じてKPIや目標値などが含まれる。

### 1. 戦略マップを構成するパーツ

キャプランとノートンの戦略マップを構成するパーツの名称と構成を示せば、**図表6・2・1**のようになる。

### 2. 戦略マップを構成するパーツの意味

#### 1）視点

営利組織のモデルでは、代表的な「四つの視点」、つまり、財務の視点、顧客の視点、業務プロセスの視点、そして学習と成長の視点の順に、上位から配置される。

**【松原流】**では、視点を図示する場合に、業務プロセスの視点は、マイケル・ポーターのバリューチェーンの図（図表11・9・3参照）を意識して矢印の形状に、そして学習と成長の視点を、ビジネスの土台であるとの意味で、台形を用いてシンボリックに表すことにしている。

## 図表6.2.1　戦略マップのパーツと構成

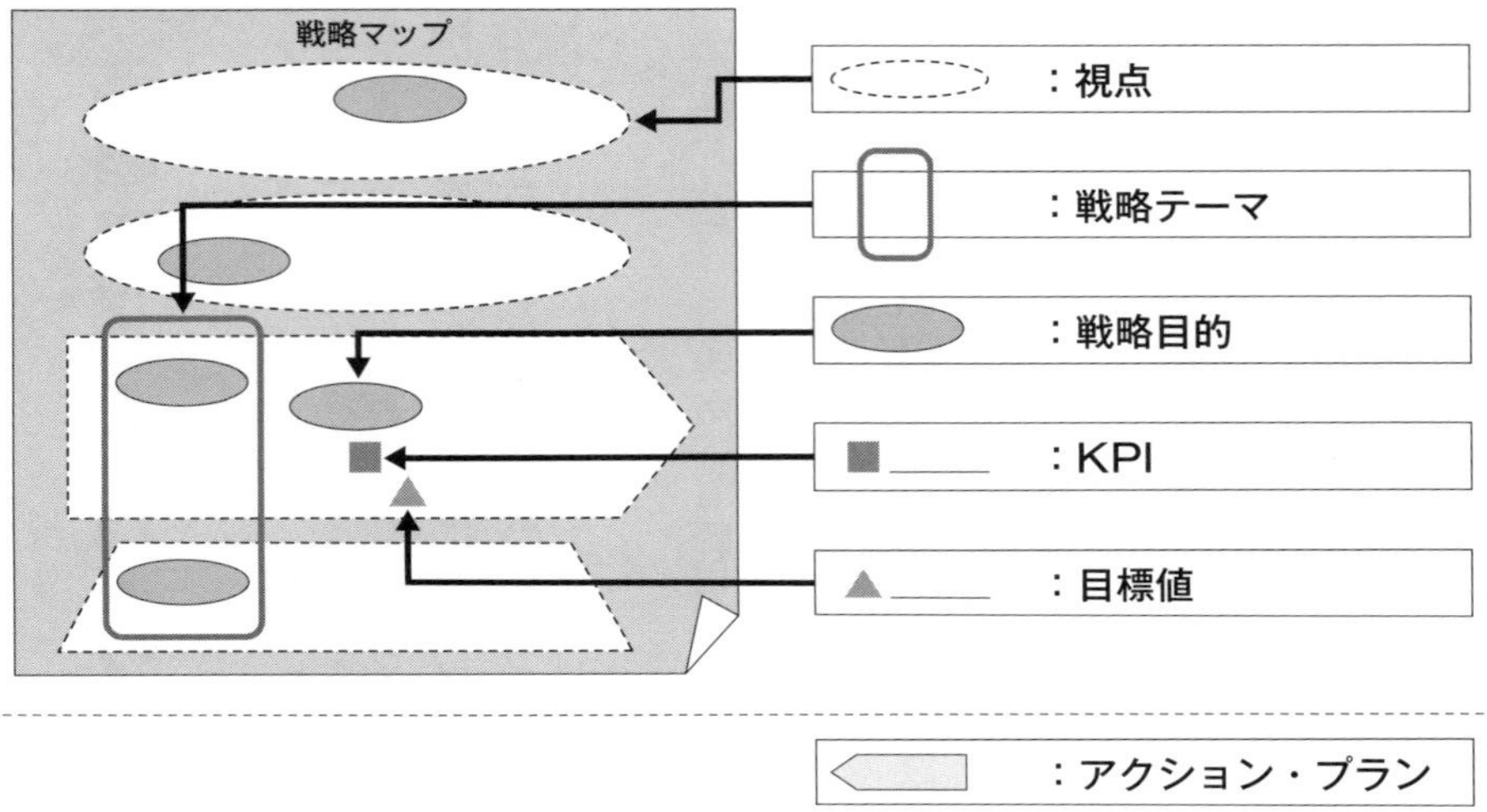


## 図表6.2.2　戦略マップのパーツの名称

| 日本語 | 日本語別称 | 英語 |
|---|---|---|
| 1）視点 | — | Perspective |
| 2）戦略テーマ | 戦略の柱 | Strategic Theme |
| 3）戦略目的 | 戦略目標 | Strategic Objective |
| 4）KPI | • 重要業績評価指標<br>• 指標／メジャー<br>• メトリック | • Key Performance Indicator<br>• Measure<br>• Metric（測定規準） |
| 5）目標値 | • ターゲット | Target |
| 6）アクション・プラン | —<br>• アクション・プログラム<br>• 戦略的プログラム<br>• 戦略的プロジェクト<br>• 戦略的施策 | • Action Plan<br>• Action Program<br>• Strategic Program<br>• Strategic Project<br>• Strategic Initiative |

## 2）戦略テーマ

〈6・1〉講で説明したように、戦略マップでは、戦略が取り扱う粒度を設定し、メリハリを示すために「戦略の柱」に相当する「戦略テーマ」を設定する。

戦略テーマまたは重要な少数の戦略目的をグルーピングし、戦略のコミュニケーションを容易にする効果がある。

## 3）戦略目的

戦略目的とは、「戦略が達成すべき項目」や「戦略の成功にとって重要な項目」を指し、戦略の内容をより具体的に説明する「道標」の役割を果たす。

英語は、ストラテジック・オブジェクティブ（Strategic Objective）で、日本語訳としては、一般に「戦略目標」があてられているが、**【松原流】**では「戦略目的」を用いている。**図表6・2・1**に示すように楕円形で表すため「バブル」と呼んでいる。

## 4）KPI

KPIは、Key Performance Indicator（重要業績評価指標）の略称である。

戦略マップ／BSCでは、戦略目的が如何に上手く達成されているかを測定し追跡する指標である。戦略目的が定性的なものであるのに対して、KPIは定量的な性格を持っている。

欧米のBSC関連の事例を見ると、メジャーやメトリックが用いられることが多いようだが、日本では、KPIがBSC以前にも比較的多く用いられてきたため、**【松原流】**でも、KPIを用いている。

また、先行指標と結果指標（遅行指標）に区分されることも多いが、後者を特に、KGI（キー・ゴール・インディケーター）と呼び、KPIと区別することもある。

戦略マップ上での表現としては、スペースの問題から、必ずしも全てのKPIが示されるとは限らず、主として「戦略マップ＋BSC＋アクション・プラン」の3点セットの内のBSC上で示される。これについては、〈8・2〉講で詳しく取り扱う。

## 5）目標値

目標値は、戦略目的の達成度を計るＫＰＩの、ある時点ないし期間の業績水準、または必要とされる改善率の目標値を指す値である。

売上高目標やコスト削減目標などの目標値の設定については、様々な手法が存在するが、実務上は困難を伴う作業である。

## 6）アクション・プラン

戦略目的を測定するために設定されたＫＰＩのストレッチな目標を達成するには、現場の人間の日常的な努力（改善レベル）のみでは限界があるため、そこで特別に予算（戦略的予算）をつけて実施されるものがアクション・プランである。

アクション・プランは、アクション・プログラム、戦略的プログラム、戦略的プロジェクト、戦略的施策など様々な用語が用いられる。

その戦略性を強調するため、「戦略的プログラム」を用いることも良いと考えるが、戦略マップを組織の下位へカスケード（展開）している場合には、戦略性も低くなってくるため、【松原流】では、汎用的な用語である「アクション・プラン」を用いることとしている。

アクション・プランは、戦略マップ上には現われず、「戦略マップ＋ＢＳＣ＋アクション・プラン」の３点セットのアクション・プランに示される。

# 6.3 戦略テーマを使って戦略の柱を建てる

**基本クイズ**

戦略テーマに関連して、次の中から最も適切と考えるものを一つ選びなさい。

1. 戦略テーマは、戦略マップ上の各視点に記載された戦略目的をグルーピングするために視点ごとに設定される。従って、複数の視点間を跨って設定されることはない。
2. 戦略テーマには、その達成度を測定するためにKPI（重要業績評価指標）が設定される。
3. 戦略テーマは、組織の戦略の柱であり、複数の視点を跨がって設定されることがある。

## 1．「戦略テーマ」が戦略マップにあまり登場しないわけ

日本で発行されている書籍に掲載されているものや実際の組織で作成されている戦略マップを見ても、この「戦略テーマ」が抜けているものを多く見受ける。

これは、戦略テーマが、BSCの初期段階にはなく、2000年頃になって、戦略マップの名称とテンプレートが発表された段階で加えられた比較的若い概念であるため、日本語による情報が不足していたことが要因となっていると考えられる。

## 2．戦略テーマの役割

### 1）戦略の柱としての戦略テーマ

戦略テーマは、戦略の柱を意味する。TQC／TQMを採用した経験のある組織であれば、方針

（戦略）を展開するためのTQM手法である「方針管理」の重点目標（略して「重目」ともいう）に相当するものと考えれば理解しやすいであろう。

## 2）戦略の時間枠の設定に活用する

良き戦略とは、長期、中期そして短期の「タイム・フェージング（区切られた時間枠）」に配慮して策定される必要があることは、既に〈6・1〉講で説明したが、戦略テーマは、戦略の時間軸上のタイム・フェージングを表現することにも活用される。

## 3）戦略目的をグルーピングする

戦略をコミュニケーションするには、例えば四つの視点だけでは荒すぎる。かといって、平均24個も設定される戦略目的では全体を把握するには細かすぎる。

そこで、この戦略テーマが、コミュニケーション・ツールとしての戦略マップにとって程よい粒度を設定する重要な要素となる。

**図表6.3.1**　戦略テーマを使って戦略の柱を建てる

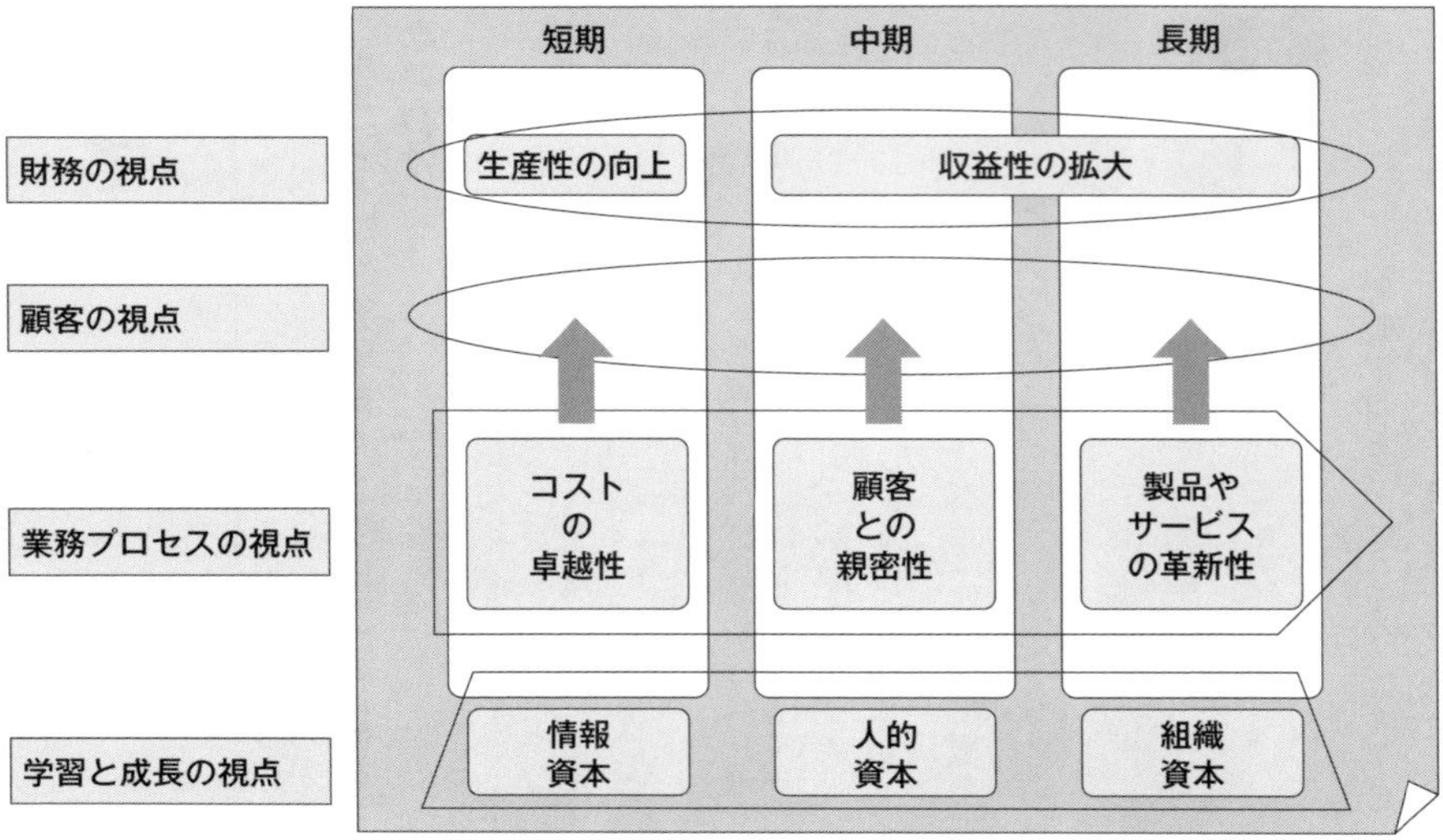

## 3. 戦略テーマの表記方法

戦略テーマは、財務の視点の「生産性の向上」や「収益性の拡大」のように、各視点に設定されることはもちろん、複数の視点を跨って設定されることも多い。(**図表6・3・1**)

戦略マップ上で表現する場合には、戦略テーマを長方形のラベルのように表記する方法と、戦略テーマの下にある複数の戦略目的を全て囲んで示す方法などがある。

戦略テーマは、四つの視点を横軸にとると、これら複数の視点を串刺しする形で設定されることがあるが、二次元の紙面である戦略マップ上に描写した場合、複数の戦略テーマが交差してしまい、表現することは難しい。そこで、戦略テーマを戦略マップ上に描写するには、気持ちとしては視点を串刺しするように考えるものの、

①顧客の視点と業務プロセスの視点を串刺しして描写する方法
②単にグルーピングのテクニックとして、業務プロセスの視点のみに閉じて描写する方法
③財務の視点のみに描写する方法(生産性の向上戦略と収益性の拡大戦略に区分するなど)
④学習と成長の視点のみに描写する方法

などがある。

いずれにしても、ビジュアルなコミュニケーション・ツールとしての戦略マップの特性を生かして、シンプルで理解しやすいようにまとめることがポイントになる。

# 6.4 戦略目的を使って戦略に道標をつけ可視化する

**基本クイズ**

戦略目的に関して、次の中から最も適切と考えるものを一つ選びなさい。

1. 戦略マップは、戦略のコミュニケーション・ツールであるから、戦略目的の数が多いほど戦略の内容を詳しく記述できるので、戦略目的の数は多いにこしたことはない。
2. 戦略目的は、その達成度を測定する必要があるため、この「顧客満足度の向上」や「納期達成率の向上」といった定量的に評価可能な表現にする必要がある。
3. SBU（戦略的事業単位）など戦略を策定する組織の最上位の戦略マップを作成する場合、そこに示す戦略目的の総数は、24個程度が適当である。

## 1. 戦略目的は動詞表現の体言止で

### 1）バブルのアイコンを用いる

戦略目的の英語はストラテジック・オブジェクティブ（Strategic Objective）で、通常、戦略マップ上に楕円形で描くことから「バブル」と呼んでいる。

戦略マップを目的地に向けたナビゲーション用の地図に例えれば、戦略目的は中継地点などを示す「道標」に相当する。

記述スペースの制約を考えて、バブル（楕円形）ではなく、長方形とすることもあるが、【松原流】では、戦略テーマとの視覚面での区別を考え、極力バブルを使用することを薦めている。

### 2）戦略目的の記述方法

戦略目的の記述は、「納期を短縮する」など、「～を増加させる」「～を減少させる」「～を削減する」「～を短縮する」など動詞表現となるが、【松原流】では、限られたスペース上に示す戦略マップを、シンプルで見やすくするために「納期の短縮」などの体言止めの形式とし、文字数を短縮することを心がけている。

## 2. 戦略目的の数は幾つが良いか

実践では、「あれもやりたい、これもやらなければ」と戦略目的は文字通りバブルの如く増殖する傾向にある。だが、思い出してほしい。戦略とは選択と集中であり、戦略マップ上の戦略目的の数も制限する必要がある。

戦略マップは戦略コミュニケーションのツールとして、理解しやすく、異常点などモニタリングしやすいことが必須条件となる。ノートン氏はSBU（戦略的事業単位）など戦略を策定する組織階層の最上位レベルの戦略マップでは戦略目的の数は24個くらいが望ましいとしている。

【松原流】では、「マジカル・ナンバー　7±2」（〈11・3〉講で解説）を適用し、これに視点の数を掛けて、視点が四つなら7±2の4倍で、20個から36個、平均28個とすることを目安としている。

## 3. 戦略目的間の連鎖はKPI間の連鎖により裏づけられなければならない

「戦略とは、仮説のセットである」と言われるように、戦略マップは戦略目的の連鎖（仮説）のセットによって、戦略を可視化しようとする図である。

戦略マップを描く時、「○○○を達成するために、△△△をする」という仮説を表現するために、**図表6・4・1**に示すように、戦略目的の間を、線や矢印で結んでリンケージ（因果関係）を示している。

**図表6.4.1**　戦略とは仮説のセットであり、仮説は戦略目的の連鎖で表す

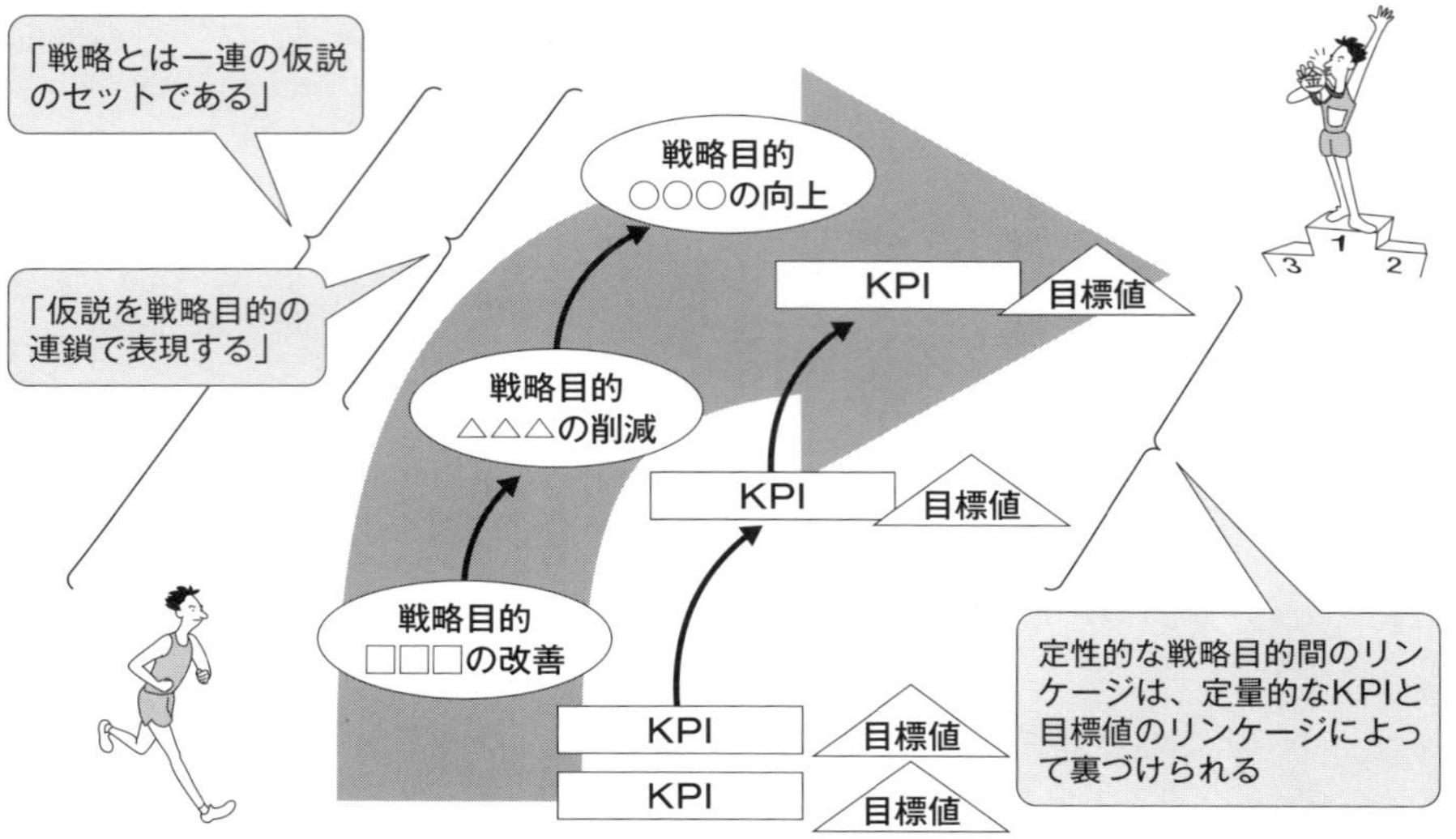


つまり、「下位の戦略目的（例えば、提案件数の増大）をどのレベルまで持っていけば、上位の戦略目的（契約件数の増大）をどのレベルまで達成することができるはずだ」という、仮説を表現している。

そして、戦略目的は定性的な性格を持つものも含まれるため、「どのレベルまで」を表現するのが、ＫＰＩと目標値ということになる。

従って、定性的な戦略目的間のリンケージは、定量的なＫＰＩと目標値のリンケージによって裏づけられていることを肝に銘じておく必要がある。

# レッスン7

# 戦略マップのテンプレートを修得する

## 7.1 戦略マップのテンプレートの設計コンセプトを押さえる

### 基本クイズ

戦略マップのテンプレートに関連して、次の中から最も適切と考えるものを一つ選びなさい。

1. キャプランとノートンが発表した戦略マップのテンプレートに忠実に従えば、自組織の戦略を表す最適な戦略マップを作成することができる。
2. キャプランとノートンによる戦略マップのテンプレートとしては、「顧客価値提案」の三つの戦略タイプ別（製品の革新性、顧客との親密性、そして業務の卓越性）の三種類があるのみである。
3. 「顧客価値提案」の三つの戦略タイプ別の戦略マップのテンプレートは、汎用性はあるものの、戦略とは、そもそも独自のものであるから、必ずしもこれに従う必要はない。

## 1．戦略マップのテンプレートのデビューは2000年頃

〈6・1〉講で説明したように、我々が押さえておくべきは、戦略マップの基本構造とその背後にあるコンセプトの存在である。これを理解した上で、次に戦略マップのテンプレートを修得するというステップを踏めば、道を誤ることはない。

キャプランとノートンは、戦略マップの理解の促進と普及を目的として、2000年前後に顧客価値提案をベースとした戦略マップのテンプレートを開発し提示した。

書籍ベースで戦略マップが紹介されたのは2000年に出版の『キャプランとノートンの戦略バランスト・スコアカード』[Kaplan and Norton,2000a]である。

## 2．顧客価値提案を核とした戦略マップのテンプレート

戦略マップのテンプレートとして、最もポピュラーなタイプは、キャプランとノートンによる顧客価値提案（カスタマー・バリュー・プロポジション：CVP）の三つの戦略タイプに従った戦略マップのテンプレートである。（以下、これらを「戦略マップ・テンプレート（CVP版）」と呼ぶ。）

戦略マップ・テンプレート（CVP版）には、四つの視点のそれぞれに、

- 財務の視点で、ROAツリー
- 顧客の視点で、顧客価値提案
- 業務プロセスの視点で、バリューチェーンと環境／CSR
- 学習と成長の視点で、知的資本

の考え方が取り込まれている。

中でも、戦略マップ・テンプレート（CVP版）の最大の特徴は顧客の視点にある。ビジネスの出発点である顧客の視点で、米国でマルコムボルドリッジ国家経営品質賞などが採用し、既に市民権を得ていた顧客価値提案を採用したことにある。

## 3．トレーシーとウィアセーマの顧客価値提案の三つの戦略タイプ

### 1）ポーターの競争戦略

**図表7・1・1**に示すように、ポーターは全ての

顧客に全ての価値を提供しようとすれば、競争力を失うとし、戦略マップ／BSCで表現すれば、競争優位の戦略として、顧客の視点で、顧客価値提案として、低コストもしくは、差別化を戦略的に選択し、業務プロセスの視点と学習と成長の視点にあたる企業活動の全システムをそれに連携させるべきであると説いている。[Porter,1985]

### 2）トレーシーとウィアセーマの顧客価値提案

顧客価値提案は、顧客の視点に立った戦略を策定するためのフレームワークであり、マイケル・トレーシーとフレッド・ウィアセーマが、1997年に著した『ナンバーワン企業の法則』[Treacy and Wiersema,1997] で提唱された考え方である。

トレーシーとウィアセーマによれば、マーケットでリーダーの位置にある80社を研究したところ、それらの企業は顧客に提案する価値のパターンを鮮明にしており、次の三つの戦略タイプの何れかであることが判明したというものである。

- 業務の卓越性
- 顧客との密着性

**図表7.1.1** 顧客価値提案の三つの戦略タイプ

| | | | |
|---|---|---|---|
| マイケル・ポーター | 低コスト low-cost | 差別化 differentiation | |
| トレーシーとウィアセーマ | 業務の卓越性 operational excellence | 顧客との親密性 customer intimacy | 製品の革新性 product inovation |

| 戦略タイプ | 業務の卓越性（オペレーショナル・エクセレンスまたはベスト・トータル・コスト） | 顧客との親密性（カスタマー・インティマシーまたはベスト・トータル・ソリューション） | 製品の革新性（プロダクト・イノベーションまたはベスト・プロダクト） |
|---|---|---|---|
| 解説 | 業務の効率を上げて、一定の品質の製品やサービスを低価格で提供することにより、顧客に価値を提案する企業で、T型フォードの「フォード型」。 | 製品の革新性を売るでもなく、低価格路線でもない戦略で、顧客の持つ課題を察知し、的確なソリューションを提供することにより顧客に価値を提案する企業で、ソリューション営業のはしりとして有名なIBM社の創設者であった「ワトソン型」。 | 革新的な製品やサービスを継続的に提供することにより、顧客に価値を提案する企業で、発明王の「エジソン型」。 |

・製品の革新性

図表7・1・1にあるように、トレーシーとウィアセーマの顧客価値提案は、ポーターの戦略の低コストまたは差別化というアプローチとも対応しており、ポーターの「差別化」戦略を、「顧客との親密性」と「製品の革新性」の二つに区分し、三つの戦略タイプとしたものであり、比較的汎用性を持った戦略のアプローチであるといえる。

### 4．顧客価値提案の要素にメリハリを付す

図表7・1・2の顧客の視点の部分に示すように、顧客に提供する価値の要素は、大きく次の三つに分類することができる。

#### 1）製品／サービスの属性

製品／サービスのどの属性に力を入れるかがある。一般の、品質（Q：Quality）、価格（C：Cost）、そして納期（T：Time）に加えて、製品の革新性に対応させるため、機能（F：Function）が含まれる。

#### 2）顧客との関係性

今日では、顧客は、製品／サービスの属性以外の要素も重要視しており、関係性が挙げられる。

#### 3）ブランド・イメージ

また、企業や組織の製品に対して、顧客が抱くイメージも重要な要素となる。

これらの顧客価値提案の要素のどこに力点を置くかによって、三つの戦略タイプに分けることができる。

図表7・1・2の顧客の視点では、顧客価値提案の要素と、三つの戦略タイプでどの要素で差別化すべきかをマトリックス形式で示してある。

### 5．効果的な戦略とは、全てのシステムを顧客価値提案に合わせること

顧客に対する価値は自動的に生まれてくるものではない。組織は、差別化すべき顧客価値提案の要素を効果的、効率的に提供するべく、顧客価値提案の要素に全てのシステムを合わせることが求められる。

**図表7.1.2　顧客価値提案の三つの戦略タイプ別の差別化要素**

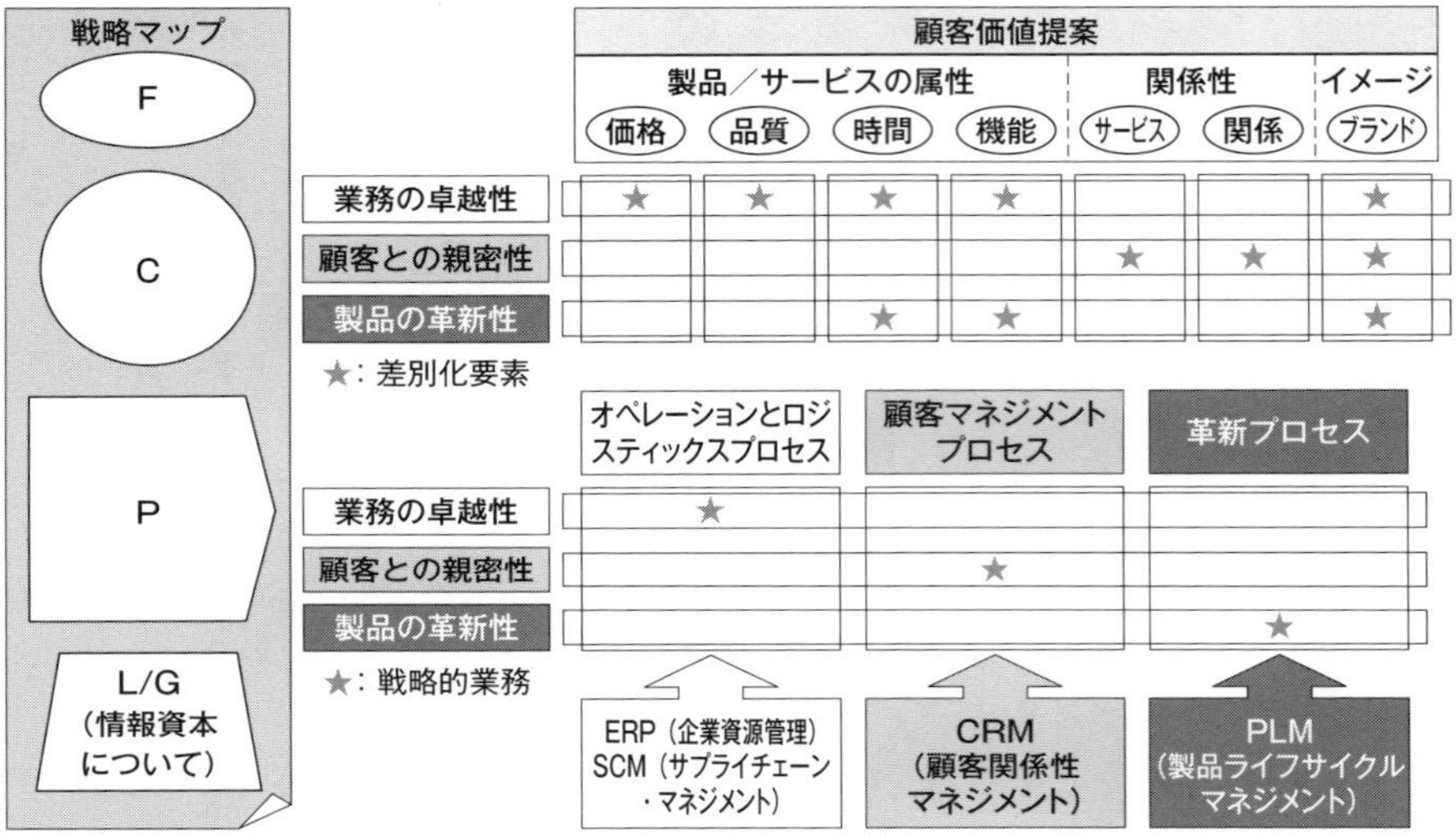


戦略マップ／BSCのメリットは、財務の視点と顧客の視点で定義した価値提案に、業務プロセスの視点と学習と成長の視点という内部の視点を合わせるフレームワークを提供する、いわゆる縦の因果関係にある。

戦略マップ・テンプレート（CVP版）では、顧客価値提案の三つの戦略タイプに応じて、内部の視点である、業務プロセスの視点と学習と成長の視点を合わせるようになっている。図表7.1.2の業務プロセスの視点に示すように、業務プロセスの視点を大きく、オペレーションとロジスティックス・プロセス、顧客マネジメント・プロセス、革新プロセスに区分し、戦略的な業務を明確にしている。

## 6．いずれの戦略論も絶対ではないように、戦略マップ・テンプレート（CVP版）が唯一絶対ではない

戦略マップは、経営戦略をBSCの文法に基づいて記述した図である。そこでキャプランとノートンは、「戦略マップ・テンプレート（CVP版）」に見るように、ゼロから戦略マップのテン

プレートを開発する愚を犯すのではなく、既に市民権を獲得している戦略論をベースに戦略マップのテンプレートを開発したのだといえよう。これは戦略マップのテンプレート開発の非常に懸命なアプローチであると著者は評価している。

ミンツバーグがいうように、戦略の全容を見た経営学者はなく、いずれの戦略論も絶対ではないとすれば、キャプランとノートンが提示したこの有名な戦略マップ・テンプレート（ＣＶＰ版）も、唯一絶対ではないということだ。

このことは、キャプランとノートンは後に、顧客価値提案の戦略タイプ別の戦略マップのテンプレートの他に、ロックイン戦略に基づいた戦略マップなどを提示していることからわかる。
[Kaplan and Norton,2004]

キャプランとノートンの提示した戦略マップを見る者は、このことを理解することが重要である。

## 7.2 コスト効率で勝負する戦略「フォード型」

**基本クイズ**

戦略タイプ「業務の卓越性」の戦略マップ・テンプレートの特徴に関する記述として、次の中から最も適切と考えるものを一つ選びなさい。

1. 業務の卓越性の戦略タイプは、低価格を売りとする戦略であり、赤字覚悟の安売りを敢行し、競争相手を消耗戦に引きずりこんで、打ち負かす戦略を表現したテンプレートである。

2. 業務の卓越性の戦略タイプは、低価格を売りとする戦略を表現したテンプレートであり、顧客の視点で、顧客価値提案の他の要素であるブランド・イメージなどは重要視していない。

3. 業務の卓越性の戦略タイプは、安かろう、悪かろうではなく、業務の効率を飛躍的に高め、一定の品質の製品やサービスを低価格で提供することにより、顧客に価値を提案する戦略を表現したテンプレートである。

## 1.「業務の卓越性」の戦略タイプ

「業務の卓越性」の戦略タイプは、いわゆる「安かろう、悪かろう」ではなく、業務の効率を徹底的に高めて、一定の品質の製品やサービスを低価格で提供することにより、顧客に価値を提案する戦略である。一部の富裕層しか持てなかった自動車を、流れ作業による大量生産方式の導入により低価格で供給できるようにしたT型フォードのヘンリー・フォードに例えて「フォード型」としている。[Treacy and Wiersema,1997]

オペレーショナル・エクセレンス、コスト・リーダーシップ、またはベスト・トータル・コストとも呼ばれている。

## 2.メイン・ストリームを明確にする

顧客価値提案の三つの戦略タイプを表現した戦略マップを作成する場合、戦略上最も重要な柱を明確にする必要がある。

顧客の視点に示した差別化要素を起点として、上位の財務の視点、そして下位の業務プロセスの視点と学習と成長の視点へと、四つの視点を串刺して流れる一連の因果関係の大きな流れであるため、【松原流】では、「メイン・ストリーム」と呼んでいる。

「業務の卓越性」の戦略タイプのメイン・ストリームとしては、**図表7・2・1**上でメッシュのついた戦略目的で示した流れとなる。

## 3.「業務の卓越性」の戦略タイプの視点ごとの特徴

以下に、このメイン・ストリームの流れに沿って、各視点ごとの特徴を見ていくことにしよう。

### 1)顧客の視点

低価格がキーであるが、品質あっての物種であることも忘れてはならない。

低価格が売りのカジュアル衣料チェーンを例に挙げれば、「安かろう、悪かろう」ではなく、米国のGAP社が開発したSPA(Speciality store retailer of Pivate label Aparel:製造小売業)というビジネス・モデルなどを採用し、一定の品質の製品やサービスを驚きの低価格で提供し、しかもレジで待たさない。ユーザーにとっては、リーズナブルな価格との納得感がある。

**図表7.2.1** 戦略マップ テンプレート：「業務の卓越性」の戦略タイプのメインストリーム

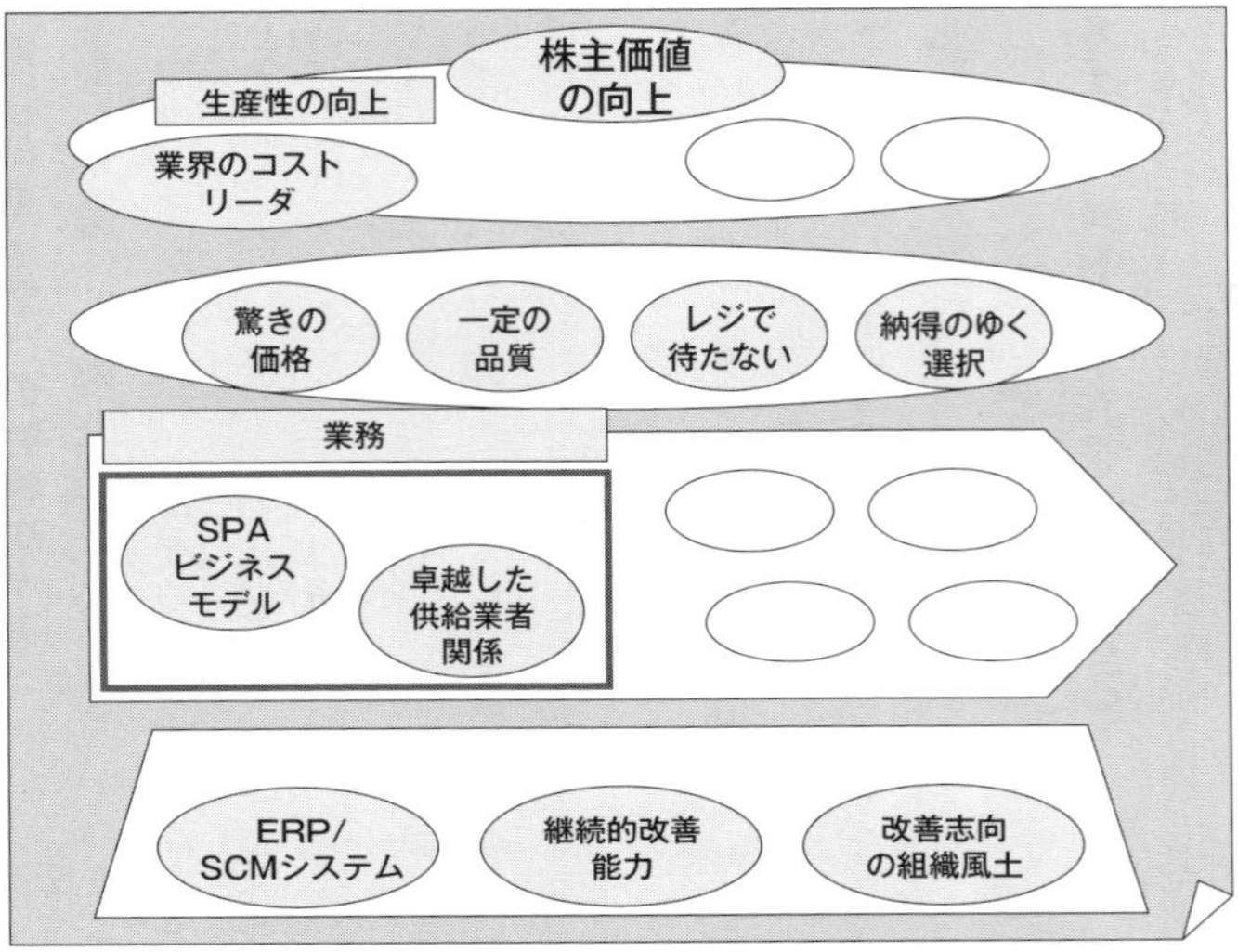


T型フォードの「フォード型」

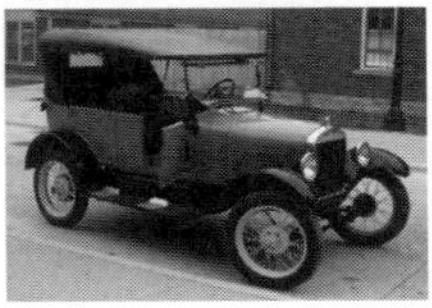

### 2）財務の視点

低価格と高い利益率の双方を実現するための戦略テーマ「生産性の向上」を最優先する。

### 3）業務プロセスの視点

メイン・ストリームを支えるプロセスを「コア・プロセス（中核プロセス）」またはコア・テーマと呼び、またコア・プロセス以外のプロセスを「支援プロセス」と呼んでいる。

低価格が売りのカジュアル衣料チェーンは、ＳＰＡ（製造小売）というビジネス・モデルを採用しているものが多いが、これは、小売店舗を展開し、顧客のニーズを捉え、製品の企画、開発を自社で行い、材料を大量発注し、労働コストが安い新興国の企業に生産を委託することにより、サプライチェーンの中間マージンを排除するビジネス・モデルである。

### 4）学習と成長の視点

情報資本として、ＥＲＰやサプライチェーン・マネジメントなどの基幹業務システム。人的資本として、継続的改善のための能力やスキル。そして組織資本として、改善志向の組織風土の養成に力を入れる。

## 7.3 顧客との親密性で勝負する戦略「ワトソン型」

**基本クイズ**

戦略タイプ「顧客との親密性」の戦略マップ・テンプレートの特徴に関する記述として、次の中から最も適切と考えるものを一つ選びなさい。

1. 顧客との親密性の戦略タイプは、低価格以外の価値を顧客に提供するモデルであるため、財務の視点の生産性向上の戦略テーマの重要性は低い。
2. 顧客との親密性の戦略タイプは、接客が重要であり、学習と成長の視点の知的資本としては、ヒトが最も重要であり、ＩＴ投資への関心は低くなる傾向にある。
3. 顧客との親密性の戦略タイプでは、顧客をよく知ることが重要である。特に法人相手の営業の場合には、その法人の戦略を戦略マップに描き、顧客の戦略マップと自組織の戦略マップとを連携させて考えることが有効である。

## 1. 「顧客との親密性」の戦略タイプ

戦略タイプ「顧客との親密性」は、低価格以外の要素を提供する差別化戦略の一つであり、低価格路線でもなく、製品の革新性を売るでもない独自の戦略である。

顧客の持つ課題を察知し、的確なソリューションを提供することにより顧客に価値を提案する企業で、「社員の目をただひとりの主人である顧客だけに注げと命じてきた」、ソリューション営業のはしりとして有名なＩＢＭ社の創立者であったトーマス・ジョン・ワトソン・シニアとその息子のワトソン・ジュニアを例に挙げて「ワトソン型」としている。[Treacy and Wiersema,1997]

カスタマー・インティマシー、顧客との密着度、コンプリート・カスタマー・ソリューションとも呼ばれている。

## 2. メイン・ストリームを明確にする

「顧客との親密性」の戦略タイプのメイン・ストリームは、**図表7・3・1**上でメッシュのついた戦略目的で示した流れとなる。

**図表7.3.1** 戦略マップ テンプレート：「顧客との親密性」の戦略タイプのメインストリーム

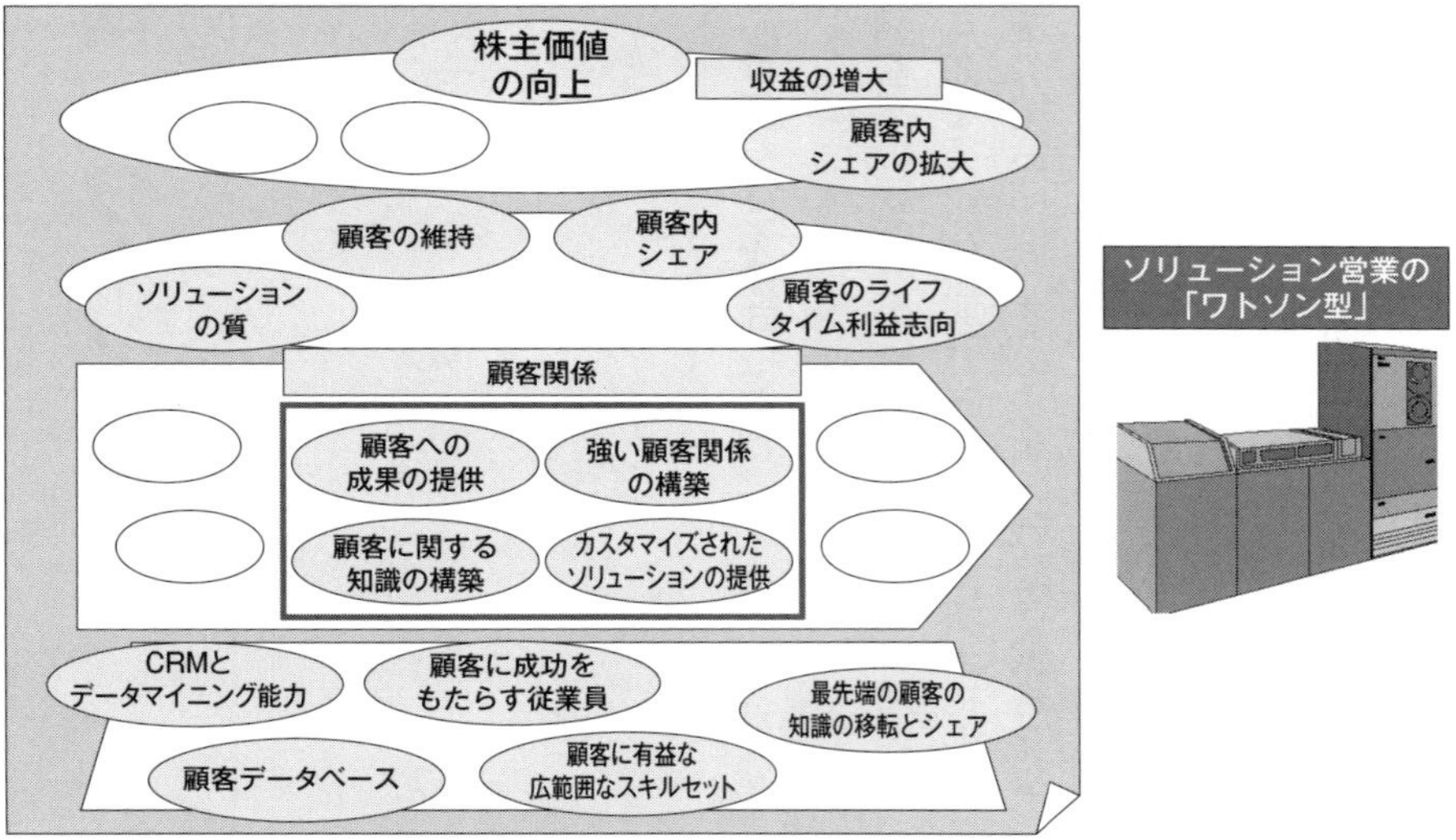

## 3.「顧客との親密性」の戦略タイプの視点ごとの特徴

デフレ環境下であっても、顧客からの支持を集める「おもてなし」の旅館やホテルのように、提案したソリューションの質と、顧客のライフタイム利益志向が評価され、信頼性が高まり、結果として顧客内シェアは増大し、顧客の維持に繋がる。

以下に、このメイン・ストリームの流れに沿って、各視点ごとの特徴を見ていくことにしよう。

### 1）顧客の視点

ビジネスの起点は顧客であり、「お客様を知る」ことから始まる。【松原流】では、**図表7・3・2**に示すように、顧客を知るため、B2B（ビジネス・ツー・ビジネス）なら、法人顧客のミッション、バリュー、ビジョンを確認し、その戦略を戦略マップに描くことを推奨している。

価格以外の魅力的な顧客価値を提案し、それを提供するビジネス・モデルを構築することがキーとなる。ソリューション営業は、この戦略タイプに属する。

**図表7.3.2**　「顧客を知り、己を知る」:「顧客との親密性」における戦略マップの連鎖

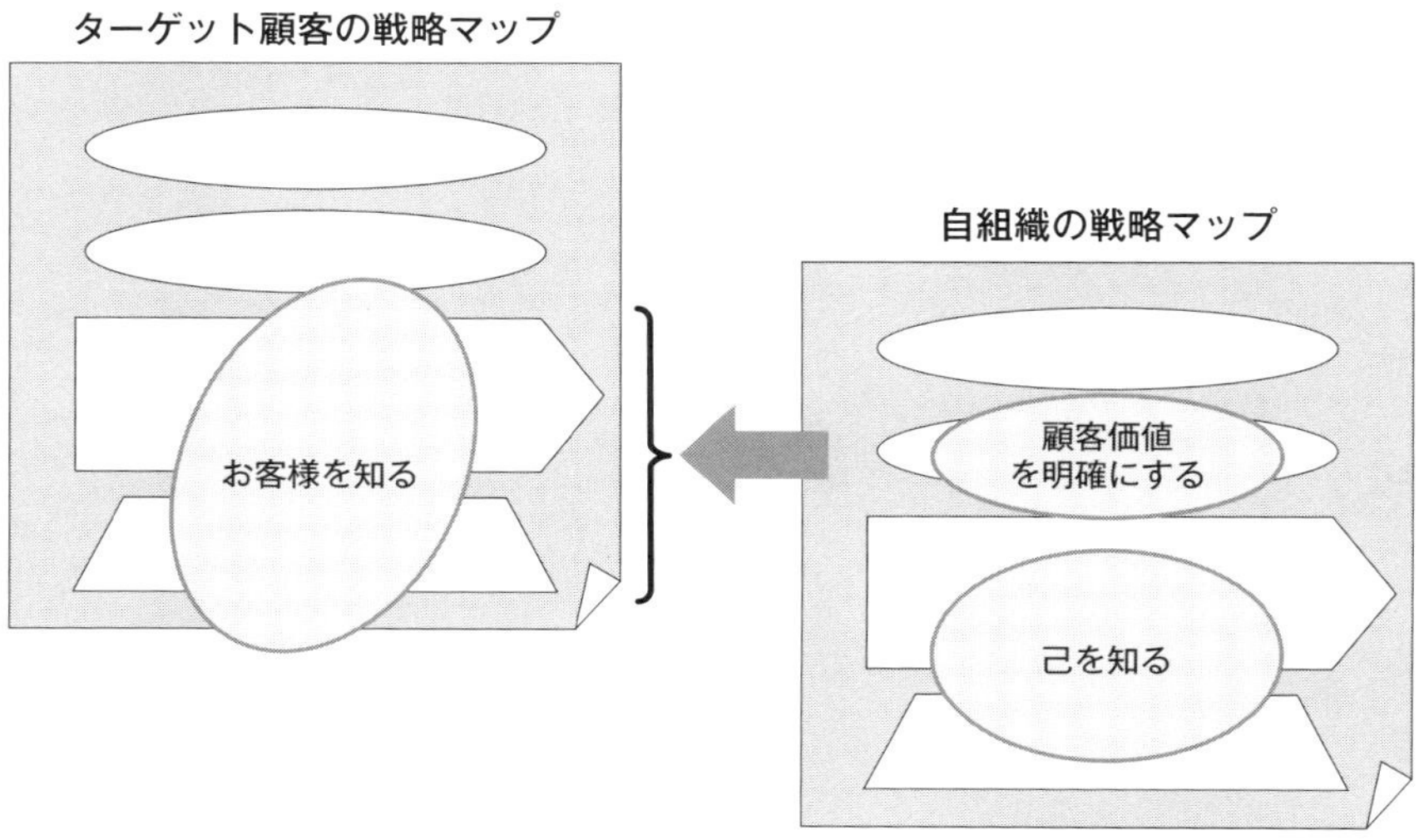

### 2）財務の視点

顧客との親密性の戦略タイプでは、顧客のロイヤルティは高く、顧客はリピートし、口コミなどによって、新規顧客の獲得にもつながる。

### 3）業務プロセスの視点

「顧客を知る」ことが重要であり、単にモノではなく、ソリューションを提案するプロセスが重要となる。

顧客に関する知識の構築が重要であり、顧客への成果の提供を主眼として、単なる品物ではなく、個別の顧客向けに、カスタマイズされたソリューションを提供することにより、強い顧客関係を構築する。

### 4）学習と成長の視点

情報資本として、顧客データベース、ＣＲＭ（顧客関係性マネジメント）システム。人的資本として、顧客に成功をもたらす従業員、顧客に有益な広範囲なスキルセットの獲得。そして組織資本として、最先端の顧客の知識の移転とシェアに力を入れる。

## 7.4 製品やサービスの革新性で勝負する戦略「エジソン型」

**基本クイズ**

戦略タイプ「製品の革新性」の戦略マップ・テンプレートの特徴に関する記述として、次の中から最も適切と考えるものを一つ選びなさい。

1. 製品の革新性の戦略タイプは、学習と成長の視点の知的資本として、ERPシステムのような基幹業務システムの充実を掲げることが多い。
2. 製品の革新性の戦略タイプは、プロダクト・イノベーションを最も重視する。このため業務プロセスの視点で、顧客との関係性や業務の効率化などが戦略テーマとなることはない。
3. 製品の革新性の戦略タイプは、たまにヒットする一発屋ではなく、革新的な製品やサービスを継続的に提供することにより、顧客に価値を提案する戦略を表現したテンプレートである。

## 1．「製品の革新性」の戦略タイプ

戦略タイプ「製品の革新性」は、革新的な製品やサービスを継続的に提供することにより、顧客に価値を提案する戦略で、発明王のトーマス・アルバ・エジソンに例えて「エジソン型」としている。[Treacy and Wiersema,1997]

プロダクト・イノベーションまたはベスト・プロダクトとも呼ばれている。

## 2．メイン・ストリームを明確にする

「製品の革新性」の戦略タイプのメイン・ストリームは、**図表7・4・1**上でメッシュのついた戦略目的で示した流れとなる。

## 3．「製品の革新性」の戦略タイプの視点ごとの特徴

以下に、このメイン・ストリームの流れに沿って、各視点ごとの特徴を見ていくことにしよう。

### 1）顧客の視点

革新的な製品機能がキーであるが、特にハイテク製品は鮮度が重要であり、新製品の市場発表の

**図表7.4.1** 戦略マップ テンプレート「製品の革新性」の戦略タイプのメインストリーム

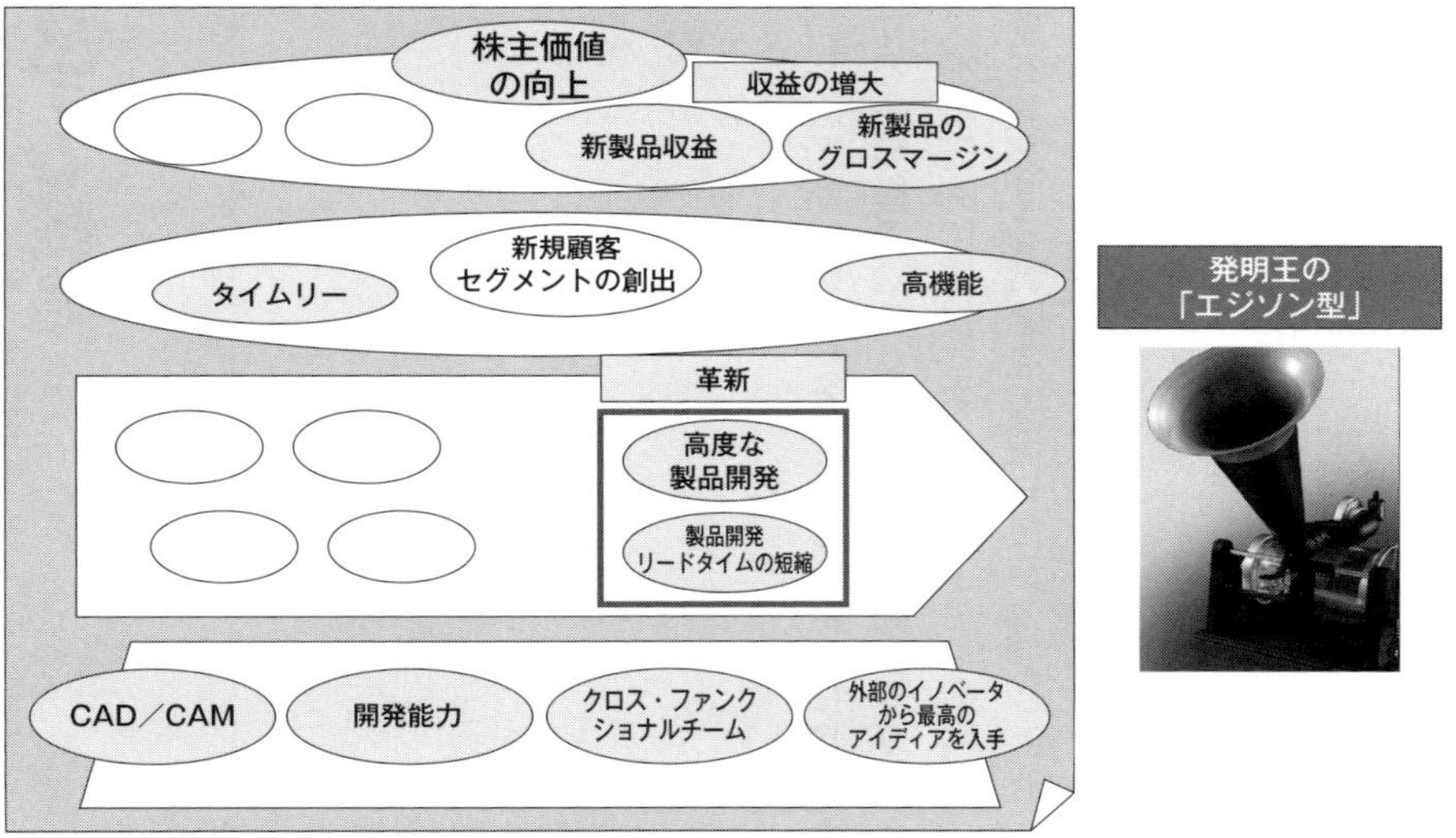

タイミング、つまりタイム・ツー・マーケットも重要なファクターとなる。これらが、新規顧客セグメントの創出につながる。

### 2）財務の視点

売上高に占める新製品／サービスの割合などKPIを設定し、ステレッチな目標値を掲げる。

### 3）業務プロセスの視点

R&D（研究開発）プロセスがキーとなる。革新がコア・プロセス／コア・テーマとなるが、これを支援するものとして、顧客関係と業務も欠かせない。例えば、業務についていえば、新製品の素早い投入を可能とする柔軟なプロセスの整備が必要であり、爆発的にヒットした場合の柔軟な供給能力も重要とされる。

### 4）学習と成長の視点

情報資本として、PLM（製品ライフサイクル・マネジメント）、CAD／CAMなどのシステム。人的資本として、製品開発の能力やスキル、クロスファンクショナルチーム。そして組織資本として、進取の組織風土が重要となる。

# レッスン8

# BSC／スコアカードとアクション・プランの構造を修得する

# 8.1 戦略は3点セットでコミュニケーションする

**基本クイズ**

戦略のコミュニケーション・ツールとしての戦略マップについて、次の中から最も適切と考えるものを一つ選びなさい。

1. 戦略マップは戦略を視覚化してコミュニケーションするためのツールとして特別に開発されたものであり、戦略マップさえあれば、BSCなどなくとも戦略のコミュニケーションが充分可能である。

2. 戦略マップ上に、戦略目的を測定する全てのKPIと、中期、単年度、四半期、更には月次の目標値及び実績値を示すことは、紙面上不可能なので、戦略マップとBSCの2点が揃って始めて戦略のコミュニケーション・ツールとして有効に機能する。

3. 戦略マップだけが一人歩きしているようだが、戦略のコミュニケーションは、戦略マップ+BSC+アクション・プランの3点が揃って始めて有効に機能する。

## 1．一人歩きし始めた戦略マップ

戦略マップとそのテンプレートを紹介したキャプランとノートンの二冊目の著書『キャプランとノートンの戦略バランスト・スコアカード』[Kaplan and Norton,2000] が2001年に翻訳出版（原著の出版は2000年）されたこともあり、2000年代の前半になると、日本でも中期経営計画を補足する有用なコミュニケーション・ツールとして、経営企画部などを中心に「戦略マップ」に注目が集まった。

戦略マップが一見わかりやすく、描きやすく思えることも手伝って、安易にSWOT分析から戦略マップを作成するアプローチを紹介する書籍や研修の類が広まったのもこの時期である。SWOT分析から戦略マップを作成する方法の問題点については、〈10・1〉講で改めて検討する。

## 2．戦略コミュニケーションの3点セット：「戦略マップ＋BSC＋アクション・プラン」

ここで注意を要するのは、キャプランとノートンが提唱するモデルでは、戦略のコミュニケーション・ツールは、戦略マップのみで完結するものではなく、「戦略マップ＋BSC＋アクション・プラン」の3点セットから構成されているという点にある。

**図表8・1・1**に示すように、戦略マップの紙面上に、そこに記載されている戦略目的を測定する全てのKPI（重要業績評価指標）と、中期、単年度、四半期、更には月次の目標値及び実績値を示すことは不可能であり、このためにBSC／スコアカードが必要になる。更に、戦略目的とそのKPIの目標値を達成するためのアクション・プランを立ち上げる必要がある。

事例を見たり、実践者達と討議をしていると、意外にこの「戦略マップ＋BSC＋アクション・プラン」という3点セットの構造が理解されていないことに驚かされる。

その要因には、キャプランとノートンのモデルに対する理解不足や、TQC／TQMの方針管理など施策を展開していく手法が、日本の製造業を中心に浸透していることなどがあると、著者は考えている。

**図表8.1.1** 戦略コミュニケーションの3点セット：「戦略マップ＋BSC＋アクション・プラン」

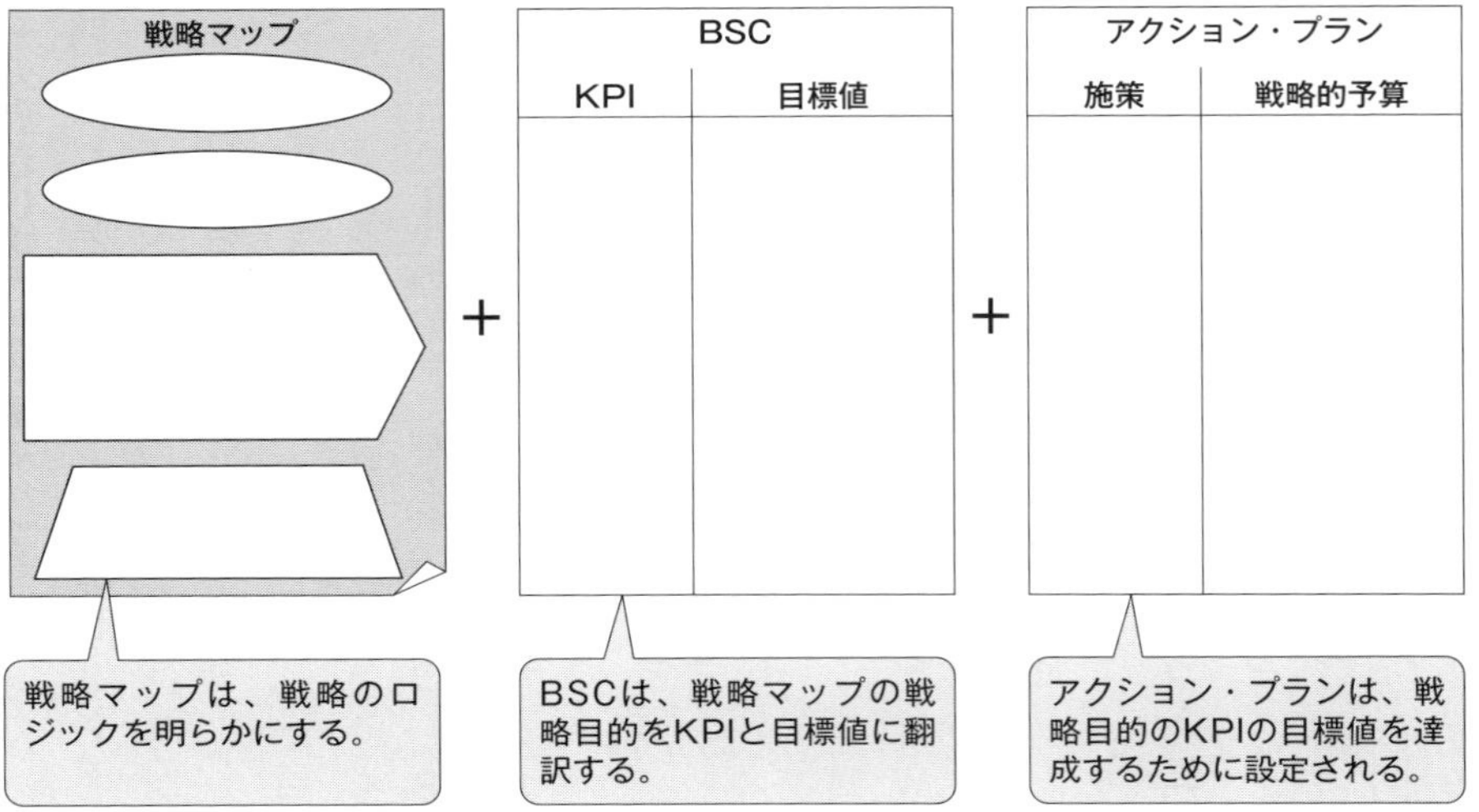
戦略マップ
BSC
KPI
目標値
アクション・プラン
施策
戦略的予算
戦略マップは、戦略のロジックを明らかにする。
BSCは、戦略マップの戦略目的をKPIと目標値に翻訳する。
アクション・プランは、戦略目的のKPIの目標値を達成するために設定される。

## 3.「戦略マップ＋BSC＋アクション・プラン」の作成手順

①まずは、「戦略マップ」の構築から始める。組織の戦略を構成する視点を設定し、それぞれの視点の戦略マップ上の位置づけを明確にする。このことにより縦の因果関係を意識した戦略の策定を支援することができる。

次に、戦略マップ上で戦略テーマ、戦略目的、KPIそして中期の目標値を検討していく。

②ここまでくれば、「BSC」の主な内容をカバーすることになるので、スコアカードとして表形式に展開する。そして、目標値を戦略の対象期間にわたって、単年度、四半期、更には月次にスプレッドする。

③そして、アグレッシブな目標値を達成するために必要となる特別なプログラム、プロジェクトである「アクション・プラン」のポートフォリオを行い、アクション・プランの設定ないし選定を行う。アクション・プランには、戦略的予算を設定する。

# 8.2 BSC／スコアカードの構造を理解する

**基本クイズ**

BSC／スコアカードに関連して、次の中から最も適切と考えるものを一つ選びなさい。

1. BSC／スコアカード上では、戦略の柱となる戦略テーマを、独立した欄として設定する。
2. BSC／スコアカード上のKPI欄は、必ず結果指標と先行指標に区分して設定する。
3. BSC／スコアカード上に記載される戦略目的、KPI、目標値の内容については、戦略マップを作成する過程で充分に検討がなされていることが望ましい。

## 1. 3点セットとBSCがカバーする要素の範囲

〈8・1〉講で紹介したように、キャプランとノートンが提唱するモデルでは、「戦略マップ＋BSC＋アクション・プラン」の3点セットで戦略をコミュニケーションする方式をとっている。

**図表8・2・1**に、これら3点がカバーする要素の範囲を示してあるが、戦略のコミュニケーションの3点セットの中で、BSC／スコアカードは、戦略マップとアクション・プランの中間に位置し、戦略マップで明示された、視点、戦略テー

**図表8.2.1** 3点セットがカバーする要素の範囲

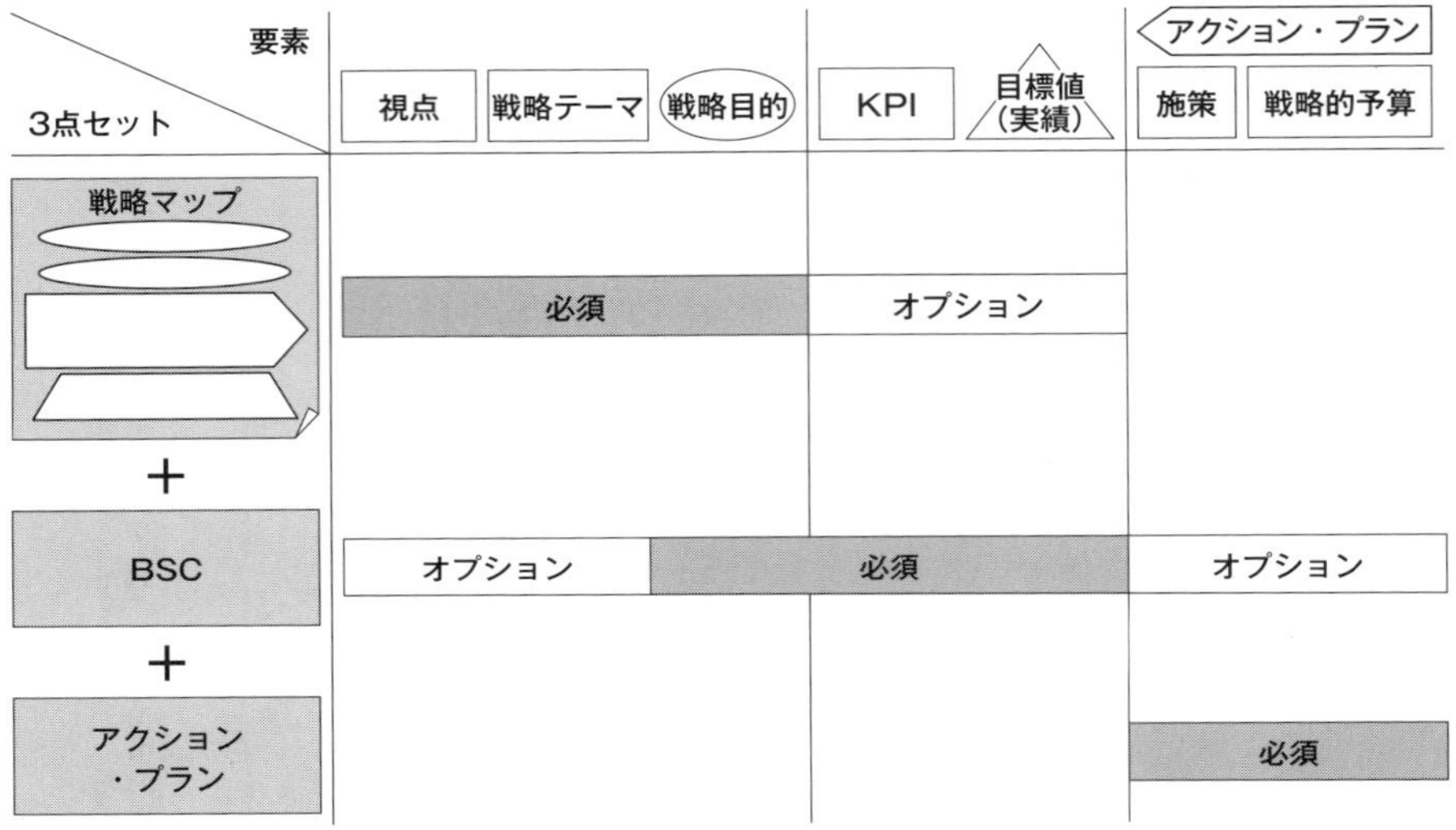


マ、戦略目的を受けて、主としてＫＰＩと目標値を対象要素として取り上げることになる。

## 2. ＢＳＣ／スコアカードの内容は戦略マップ作成段階で決まる

戦略マップの作成の段階で、ＢＳＣの内容のほとんどが確定される。つまり、

①どのような「視点」を設定し、各視点間の位置づけをどうするか、

②戦略の柱としての「戦略テーマ」を何にするか、

③そして、「戦略目的」の明確化と、戦略目的間のリンクの設定、

④戦略目的の達成度を測定するための「ＫＰＩの選定」と、主なＫＰＩの目標値の設定。

これら、戦略マップ上で検討し、定義した内容を受けて、表形式に展開したものがＢＳＣ／スコアカードである。

## 3. 戦略目的を中心に発想する

〈４・１〉講で紹介したが、ＢＳＣの「第１ス

テージ：多面的業績評価のツール」としてのBSCは、測定する対象である「KPIを重視」していたが、「第2ステージ：戦略コミュニケーションのためのツール」以降のBSCは、戦略を対象とするため、まず戦略マップの作成から始め、戦略の道標としての「戦略目的を重視」するようになる。

つまり、KPIはあくまでも戦略目的の達成状況を確認するものとして、戦略目的に従属する関係となっていることに留意する必要がある。

# 8.3 適格なKPIの選定法

**基本クイズ**

KPI（重要業績評価指標）に関して、次の中から最も適切と考えるものを一つ選びなさい。

1. BSC／スコアカードを構築するにあたり、戦略目的の達成度を評価する指標であるKPIには、客観性が求められるため、顧客満足度や従業員満足度などの主観的な指標は容認されない。

2. BSC／スコアカードを構築するにあたり、より適切に評価できるよう、KPIの数は多いにこしたことはない。

3. BSC／スコアカードを構築するにあたり、KPIの数は、一つの戦略目的に対して、一つのKPIで評価できればこれにこしたことはなく、数多く設定することは、データ収集コストなど、運用面からも好ましくない。

## 1. ＫＰＩを使って測定する

業績評価／業績管理の世界には、「測定できないものは管理できない」という原則がある。

戦略マップとＢＳＣは、多面的業績評価、そして戦略のコミュニケーションやマネジメントのツールとして活用されるが、業績評価はもちろんのこと、〈5・4〉講で紹介したように戦略マネジメントのプロセスにもモニタリングのステップがあり、測定することを基本としている。そしてこのモニタリングに用いる指標をＫＰＩ（Key Performance Indicator：重要業績評価指標）と呼んでいる。

著者の印象では、欧米の事例を見る限り、むしろＫＰＩという用語を用いるのは少数派であり、10～20％前後に留まっており、メジャーやメトリックを用いることが多いように思われるが、日本ではＫＰＩが比較的馴染みがあり流通していることから、【松原流】でもＫＰＩを用いている。

## 2. 戦略目的に対してＫＰＩはいくつがよいか

### 1）戦略目的1にＫＰＩが1・5

経営戦略には、選択と集中が求められる。そして、戦略コミュニケーションとマネジメント・システムとしてのＢＳＣを構築するにあたり、戦略目的の達成度を評価する指標であるＫＰＩの数については、

- 一つの戦略目的に対して、ドンピシャリのＫＰＩが一つならベストである。
- ＫＰＩの数を多くすればするほど、データの捕捉や管理といった手間が増えることになり、運用面からも好ましくない。

そこでノートンは、一つの戦略目的に対してＫＰＩは平均として、1・5個が目安となるとしている。

【松原流】もこれに従っている。このことは、人物評価について考えてみればよくわかる。入学選考にせよ、入社選考にせよ、ペーパーテストの得点ないし偏差値一本で評価できればそれにこしたことはあるまい。だが不十分と判断した場合には費用対効果なども考慮した上で、面接などを加えて複数のＫＰＩによって評価することになる。

### 2）ＫＰＩを絞り込むことへの反論

ＫＰＩの数をごく限られたもの（クリティカ

ル・フュー）に制限することについては、次のような反論があることにも留意する必要がある。

[Frost,1998]

①通常、丸太のように動きがないが、注意を必要とする「眠れるワニ」のようなＫＰＩが存在する。

②マネジメント環境の複雑性が増している今日、ＫＰＩを絞りすぎて、「鍵穴の視野」でマネジメントすれば大惨事につながりかねない。

③飛行機のコックピットの例えが用いられるが、パイロットが見るインディケーターも、給油時、積載時、巡航時など、状況により変化する。

④測定されていなかったり、測定できない事象は、測定できる事象の犠牲となり、無視される危険性がある。

## 3．KPIの絞り込みと選定基準

**図表8・3・1**に示すようにＫＰＩとは、複数あるＰＩ（業績評価指標）の中から、選定基準であるフィルタを通して厳選されたキーとなる業績評

**図表8.3.1** KPIの選定

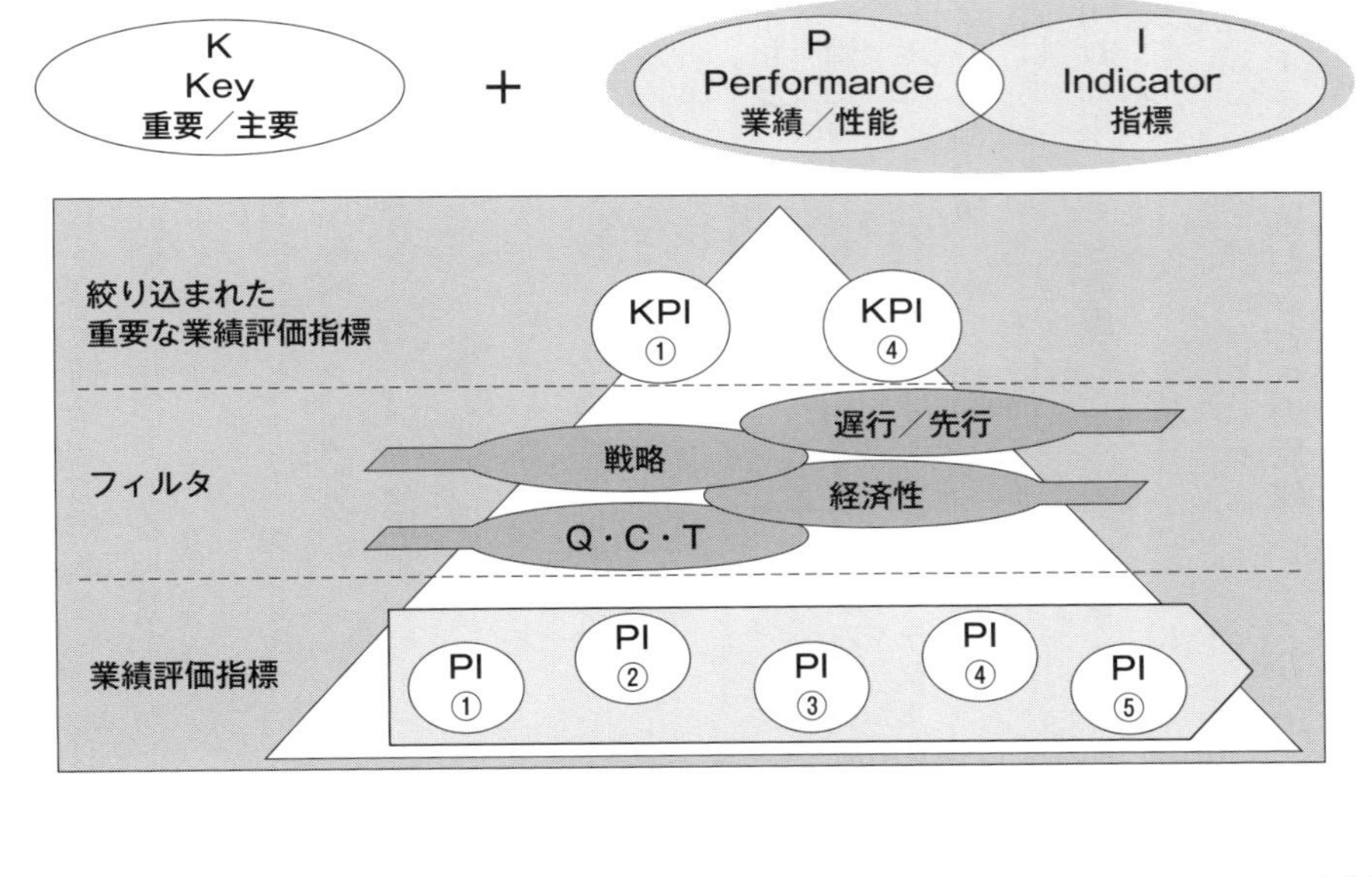

価指標との意味がある。

以下に、複数のＫＰＩの候補の中から厳選されたＫＰＩを選定する際のポイントを示しておく。

① 戦略性
- 「戦略目的」の達成状況を測定するものとなっているか

② 適格性
- 本質をついているか
- 「測定できないものは管理できない」
- 現在、測定しているからや、測定できるからということで、ＫＰＩを設定・選択してはいないか（「暗がりで落とした鍵の例え」〈12・2〉講で解説している）

③ 信頼性
- 基礎となるデータは信頼に足りうるか
- 業績評価への活用に耐えうるか
- インセンティブの算定基礎としうるか

④ 定量的
- 定量的に評価することが可能か〈12・3〉講で解説している）
- 主観的な評価ではないか
- 学習と成長の視点や顧客の視点などを除き、可能な限り、定量的な指標を用いているか

⑤ コミュニケーションの容易性
- 難解で理解できないものになっていないか
- 複雑なインデックス（指数）となっていないか

⑥ データ捕捉の容易性と経済性
- 容易にデータを捕捉することが可能か
- データ捕捉にあたって、大きな作業負荷を必要としないか
- データ捕捉のために新たなシステムを必要としていないか

⑦ 結果指標と先行指標の検討
- 「戦略目的」に対する結果指標、先行指標の双方を検討したか〈12・1〉講で解説している）

⑧ ＱＣＴの側面の検討
- 戦略目的のＱ（質）、Ｃ（コスト）、Ｔ（スピード）の側面の内、重要な側面を捉えているか

## 4. 四つの視点別のKPIの特徴

ＢＳＣの四つの視点の持つ特性から、それらに含まれるＫＰＩには、以下に示すような一定の特徴が見て取れる。

### 1）財務の視点

投資家など外部の資金提供者の見方であり、有価証券報告書や決算短信などの財務の公開情報の比較可能性の観点から、ＲＯＡ（総資本利益率）、ＲＯＥ（正味資本利益率）、キャッシュフロー、そしてＥＶＡ（経済付加価値）など、ＫＰＩの標準化が進んでいる領域である。

視点としては、「結果の視点」に属し、ＫＰＩは結果指標から構成される。

### 2）顧客の視点

視点としては、財務の視点と共に「結果の視点」に分類されるが、ＫＰＩは結果指標と先行指標の双方から構成されることに注意を要する。〈11・6〉講で解説する）

先行指標としては、顧客価値提案として、戦略的に訴求したい要素が目標通りに提供されているか否かを測定するＫＰＩがあり、それらの達成度の総和として、顧客満足度、顧客ロイヤルティ、顧客維持率、新規顧客獲得数といった結果指標を測定する。

### 3）業務プロセスの視点

視点としては「内部の視点」であり、バリューチェーン全体をカバーするためその対象範囲は広い。また日本の製造業を中心に、ＴＱＣ／ＴＱＭの普及もあり、特に、購買、製造や品質管理の領域については、ＫＰＩの候補となる指標が数多く開発され、運用されている領域である。

「どこをどれくらいチューニングすれば、どこでどれくらい性能が高まるか」など組織の学習がものをいう領域である。

### 4）学習と成長の視点

視点としては「内部の視点」であり、人的資本や組織資本そして情報資本など、知的資本を対象とするため、顧客の視点と同様にＫＰＩによる定量化が難しい領域である。

## 8.4 〈極意伝授〉KPIの5W1Hを明確にせよ

### 1．KPIの5W1Hを明確にする

戦略マップ／BSCの策定過程で、戦略目的やKPIについてきちんと定義をしておくことが欠かせない。

- 顧客の視点の、「顧客満足度」は、どのような手法を用い、どのように計算するのか。
- 業務プロセスの視点の、「返品率」の計算式で取り扱うのは金額か件数か、その対象期間はどの範囲とするか。

というように、日常的に会話に登場するKPIの候補であっても、意外に定義を明確にしないままに用いていることが多いことに気づくはずである。

そこでKPIの設定にあたっては、**図表8・4・1**に示すように「なぜこのKPIを選定したのか」、「このKPIは戦略的に重要なのか」、「このKPIをどのようにして計算するのか」、「このKPIの結果に責任を持つものは誰か」など、KPIの5W1Hを明確にする必要がある。

### 2．KPIデータ・ディクショナリーの作成

KPIの5W1Hを定義するための様式を「KPIデータ・ディクショナリー」と呼ぶ。これは、KPIの詳細に関する共通の理解を保証するものである。

**図表8・4・2**に、「KPIデータ・ディクショナリー」のテンプレートの例を示してあるが、四つの基本的なセクションから構成されている。[Niven,2002]

**1）KPIのバックグラウンド情報**

①視点：　このKPIが分類されるBSCの視

点を示す。

②ＫＰＩ番号と名称：　全てのＫＰＩには番号と名称が付される。ＫＰＩ名称は、簡潔ではあるが、説明力を持つものでなければならない。

③オーナー：　結果に対する報告責任を持つオーナーを設定する。

ＫＰＩオーナーとは、ＫＰＩの業績が低下し始めた時に、それへの回答と、目標値と一致するところまで結果を戻す計画を作成する特定の個人または機能である。

④戦略テーマ：　このＫＰＩが積極的に寄与する特定の戦略テーマを示す。

⑤戦略目的：　戦略目的を明確にする。

⑥定義：　ＫＰＩの内容を示す最も重要な情報項目である。

## ２）ＫＰＩの特徴

①遅行／先行の別

②報告頻度

③単位のタイプ：　数量、金額、パーセンテージなど。

④肯定否定：　高い値は良い業績なのか、悪い業績なのかを示す。

## ３）計算とデータの仕様

①計算式

②データソース：　レポートのタイトル、行番号、アクセスのタイミングなど。

③データの質：　高い／低い。

④データ収集担当者

## ４）業績情報

①ベースライン：　ＫＰＩの現状レベル。

②目標値：　年次、四半期、月次。

③目標設定根拠

④アクション・プラン

**図表8.4.1** KPIの5W1Hを明確にする

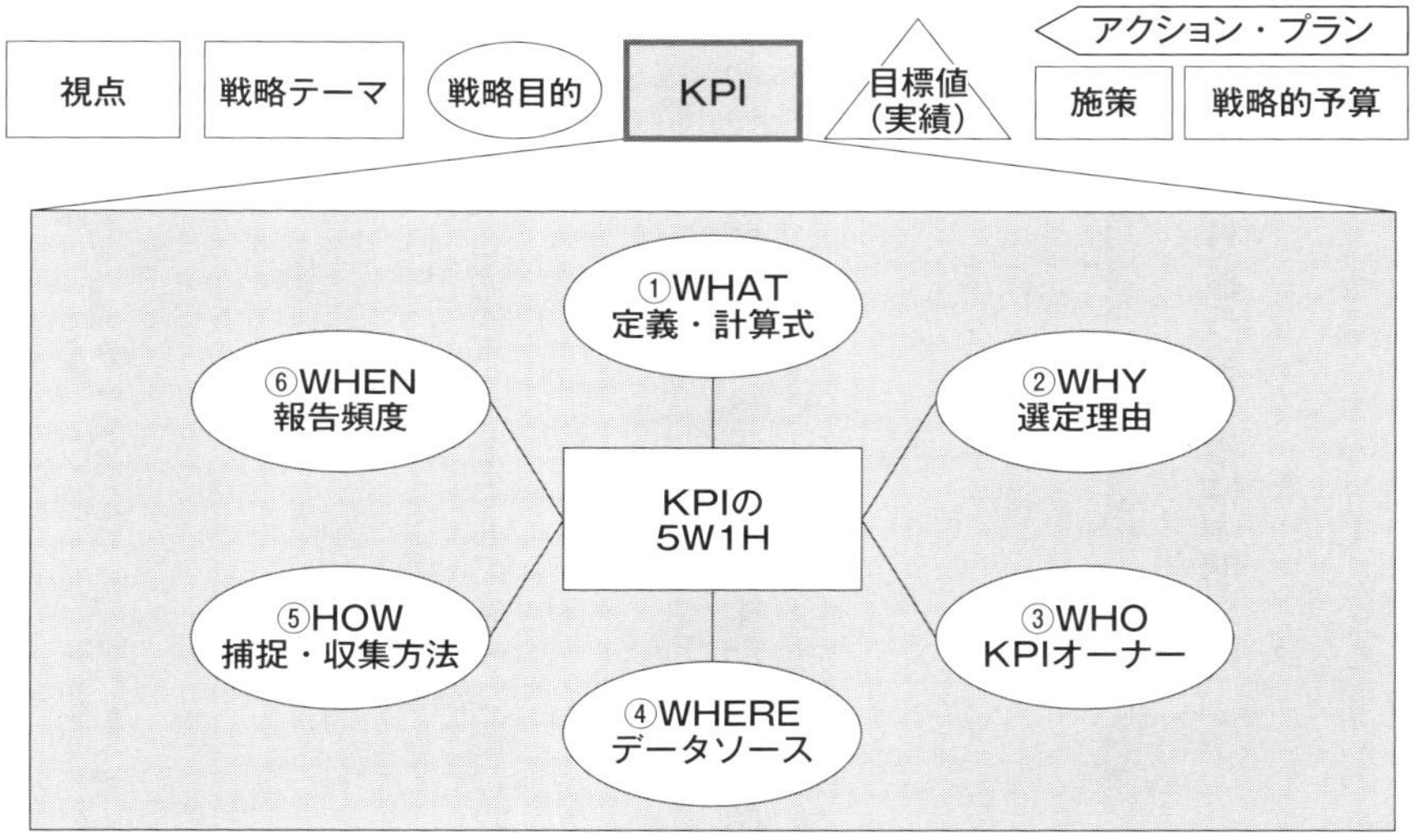


**図表8.4.2** KPIディクショナリーの例

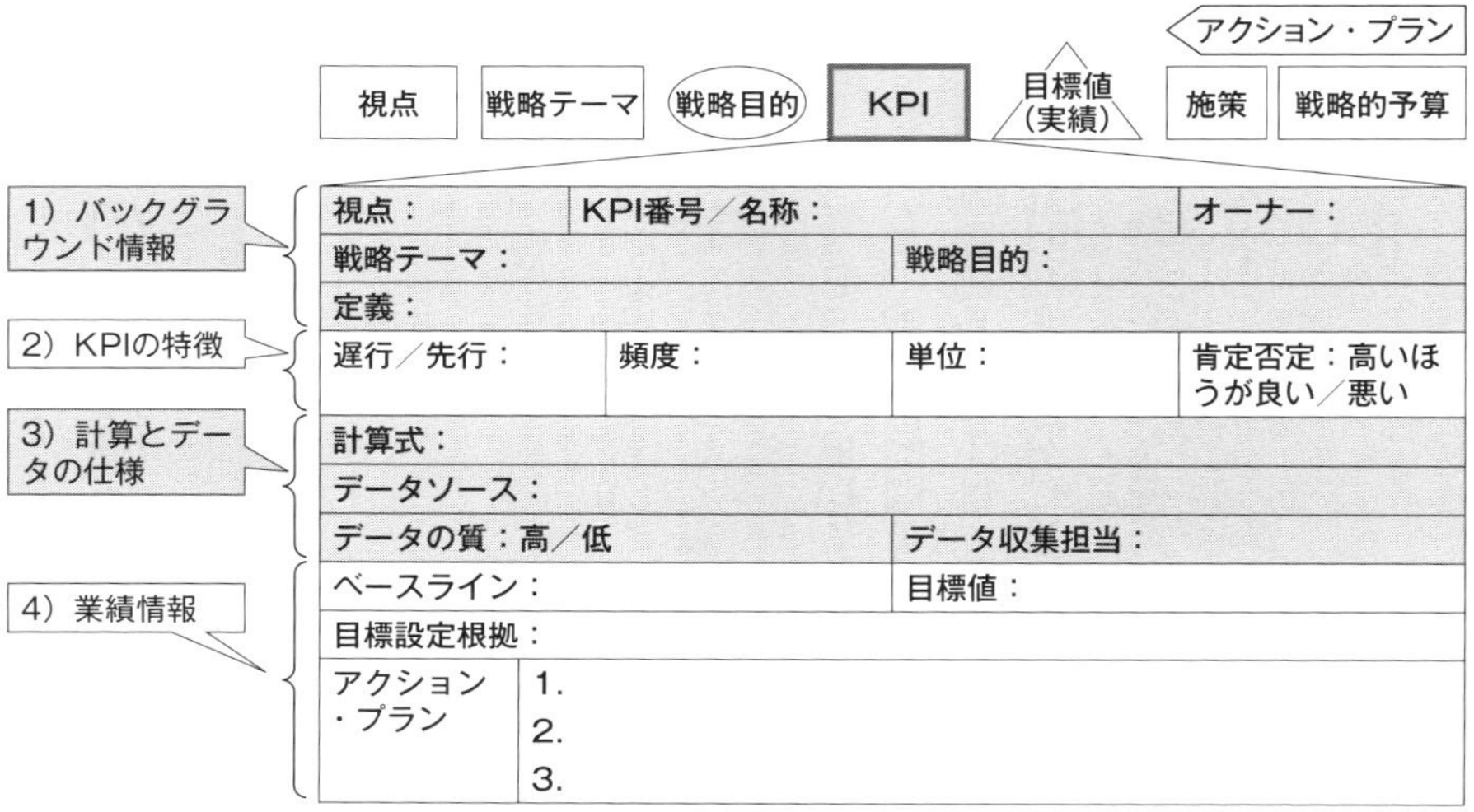


参照：ニーブン著、松原訳『ステップ・バイ・ステップBSC経営』を参照し作成

## 8.5 リンケージを使ったBSCならではの目標値設定法

**基本クイズ**

戦略マップ/BSCにおける目標値に関して、次の中から最も適切と考えるものを一つ選びなさい。

1. 戦略マップ/BSCは、戦略を取り扱うのだから、目標値は、3年先など中期の目標値であり、四半期や月次の短期の目標値は対象外となる。
2. 戦略マップ/BSCにおいても、目標値は個々のKPIごとに独立して設定される。
3. 戦略マップ/BSCにおいても、目標値の設定は難しいが、戦略目的間そしてKPI間の縦の因果関係のレビューは、目標値の質の向上と有効なリソース配分に役立つ。

### 1. BSCが取り扱う目標値は中期以内

戦略マネジメント・システムとしてBSCを活用する場合、目標値は、その対象とする期間の長さに応じて次の三つのタイプに分けることができる。(図表8・5・1)

**1)長期のBHAG**

長期の目標としては、1961年5月25日の

**図表8.5.1** 対象期間から見た目標値の三つのタイプ

| 期間 | 短期（1年） | 中期（3年から5年） | 長期（10年から30年） |
|---|---|---|---|
| 目標値のタイプ | 段階的目標値 | ストレッチ目標値 | 大きく困難で大胆な目標（Big Hairy Audacious Goal）または「BHAG」 |
| 性格 | ・通常BSC上のKPIに対して年単位で設定される。<br>・早期の警告システムとして機能し、ストレッチ目標値とBHAGで示された将来の状態を達成するための、タイムリーなフィードバックを提供する。<br>・年次ベースの目標値を用いるが､目標値を業績評価の報告頻度と連携させると効果的である。 | ・3年から5年先に設定され、BHAGのように劇的もしくは法外なものではないが、非継続的な作業を現している。<br>・基本的にBHAGの分解である。<br>・一般的に広く様々な活動に対して適用される。 | ・作業の進捗を活気付ける強力なメカニズムとして組織が設定する一見法外に見える目標値。<br>・エグゼクティブが短期の目標を達成するために、長期の成果を犠牲にしないことを保証する。<br>・名称の出典：『ビジョナリー・カンパニー』コリンズとポラス著 |

参照：ニーブン著、松原訳『ステップ・バイ・ステップBSC経営』を参照し作成

ケネディ大統領による「我が国は60年代が終わるまでに、月に人間を着陸させ、安全に地球に帰還させる目標を達成すると明言すべきだ」という演説が有名であるが、これをコリンズとポラスは、その著書『ビジョナリー・カンパニー』［Collins & Porass,1994］で「大きく困難で大胆な目標（Big Hairy Audacious Goal）」または略して「BHAG（ビーハグと読む）」と呼んでいる。

### 2）中期のストレッチ目標値

戦略マネジメント・システムとしてBSCで対象とする目標値のタイムスパンは、戦略の持つ特性から、この中期となる。その組織が属する業種や取扱製品などにより様々であるが、一般的には、3～5年を対象とする「中期経営計画」の範囲と一致する。

### 3）短期の段階的目標値

中期の目標値は、年次計画や事業計画が対象とする年次、戦略レビューの頻度となる四半期、そして月次へとブレイクダウンされ、BSC上の目標値の欄に掲載され、実績値と比較される。

## 2. 目標値の個別検討とその情報源

戦略マップ／ＢＳＣだからといって、目標値の設定の方法に大きな違いがあるわけではない。ＫＰＩ単独で目標値を検討するには、次に示すような情報源を駆使して行うことになる。

①ベンチマーキング

業種内外のベストプラクティス、自社内の他の事業所などのパフォーマンスと自組織を比較し、これらを超える目標値を設定する方法。

②トップの意向

③株主などステークホルダーからのフィードバック

④業績のトレンドと基準値

## 3. リンケージを使ったBSCならではの目標値設定

上述の個別にＫＰＩの目標値を設定する方法に加えて、戦略マップ／ＢＳＣならではの方法として、その特徴である戦略目的間並びにＫＰＩ間の因果関係を活用して、目標値を設定・確認する方法がある。

これは、戦略シナリオ全体で目標値を検討する方法である。戦略マップ上の戦略目的間並びにＫＰＩ間の因果関係（親品目に対する子品目の員数の関係）から、目標値のレビューを行う方法であり、目標値の質の向上と有効なリソース配分に役立つ。

# 8.6 アクション・プランでパフォーマンスをブレイクする

**基本クイズ**

**アクション・プランに関して、次の中から最も適切と考えるものを一つ選びなさい。**

1. 「戦略マップ＋BSC＋アクション・プラン」の3点セットの内、アクション・プランでは、主として、機能部署の内部で日常的に実施される改善活動を取り扱う。
2. アクション・プランの達成状況をモニタリングする指標（KPI）を先行指標と呼ぶ。
3. KPIのストレッチな目標値を達成するために適切なアクション・プランが用意されているか否かを検討することを「アクション・プランの棚卸し」と呼ぶ。

**1. 多くの類語が存在するアクション・プラン**

アクション・プランは、**図表8·6·1**に示すように、アクション・プログラム、戦略的プログラム、戦略的プロジェクト、戦略的施策などなど、様々な類語が存在する。いずれの用語が望ましいのであろうか。

キャプランとノートンは、五冊目の著書『バランスト・スコアカードによる戦略実行のプレミア

**図表8.6.1** アクション・プランとその類語

| 英　語 | 日　本　語 |
|---|---|
| · Action Plan | · アクション・プラン |
| · Action Program | · アクション・プログラム |
| · Strategic Program | · 戦略的プログラム |
| · Strategic Project | · 戦略的プロジェクト |
| · Strategic Initiative | · 戦略的施策 |
| · Initiative | · 施策 |

ム』[Kaplan and Norton,2008] で、戦略マップとBSCに対応するものとして、「アクション・プラン（Action Plan）」とし、その内訳として、施策（Initiative）と予算（Budget）を示している。ここで、アクション・プランの実施に必要となる予算が戦略的予算（Strategic Budget ないし、Strategic Expenditure 略して「StratEx」）であり、BSCと予算管理を連携させる役割を果たす。

戦略目的のストレッチな目標を達成するには、現場の日常的な努力（改善レベル）のみでは限界があるため、戦略を支援するために、特別に予算（戦略的予算）をつけて実施される。それがアクション・プランである。

その戦略性を強調するため、「戦略的プログラム」もよいと考えるが、戦略マップを組織の下位へカスケード（展開）した場合には、厳密には、戦略性も低くなってくるため、**【松原流】**では、汎用的な用語である「アクション・プラン」を用いることにしている。

## ２．プログラムとプロジェクト

### １）プログラムとプロジェクトの厳密な意味

プロジェクトマネジメントの技法は、建設業のみならず、プロジェクトの大規模化と複雑化などにより、ソフトウェア産業にも普及し始めている。

ここでは、「アクション・プラン」の類語に登場する「プログラム（Program）」と「プロジェクト（Project）」との違いについて理解しておくことが重要である。

「プログラム」は、コンピュータ・プログラムと混同しがちだが、複数のプロジェクトの集合を意味するプロジェクトの上位概念であり、近年、その重要性が増してきている。

プログラム・プロジェクト・マネジメント（略してＰ２Ｍ）を提唱している特定非営利活動法人日本プロジェクトマネジメント協会（ＰＭＡＪ）の定義は、次のようになっている。[PMCC.2003]

①「プロジェクト」とは、特定の使命を受けて、始まりと終わりがある特定の期間に、資源、状況などの特定の制約条件の下で、達成を目指す、将来に向けた価値創造事業である。その属性としては、次の項目が挙げられる。

- 個別性（創造性、新規性など）
- 有期性
- 不確実性

②一方、「プログラム」とは、全体使命を実現する複数のプロジェクトが、有機的に結合された事業であり、その属性としては、次の項目が挙げられる。

- 多義性（見方、発想、意味が豊かである）
- 拡張性（領域、規模、構造に広がりがある）
- 複雑性（複数のテーマが入組み、深く関係する）
- 不確実性（新しい要素があり状況の変化を受ける）

### ２）プログラムとプロジェクトの戦略マップ／ＢＳＣ上の位置づけ

**図表８･６･２**は、プログラムとプロジェクトの関係を、カスケードされた「戦略マップ＋ＢＳＣ

図表8.6.2　戦略マップ／BSCから見たプログラムとプロジェクトの位置づけ

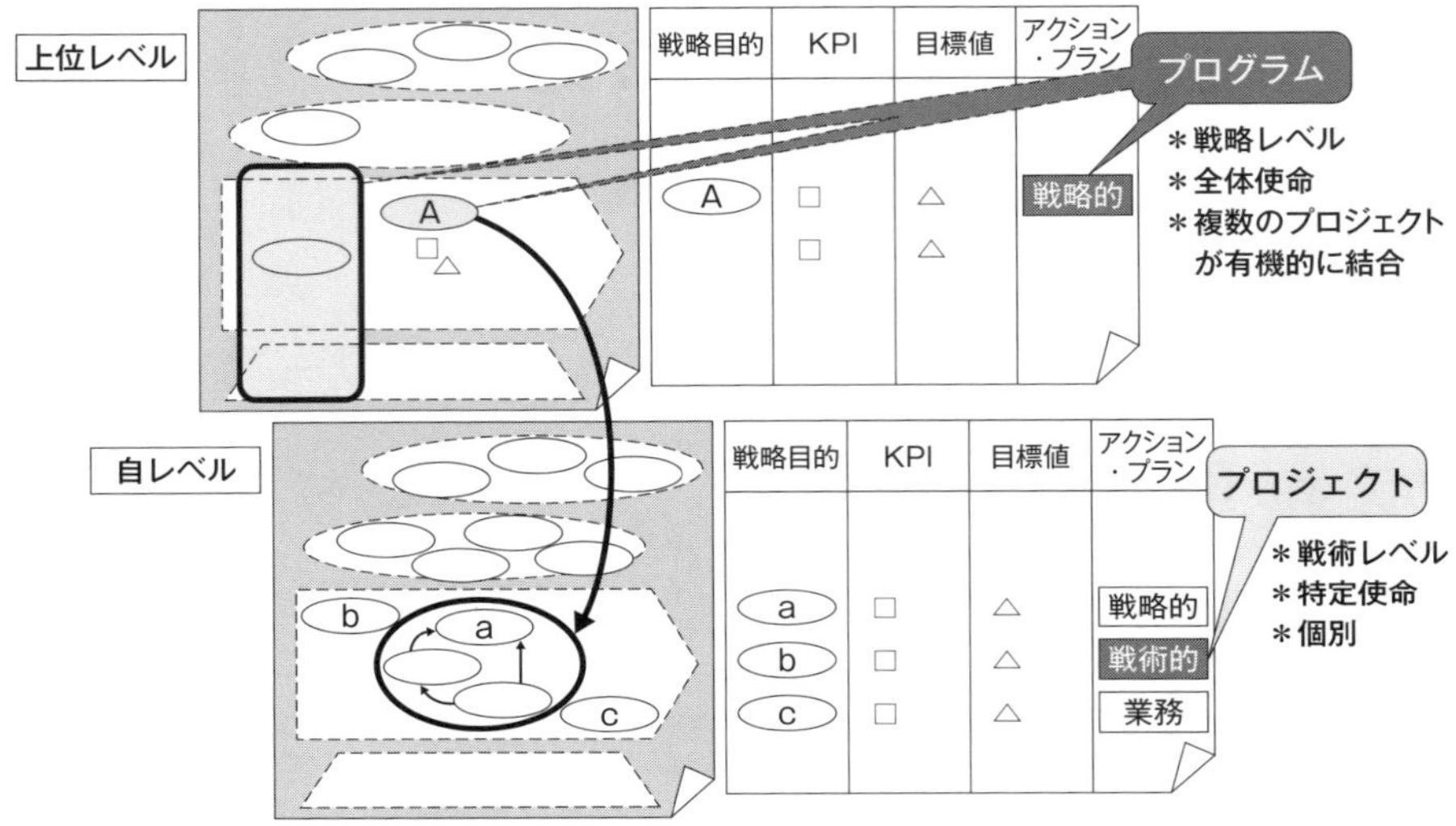


＋アクション・プラン」のどこに該当するかについて、著者の見解を示したものである。

①「プログラム」は、戦略レベル、全体使命、複数のプロジェクトが有機的に結合などの特性を持っており、戦略マップ／BSC上では、コーポレートやSBUレベルのアクション・プラン、戦略目的、または戦略テーマとして位置づけられる。

②「プロジェクト」は、戦術レベル、特定使命、個別などの特性を持っており、戦略マップ／BSC上では、組織の下位レベルの戦術的なアクション・プランとして位置づけられる。

## 3．「アクション・プランの棚卸し」

### 1）BSC採用による即効性ある効果

組織には、複数のプログラムやプロジェクトが計画され、稼動中であり、それぞれにオーナーが割りあてられている。

「戦略マップ＋BSC＋アクション・プラン」

のフレームワークを用いることにより、

- 現在進行中、及び計画中のアクション・プランの棚卸しを実施し、
- 戦略の実現のドライバーとなるアクション・プランと、単に貴重なリソースを食うだけのアクション・プランとを浮き彫りにし、
- 非戦略的なアクション・プランを削除し、価値あるリソースを、本当の価値を生み出し競争優位へと導いてくれるプロジェクトに対してつぎ込むことができるのである。

この「アクション・プランの棚卸し」は、戦略マップ／ＢＳＣの採用による、即効性ある効果の一つに挙げられることができるが、全体最適の見地から「仕分け」を行うことを意味し、利益代表であるプロジェクト・オーナーなどからの反発も予想され、その実現にはトップマネジメントのリーダーシップが不可欠となる。

### 2）「アクション・プランの棚卸し」のステップ

アクション・プランの棚卸しは、次のようなステップで実施する。

①組織内で現在計画ないし実施されている全てのアクション・プランを棚卸しする。

②これらのアクション・プランを戦略マップ／ＢＳＣの戦略目的（またはＫＰＩ）に対応させてマッピングする。

③この時に、いずれの戦略目的（またはＫＰＩ）にも貢献しないアクション・プランは非戦略的であるため、その削除を検討する。

④逆に、いずれの戦略目的（ＫＰＩ）を支援するアクション・プランが計画ないし実践されていない場合には、欠落したアクション・プランを作成する。

⑤残ったアクション・プランについて、戦略との関連、正味現在価値、総コスト、リソース要求、完了までに要する時間、そしてアクション・プラン間の従属関係などの評価項目を評価し、優先順位づけを設定する。

# 第3部 実践の部

# 戦略マップ／BSCを活用し戦略マネジメントを廻す

第3部（実践の部）は、戦略マップ／BSCを活用して戦略マネジメントを廻し、ビジネス上の成果を得る実践段階に対応しています。

〈極意伝授〉を除く各講の冒頭で〈実践ケース〉として、架空の企業でスタートしたBSCプロジェクトのメンバーらによる会話を通じて、戦略マネジメント・システムとしてBSCを導入、運用そして展開してゆくに当たって遭遇するであろう重要な落とし穴とその回避法を教授します。

## 図表Ⅲ.1　ケース企業：BSCアパレル社の概要

| 項目 | 内容 |
|---|---|
| 社名 | BSCアパレル社 |
| 業種 | アパレル関連のSPA（製造小売業） |
| 公開の有無 | 株式を証券取引所に上場している。 |
| 売上規模 | 700億円 |
| 顧客 | B2C（消費者向けビジネス） |
| 店舗展開 | 自社店舗のみで、フランチャイズはない。 |
| 製造設備 | SPA（製造小売業）であり、自社の製造設備は保有しておらず、中国などの新興国の提携工場に製造委託している。 |
| ミッション | 良質の衣料をリーズナブルな価格で提供することにより、人々の健康な生活に貢献すること。 |
| バリュー | お客様第一主義 |
| ビジョン | 当中期経営計画の最終年度までに、ブランド力の向上に努め、新規出店による全国展開を加速させ、売上高目標1,000億円を目指す。 |
| 中期経営計画 | 本年度は、中期経営計画（三ヵ年）の二年度にあたり、最終年度のローリングに向けて作業中。 |
| BSC導入の目的 | 戦略マップ／BSCを活用した戦略マネジメントの質の向上。 |

## 図表Ⅲ.2　BSCアパレル社：BSCプロジェクト・チーム体制

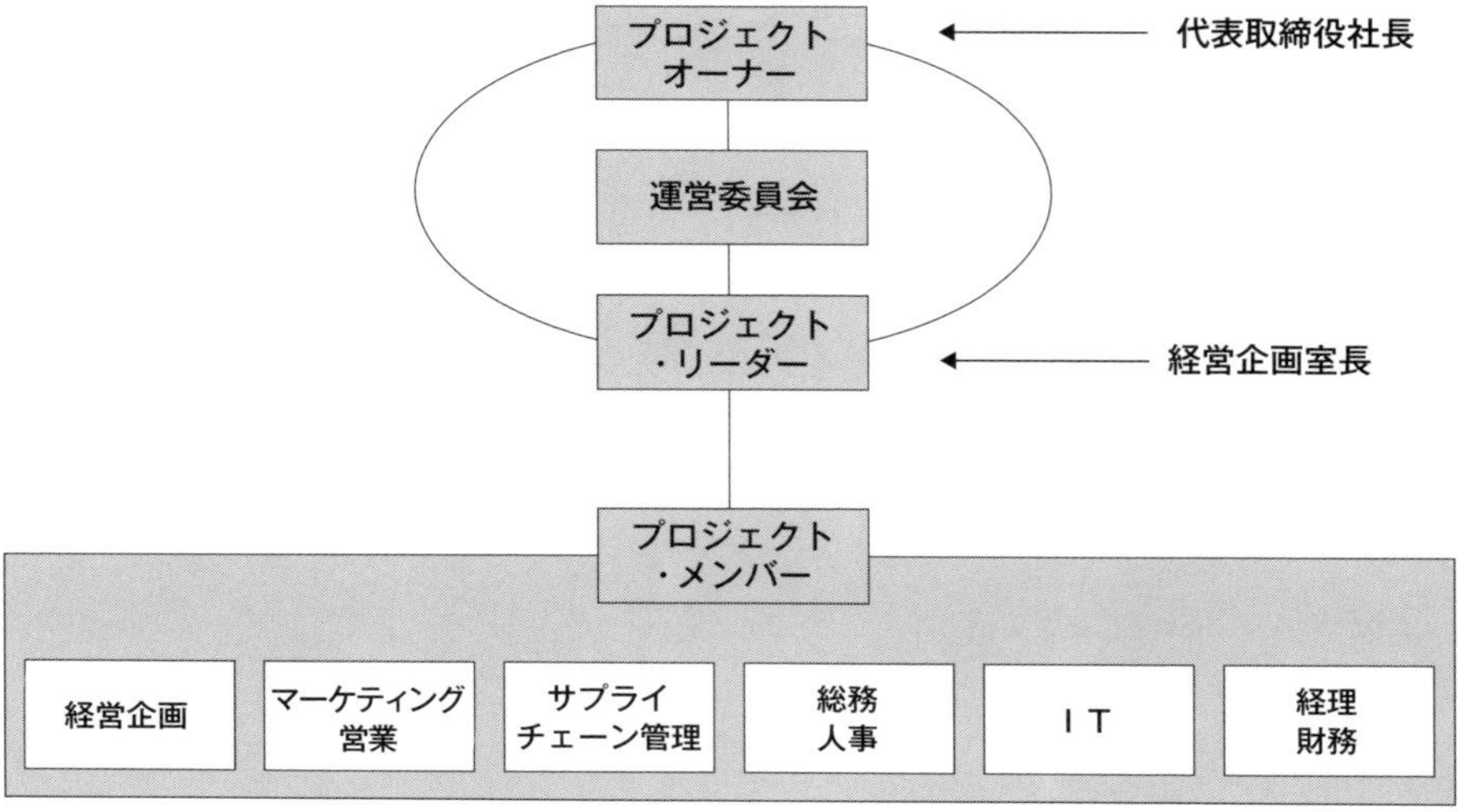

レッスン9

# 戦略マップ／BSCの段階的導入

# 9.1 失敗しない【松原流】BSCの導入アプローチ

**実践ケース**

（メンバー総務・人事）　現在、業績評価システムとして、「目標管理（MBO）制度」を採用していますが、個人の目標と会社全体の方針（戦略）が解離しているという問題点を抱えています。

（メンバー経営企画）　ご指摘の点もBSC導入の目的なので、早速、BSC導入初年度（当中期経営計画の最終年度）から、少なくとも、部レベルでBSCを活用した新業績評価システムを構築し実施に移せないだろうか。

（プロジェクト・リーダー）　当社は、有効に機能しているものばかりではないが、目標管理制度の他にも方針管理など、関連するマネジメント・システムがある。これらとの調整にも配慮し、BSC導入のアプローチについては慎重を期す必要がある。

## 1．留意点

〈4・1〉講で学んだことだが、BSCといっても、業績評価や戦略マネジメントなど、そのコンセプトも進化しており、導入目的の違いによりアプローチが異なってくることに留意する必要がある。

特にBSCアパレル社のケースのように、戦略マネジメントのツールとして、戦略マップ／BS

**図表9.1.1 【松原流】戦略マップ／ＢＳＣ 導入の３フェーズアプローチ**

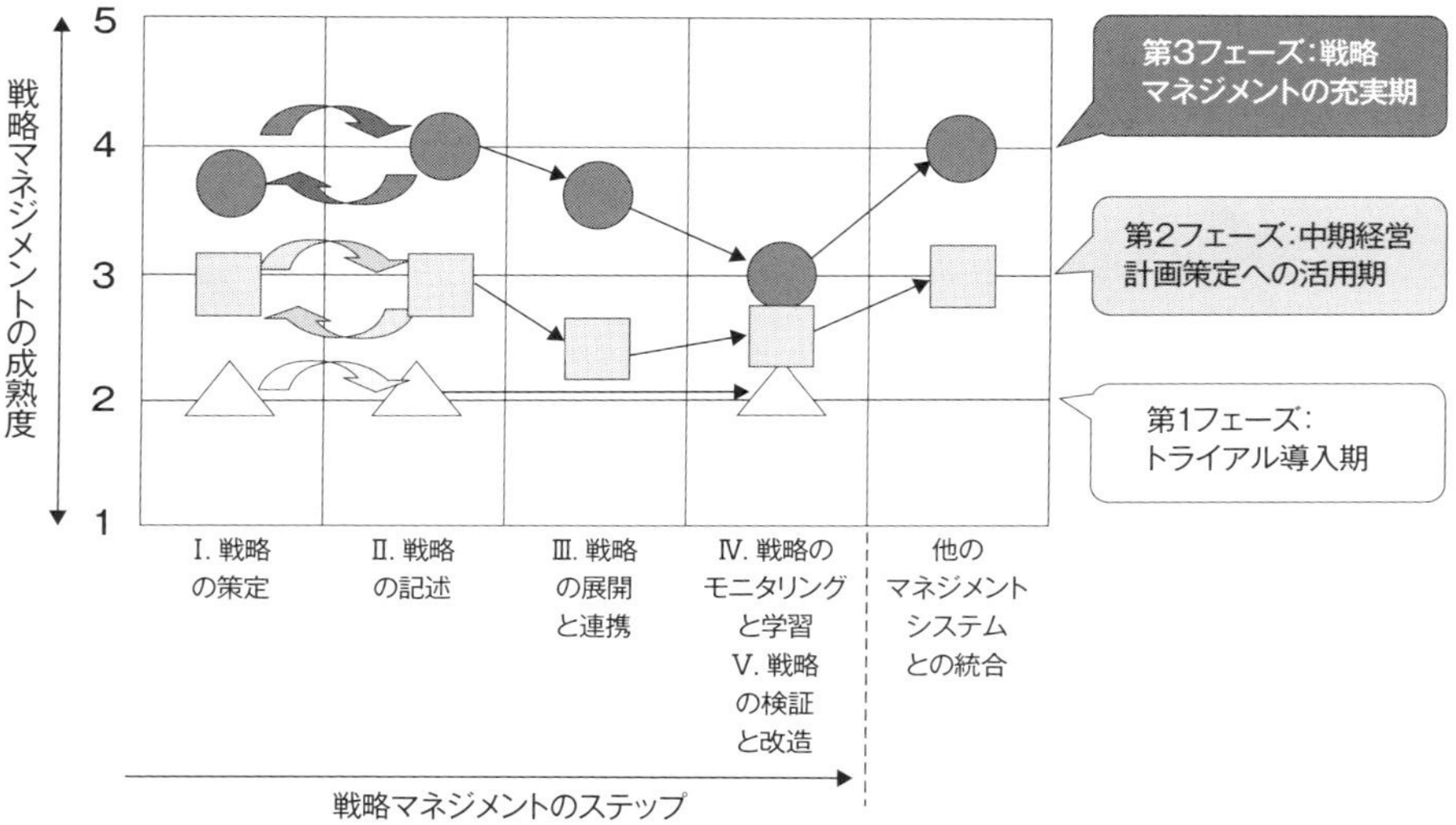


Cを導入する場合には、その導入の初期段階から、業績評価に適用することは避けた方が賢明である。

## 2.【松原流】指南

### 1）【松原流】BSC導入の3フェーズアプローチ

【松原流】では、戦略マップ／BSCの導入による効果を着実に享受していくアプローチとして、**図表9・1・1**に示すような、三つのフェーズに分けた継続的改善によるスパイラルアップ・アプローチを薦めている。

図の横軸には、〈5・4〉講で紹介した戦略マネジメントのステップを設定し、縦軸には、組織の戦略マネジメント・プロセスの成熟度を5段階で示してある。

### 2）第1フェーズ：トライアル導入期

①新たなマネジメント手法である戦略マップ／BSCを導入する場合、成功裡にプロジェクトを進めるために、いきなり戦略（中期経営計画）の策定と記述を行うのではなく、現行の中期経営計画の期の途中で試験的な採用から始めるケースも

多い。

「Ⅰ．戦略の策定」から入る必要はなく、既存の中期経営計画などを基に、「Ⅱ．戦略の記述」で、組織のトップレベルあるいは選定したSBU（戦略的ビジネスユニット）について戦略を翻訳する方法で戦略マップ／BSCを作成する方法をとる。

このプロセスを通じて、現在の中期経営計画について、

- 戦略マップ／BSCの持つ因果関係などの特徴から現行の中期経営計画の戦略としての未熟さを発見し、
- 捕捉することが難しいKPI〈12・2〉講で紹介するミッシング・メジャーと呼ばれる）などが明らかになってくる。

②次に、「Ⅳ．戦略のモニタリングと学習」のステップへと進み、戦略の実施状況のモニタリングを捕捉可能なKPIの範囲内で実施し、四半期ごとの戦略レビュー会議や月次のマネジメント会議でレビューを実施する。

これらのプロセスを通じて、マネジメント、BSCプロジェクトのメンバー及び関係者は、BSCのコンセプトや用語そして戦略マップ／BSCを使った戦略マネジメント・プロセスに習熟してくる。

これが「第1フェーズ：トライアル導入期」であり、ここまでに通常半年から1年の期間を要する。

### 3）第2フェーズ：中期経営計画策定への活用期

次に、第2フェーズで中期経営計画のローリングや、次期の中期経営計画の作成に、戦略コミュニケーション・ツールとしての戦略マップ／BSCのフレームワークを本格的に組み込むことになる。

このフェーズになると、マネジメントや参加者も、戦略マップ／BSCに習熟してきているため、自然に「Ⅰ．戦略の策定」ステップ、つまり中期経営計画の形成・策定に戦略マップ／BSCのフレームワークを積極的に取り込んでいけるようになる。

戦略マップ／BSCについての習熟度や導入の

緊急性などにもよるが、必要に応じて「Ⅲ．戦略の展開と連携」のステップに進み、戦略マップ／ＢＳＣを下位組織に展開（カスケード）し、戦略マネジメントを廻していく。また、マネジメント・レビュー会議などの実施を継続的に実施する。

### ４）第３フェーズ：戦略マネジメントの充実期

第３フェーズになると、戦略マネジメントの成熟度がさらに向上するため、戦略マップ／ＢＳＣをカスケード・ダウン（「Ⅲ．戦略の展開と連携」）し、「Ⅳ．戦略のモニタリングと学習」のステップで、ＢＳＣを活用して戦略の達成度を考慮した四つの視点による業績評価を実施する。

カスケードなどに応じて、ＫＰＩの数が増え、データの収集などの工数が増加する。また、タイムリーにモニタリングを実施したいとするマネジメントの要求も高まるため、必要に応じてＢＳＣ支援ツールなどの導入も検討する。

# レッスン10

# 「I. 戦略の策定」ステップの落とし穴と留意点

# 10.1 戦略マップの作成にSWOT分析を活用することの限界を知る

**実践ケース**

（プロジェクト・リーダー） 今期は、現在の中期経営計画の二年度目であり、昨今の経営環境の変化を反映させて、中期経営計画のローリングを実施することになる。

「戦略マップ／BSC導入の3フェーズアプローチ」に従って、第1フェーズ：トライアル導入期として、初めて戦略マップ／BSCを作ることになるのだが、進め方について意見を聞きたい。

（メンバー経営企画） 戦略マップを作成するアプローチとしては、通常、SWOT分析を基に作成する方法がBSCの書籍などで紹介されています。

そこで、BSCプロジェクトのスタート時点で、本社と各地の営業やサプライチェーン管理のキーパースンを一同に集めた合宿を開催し、全員参画型でSWOT分析を行い、戦略マップとBSCを作成してはどうでしょうか。

（プロジェクト・リーダー） キーパーソンが全員参画型で中期経営計画を見直してみることは、有意義であると思うが、今回は、中期経営計画のローリングということもあり、このアプローチについて、何か注意すべき点はないだろうか。

### 1．留意点

戦略マップの作成アプローチとして、日本のみならず欧米でも、環境分析の一手法であるＳＷＯＴ分析を活用する、いわゆる「ＢＳＣ－ＳＷＯＴ分析」と呼ばれるアプローチが紹介されることが多い。

だが【松原流】では、このＳＷＯＴ分析から戦略マップを作成するという比較的ポピュラーなアプローチには幾つかの致命的な問題が内在しているので、実践では注意する必要があると警鐘を鳴らしている。

### 2．【松原流】指南

#### 1）ＳＷＯＴ分析の起源

まず、ＳＷＯＴ分析から説明することにしよう。その起源については諸説がある。

まず、〈5・2〉講で紹介した経営戦略の学派を取りまとめたミンツバーグによれば、経営戦略の最も初期の学派であるデザイン学派に属するケネス・Ｒ・アンドリュースが、１９７０年代に考案した経営環境分析の手法であるとしている。

[Mintzberg,1998]

他に、アルバート・ハンフリーが、１９６０年代から70年代にかけて開発した手法であるとするものがある。

いずれにしても、ＳＷＯＴ分析は、第二次世界大戦後に経営戦略論が開花した最も初期の段階に開発され、今日に至るまで、戦略策定のツールの一つとして比較的広く用いられている手法であることには間違いない。

#### 2）ＳＷＯＴ分析の定義

ＳＷＯＴ分析は、戦略策定の前段階である経営環境を分析し、打ち手を編み出すツールであり、いわば孫子の兵法にある「知彼知己、百戦不殆（彼を知り己を知れば、百戦殆うからず）」を経営戦略にあてはめたものといえよう。

具体的には、

- 組織を取り巻く外部環境に潜む機会や脅威を考慮した上で、
- その組織の強みと弱みを評価し、
- 組織の目標を達成するために重点的に組織の資源を投下すべき目標としての「重要成功要

**図表10.1.1** SWOT分析のステップ

| 外部環境「彼を知る」／内部環境「己を知る」 | O（Opportunities：機会）自社が成長してゆくために利用可能な環境要因 | T（Threats：脅威）自社が成長してために妨げとなる環境要因 |
|---|---|---|
| S（Strengths：強み）経営資源の中で競合他社と比較して優れているもの | 事業機会を自社の強みで取り込むために何が必要か | 他社にとっては脅威でも自社の強みで機会に変えるために何が必要か |
| W（Weaknesses：弱み）経営資源の中で競合他社と比較して劣っているもの | 事業機会を自社の弱みで取りこぼさないために何が必要か | 脅威と弱みのはち合わせによる最悪の事態を招かないために何が必要か |

①狭義のSWOT分析

②SWOTクロス分析

CSF（重要成功要因）

③SWOT分析のアウトプット

因（Critical Success Factors；CSF）」を導き出す手法である。

強み（Strengths）と弱み（Weaknesses）、そして機会（Opportunities）と脅威（Threats）の四つの頭文字をとって、SWOT分析と呼んでいる。

**3）SWOT分析の実施手順**

SWOT分析は一般に次のような手順で行われる。

（1）狭義のSWOT分析

組織の各機能の責任者または機能に精通した者7～8名からなるチームを編成する。

チームがブレーンストーミングなどの手法を使って、**図表10・1・1**の周りに示すように、「彼を知り己を知る」こと、つまり組織の内部環境として「SとW」を、そして外部環境として「OとT」を洗い出す。

ここまでが、内部・外部環境分析であり、このステップまでを「狭義のSWOT分析」と呼ぶことがある。

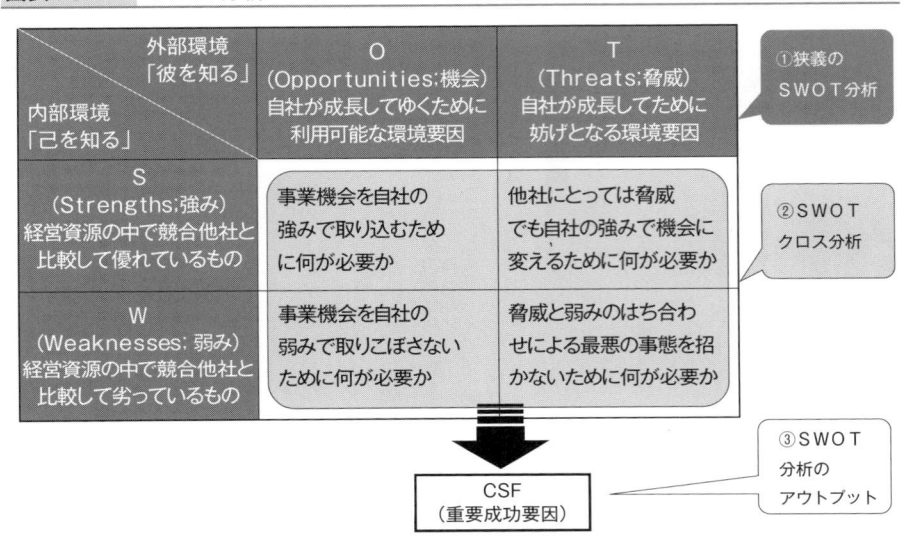

### (2) SWOTクロス分析

環境を分析するだけで、何も手を打たなければ、百戦殆うからずどころか、戦いに勝つことは望めないため、図表10・1・1の中央の四つのセルを検討する。具体的にいえば、

- 〈OとSをクロスさせる〉、つまり、事業機会を自社の強みで取り込むためには何をすべきか。
- 〈OとWをクロスさせる〉、つまり、事業機会を自社の弱みで取りこぼさないためには何をすべきか。
- 〈TとSをクロスさせる〉、つまり、他社にとっては脅威でも自社の強みで機会に変えるためには何をすべきか。
- 〈TとWをクロスさせる〉、つまり、脅威と弱みのはち合わせによる最悪の事態を招かないためには何をすべきか。

### (3) CSFの導出

このSWOTクロス分析の結果明らかになった項目が、「CSF（重要成功要因）」つまり組織の目的を達成するために重点的にリソースを投下し、クリアしなければならないターゲットとなる。

このCSFをBSCの代表的な四つの視点に区分し、例えば「新興国におけるマーケティング活動の強化」なら、それに、（P：業務プロセスの視点）のようにCSFに視点を明示し、戦略マップの作成に続ける手法を特に「BSC－SWOT分析」[Brown,2001] と呼んでいる。

戦略マップの戦略目的として受ける場合には、一般に、24件の戦略目的が必要となり、CSFは、最低限24件必要となる。

実践では、絞り込みや除外などを考慮すれば、100件近くのCSFが求められる。

## 4）「BSC－SWOT分析」の問題点

このSWOT分析から戦略マップを作成するという比較的ポピュラーなアプローチには幾つかの致命的な問題があることが、著者のコンサルティング活動などを通じて明らかになってきた。

①まず第一に、このSWOT分析は、戦略策定の際に実施される経営環境分析の代表的な手法の

一つにすぎないという点である。

事実、戦略の策定にあたって、環境分析は行ってはいるもののＳＷＯＴ分析という手法を用いてはいない組織も少なくない。

②第二に、経営環境分析は戦略の重要なインプットではあるが、戦略策定はアート（芸術）であるといわれるように、経営環境分析／ＳＷＯＴ分析のみで自動的に戦略が策定できるほど単純なものではないという点である。

もしＳＷＯＴ分析が万能であれば、ミンツバーグがまとめている戦略論の系譜は、ＳＷＯＴ分析を生み出した「デザイン学派」で終わっており、これに続く9の戦略学派などが出現することはなかったに違いない。

③第三に、やや技術的な話になるが、ＳＷＯＴ分析から導出されるＣＳＦは、先の「新興国におけるマーケティング活動の強化（Ｐ）」のように、打ち手つまりアクション・プランに相当するものであり、当然のことながらＢＳＣの四つの視点の中では、「内部の視点」つまり業務プロセスの視点と学習と成長の視点に偏る傾向がある。このため、外部の視点である財務の視点や顧客の視点の戦略目的がほとんど検討されず、また戦略の要諦である戦略目的間の因果関係の検討も不充分となる。

④さらに、ＳＷＯＴ分析に現場を知る人物の参画が多ければ多いほど、ＣＳＦは、戦略目的というよりは、むしろ具体的な施策としてのアクション・プランに相当する項目が多く現れる傾向にある。

### 5）ＳＷＯＴ分析と戦略マップの本来の関係

では、ＳＷＯＴ分析と戦略マップの本来の関係はどのようなものであるべきであろうか。

**図表10・1・2**に示すように、上段の中期経営計画の作成アプローチと、下段のＳＷＯＴ分析からダイレクトに戦略マップ／ＢＳＣを作成するアプローチとでは、戦略策定の、インプット、プロセス、アウトプットに違いがあることが分かる。

新規に設立する組織でない限りは、本ケースのように、ＢＳＣプロジェクトを開始する段階で

**図表10.1.2** SWOT分析と戦略マップの本来的関係

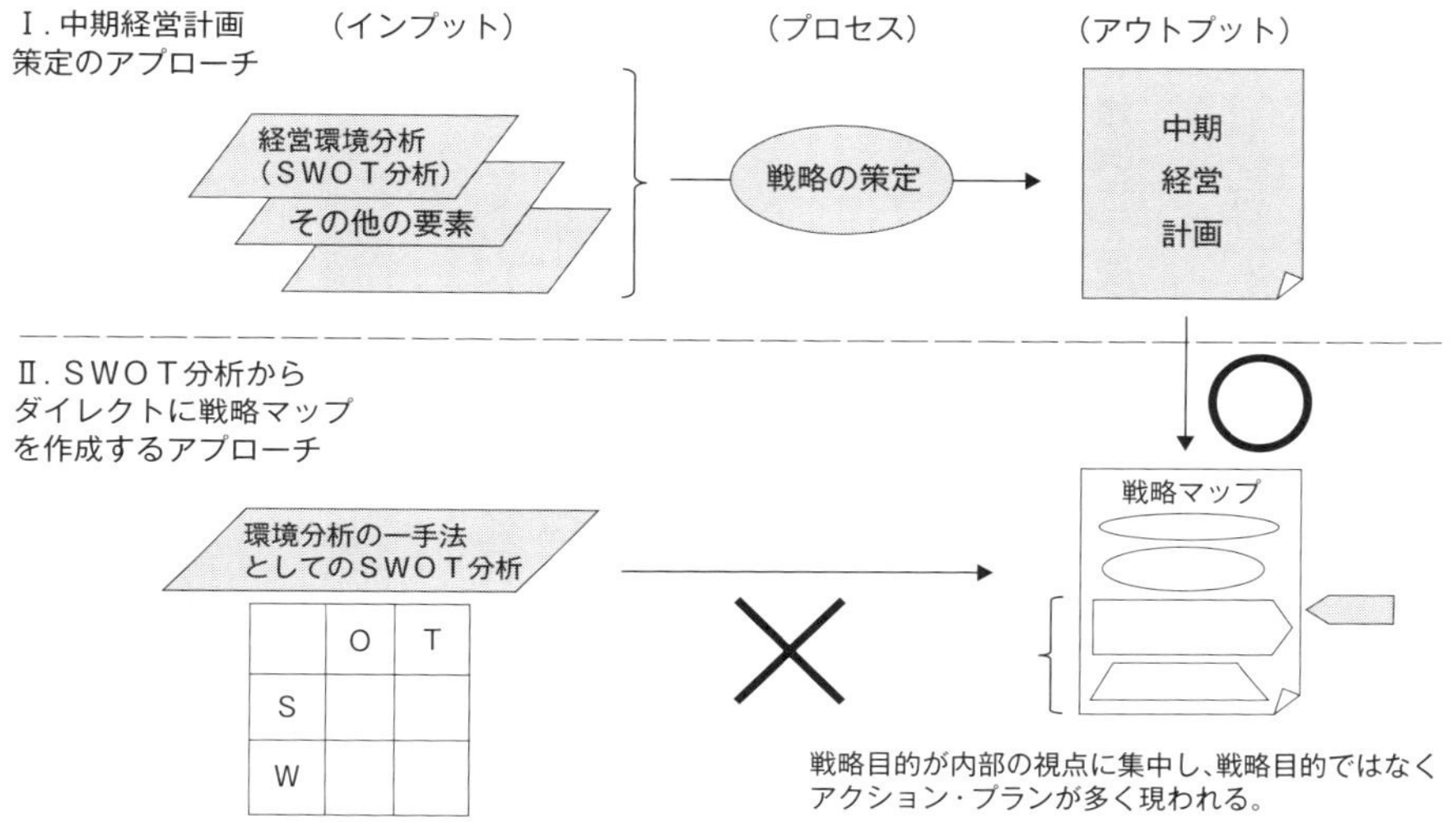


は、既に中期経営計画などが作成されていることが多く、これとSWOT分析から作成した戦略マップで表現された戦略とは、似て非なるものになる可能性が高い。

このため【松原流】では、次のアプローチを踏むことを勧めている。

①〈5・4〉講で説明した戦略マネジメントのステップの「Ⅱ．戦略の記述」ステップとして、現行の中期経営計画を「戦略マップ＋BSC＋アクション・プラン」に翻訳する。

②「Ⅳ．戦略のモニタリングと学習」を行い、中期経営計画の実績を「戦略マップ＋BSC＋アクション・プラン」でレビューする。

③必要に応じて、経営環境分析として、SWOT分析を実施する。

④②と③を踏まえて、中期経営計画と「戦略マップ＋BSC＋アクション・プラン」のローリングを実施する。

## 10.2 戦略目的とアクション・プランを混同してはならない

**実践ケース**

（プロジェクト・リーダー）　先日は中期経営計画の二年目に向けたローリング作業の一環として、先生に教わった留意点を踏まえながら、SWOT分析を組み込んだ戦略マップ／BSCのワークショップを実施した。

このワークショップは、幸いにして、各機能部署の代表者にとっても、組織全体の戦略について討議する良い機会となったと比較的高い評価も得ている。では、ワークショップの結果について報告してほしい。

（メンバー経営企画）　SWOTクロス分析から抽出されたCSF（重要成功要因）を戦略マップの戦略目的に転記してみたのですが、やはり先生が指摘された通り、業務プロセスの視点に集中しています。

（メンバー　サプライチェーン管理）　今回のワークショップの成果物である戦略マップは、確かに、財務の視点も顧客の視点も、戦略目的は無いに等しく、戦略マップとしては不完全だが、業務プロセスの視点を見れば、やるべき施策が明示されており、わかりやすいようにも思えるが、どうだろうか。

## 1．留意点

本ケースにあるように、業務プロセスの視点の戦略目的が、アクション・プランのオンパレード状態となっている戦略マップは、「間違った戦略マップ」の典型的な例なので、充分に注意する必要がある。

これは特に、SWOT分析のCSFを戦略マップの戦略目的として転記するアプローチを採用している場合に、よく起きる現象である。

この誤りを回避するために、【松原流】では、業務プロセスの視点は、機能で考える習慣を身につけるよう指導している。

## 2．【松原流】指南

### 1）戦略目的とアクション・プランの定義

〈6・2〉講「戦略マップのパーツと構成を押さえる」で学んだように、

①「戦略目的」とは、戦略が達成すべき項目や戦略の成功にとって重要な項目であり、戦略の内容をより具体的に説明する「道標」の役割を果たす。

②一方、「アクション・プラン」は、戦略目的の達成度を評価するKPIのストレッチな目標値を達成するには、現場の人間の日常的な努力（改善レベル）のみでは限界があるため、戦略を支援するため、特別に予算（戦略的予算）をつけて実施される戦略的なプログラムやプロジェクトを指す。「戦略マップ＋BSC＋アクション・プラン」の3点セットでは、戦略マップ上には表れず、アクション・プランに示される。

### 2）戦略目的とアクション・プランは別物である

ここで改めて、戦略目的とアクション・プランの根本的な違いについて、説明しておくことにしよう。

本来、業務プロセスの視点の戦略目的には、財務の視点で掲げた生産性向上の達成や、顧客の視点で明確にした顧客価値提案の要素を提供するために、「必要となる機能のレベル」をどうすべきかが示される。

医療に例えるなら、医者は肝臓などの「機能の働き具合」を診て、薬を処方したり、手術を施す。**図表10・2・1**の上段で示すように、「戦略目

## 図表10.2.1 戦略目的とアクション・プランの違い（医療の例え1）

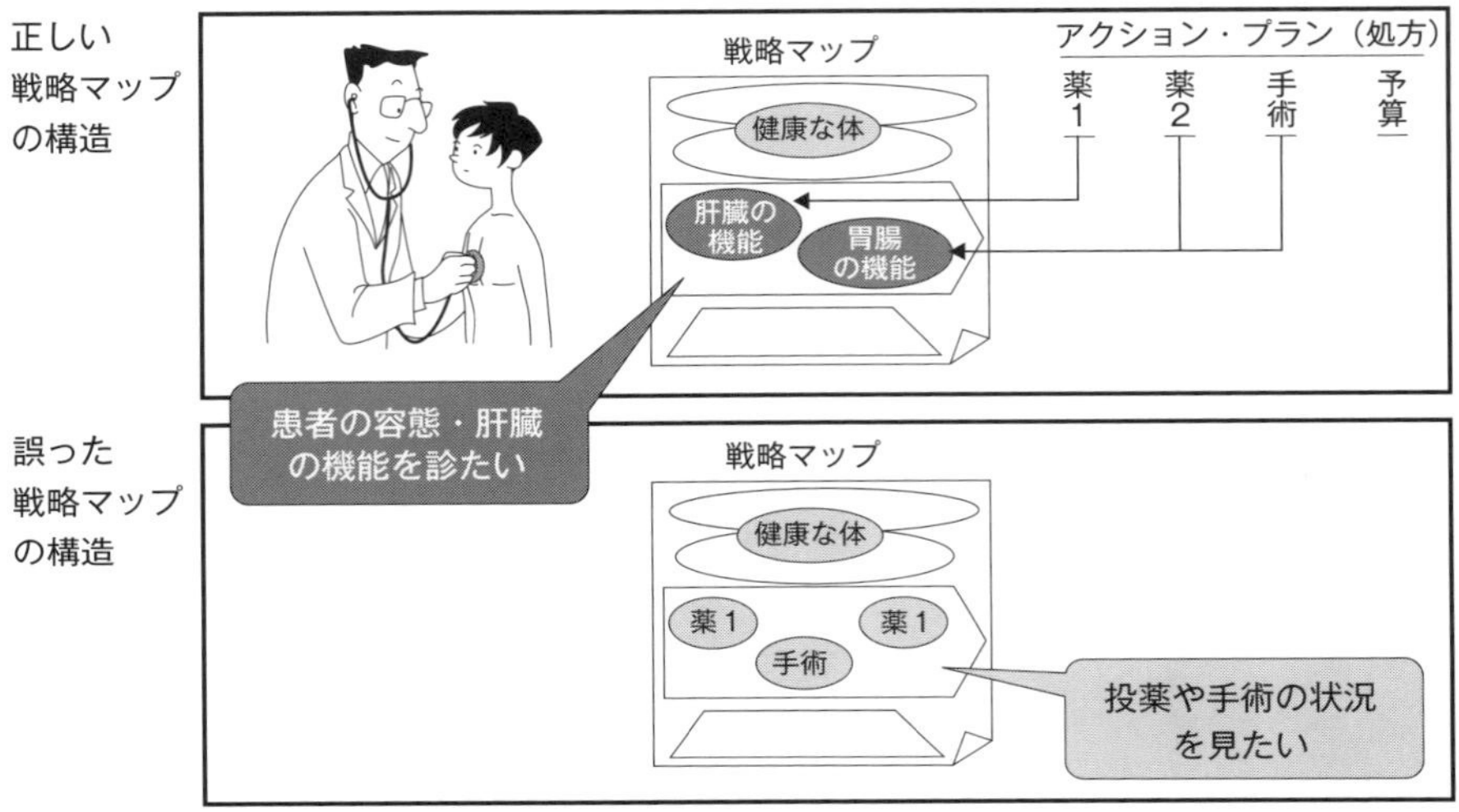


## 図表10.2.2 戦略目的とアクション・プランの違い（医療の例え2）

| 経営戦略 | | 人の健康 | |
|---|---|---|---|
| 戦略目的 | •価値提供のため戦略的に強化すべき事項。<br>•業務プロセスの視点では機能。 | 身体の機能 | •健康な人生を送るために強化すべき身体の機能。 |
| | •戦略マップ上に明示し、第一義の業績評価／モニタリングの対象となる。 | | •医師が第一義的にモニタリングするべき機能である。 |
| アクション・プラン | •戦略目的を目標機能レベルに引き上げるために実施するプログラムないしプロジェクト。<br>•プログラム／プロジェクトには、開始と終了がある。 | 投薬や手術 | •機能を回復／強化するために行う投薬や手術など。<br>•投薬や手術などには、開始と終了がある。 |
| | •マネジメントが第二義的にモニタリングするべき対象である。<br>•プロジェクト・マネジメント手法を用いる。 | | •医師が第二義的にモニタリングするべき対象である。<br>•投薬の量とタイミングなど。 |
| 戦略目的とアクション・プランとの関係 | •戦略目的：アクション・プランは、n：nの関係にある。<br>•アクション・プランとしては、その効果と費用に差がある複数の代替案が存在する。 | 人体の機能回復／強化と処方の関係 | •人体の機能回復／強化と処方の関係は、n：nの関係にある。<br>•処方としては、その効果と費用に差がある複数の代替案が存在する。(安価な薬、高価な薬、手術など) |

的」は求められる肝臓の機能レベルを示し、そして「アクション・プラン」は目標とした機能レベルに高めるために行われる投薬や手術に相当する。（**図表10・2・2**）

ここで重要なことは、医師が診る（モニタリング）べきは、第一に患者の容態であり、肝臓の機能であるという点である。

「手段としての投薬や手術（アクション・プラン）」をモニタリングするのではなく、肝心の「患者の容態（戦略目的）」の診断を忘れるようなことがあってはいけない。

### 3）正しい戦略マップの構造

以上のことから、【松原流】では、正しい戦略マップの構造は、図表10・2・1の上段に示すようでなければならないとしている。

この件については、キャプランとノートンも、「アクション・プランは、目標（ends）ではなく手段（means）である」として、次のように指摘している。［Kaplan and Norton,2000］

①「よくある誤ったＢＳＣ（時代遅れの戦略計画）」として、

- 戦略計画が、実施されるアクション・プランのリストにより構成されている。
- 業務プロセスのＫＰＩが、アクション・プランのマイルストーン（時間とコストのＫＰＩ）になっている。

②「正しいＢＳＣ（ＢＳＣによる戦略計画プロセス）」は、

- 戦略目的の達成を支援するためにアクション・プランを活用する。つまり、「戦略→戦略目的→ＫＰＩ→目標値（ストレッチ）→アクション・プラン」という構造とするべきである

としている。

# レッスン11

# 「Ⅱ．戦略の記述（その1：戦略マップの作成）」ステップの落とし穴と留意点

## 11.1

# BSCの視点は四つでなければならないのか

**実践ケース**

（プロジェクト・リーダー）　BSCの四つの視点という考え方は非常に重要だと思うのだが、当社の場合、何か特徴を出す必要はないのだろうか。

（メンバー経営企画）　当社は、環境やCSR重視を鮮明に打ち出しており、現在の中期経営計画にもこのことが取り込まれています。戦略マップ／BSCではこれをどのように表現すればよいのだろうか。

（メンバー総務・人事）　新たに環境の視点を加え、五つの視点としてはどうだろうか。

### 1．留意点

環境、CSR（企業の社会的責任）、内部統制、グローバル化などを、ただ単にステークホルダー（利害関係者）や経営陣が関心を持つテーマであるからということだけで、単純にそれらを自組織の戦略マップ／BSCの独立した視点として設定することは危険である。

戦略マップ／BSCの標準フレームワークから見れば、それらの多くは、視点ではなく、「戦略テーマ」として設定する方が望ましい場合が多いことに留意する必要がある。

### 2．【松原流】指南

#### 1）本質論：戦略を説明するために「視点」がある

BSCの「四つの視点」を表した十字の図の中央には、いったい何が書かれていただろうか、思い出してみよう。

どうも、十字の周囲にある四つの視点ばかりに気をとられてしまい、その中心に何があったのか、あまり意識もしないし、記憶もしていないというのが一般的ではないだろうか。

十字の図の中央に書かれているのは、「ビジョンと戦略」である。（図表４・２・２参照）

つまり、十字の図は、ＢＳＣの進化の第２ステージ「戦略コミュニケーションのためのツール」としてのＢＳＣ以降、果敢なビジョンを達成するための独自の戦略を、四つの視点に代表される複数の視点とその因果関係によってコミュニケーションするフレームワークであることを示している。

従って個々の組織が、そのＢＳＣの視点を設定するにあたっては、営利組織モデルの標準形としての「四つの視点」の内容と数に囚われる必要はなく、どうしたら、自組織の戦略を明確にコミュニケーションできるかを考えることが最も重要になる。

### ２）環境やＣＳＲは視点か戦略テーマか

環境やＣＳＲへの関心の高まりから、本ケースのように経営戦略にこれらを積極的に取り入れる動きが出てきている。

これに伴って、戦略マップやＢＳＣ上で環境やＣＳＲをどのように取り扱うかについて、十年ほど前から、欧米のみならず日本においても議論がなされてきており、**図表11・1・1**に示すように、大きく分けて次の二つの方法がある。

①独立した視点とする方法
②戦略テーマとする方法

### ３）独立した視点とする方法

環境やＣＳＲなどを独立した視点とする方法は、ＡＭＡＮＣＯ（ラテンアメリカ有数の液体輸送用のパイプや設備の製造販売会社）の例など海外の組織に加えて、日本企業でもリコー、寶酒造などの事例が報告されてきた。（ここに例示した各社の取扱い方法については、後に変更されたものもあり、恒久的なものでないことに注意を要する。）

この独立した視点とする場合でも、戦略マップ上で視点間の因果関係を考えた場合、「環境の視点」の位置づけをどこに持っていくかについて、

**図表11.1.1** 環境やＣＳＲは視点なのか、戦略テーマなのか

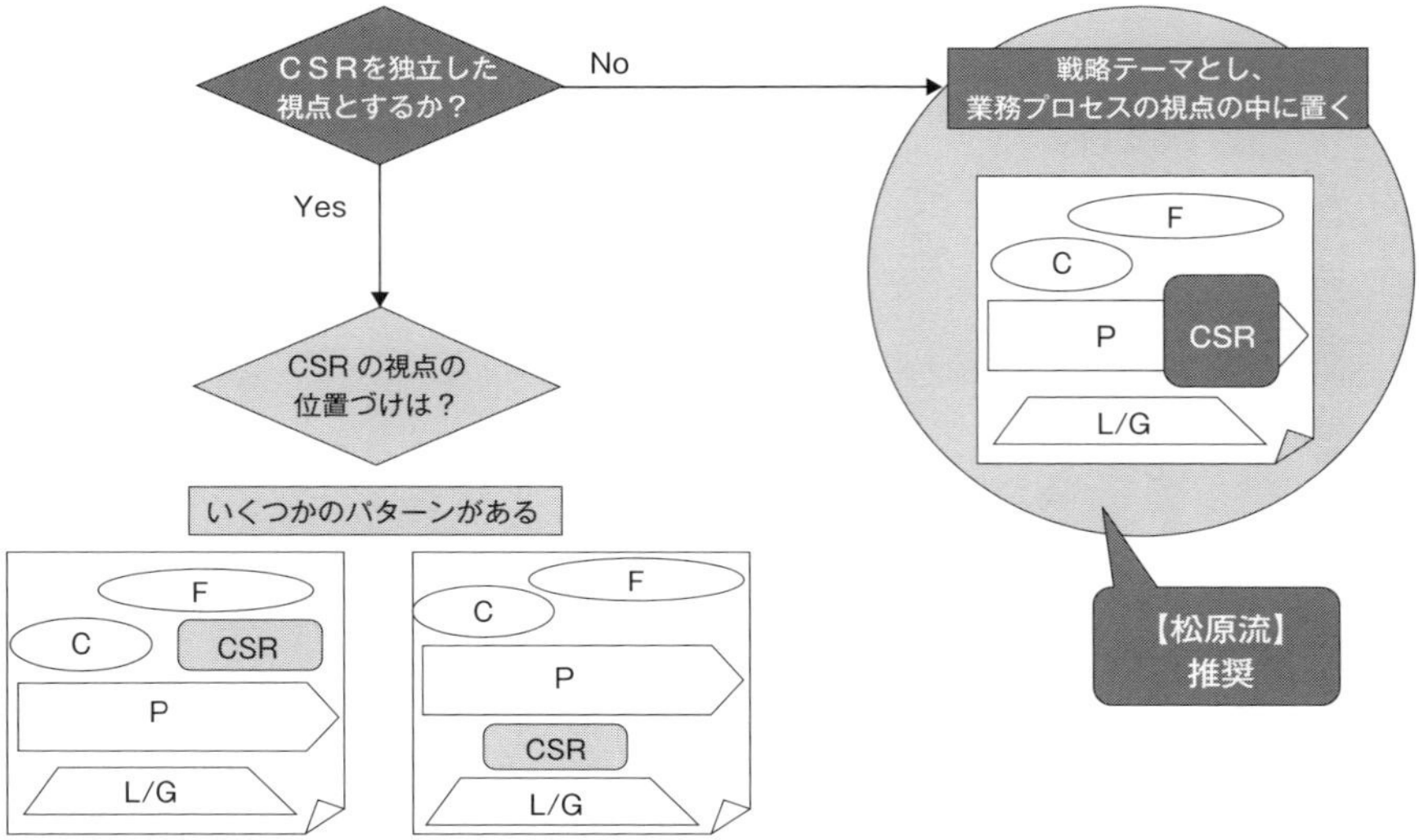


いくつかの方法がある。

図表11・1・1の下段に示すように、業務プロセスの視点の上位で顧客の視点と並列させる方法や、学習と成長の視点と業務プロセスの視点の間とする方法などがある。

著者も、ある上場企業の2000年代半ばの中期経営計画に戦略マップ／ＢＳＣを取り込んだプロジェクトで、おそらく日本企業としては始めての事例となるであろう、「ＣＳＲの視点」を独立した視点とし、顧客の視点と業務プロセスの視点の中間に位置づけた戦略マップの作成を指導した経験がある。

### 4）戦略テーマとする方法

著者が参画した上述のプロジェクトでは、初年度で設定した「ＣＳＲの視点」について、モニタリングを行い、次年度の「第2フェーズ：中期経営計画策定への活用期」で、深く議論していく内に、次のことに気づいていった。

①環境に配慮した製品開発や生産、物流＝これは業務プロセスの視点である。

②環境に配慮する組織風土の養成や、環境に配

慮した活動を実行できる人材の養成、グリーンＩＴ（省電力や熱対策など，環境に配慮したＩＴ化の取り組み）など＝これは学習と成長の視点である。

③環境に配慮した製品を求める顧客層への価値提案＝これは顧客の視点である。

④環境に配慮することによるコスト増や、環境に配慮した製品への需要増による売上の拡大、そして環境に配慮する企業に積極的に投資する社会的責任投資（ＳＲＩ：Socially Responsible Investment）＝これは財務の視点である。

このように、環境やＣＳＲについては、その内容が既存の「四つの視点」と密接に係わっていることに気づいたのである。

つまり、環境やＣＳＲを独立した視点としようとすると、その中には、既存の四つの視点が入り込んできて入れ子状態になり、混乱を起こす結果となってしまうのである。

このような考えから、以降【松原流】では、環境やＣＳＲの戦略マップ／ＢＳＣ上における取扱いとしては、特に業務プロセスの視点を中心にした戦略テーマとして取り扱う方法が実践的、かつ有効であるとの方針をとっている。

# 11.2 〈極意伝授〉BSCとステークホルダー・スコアカードは別物

## 1. BSCの視点の背後にいるステークホルダー

〈4・2〉講で、BSCの視点の背後には、組織のステークホルダー（利害関係者）が想定されていることを説明した。つまり、

財務の視点＝投資家や債権者などの資金提供者
顧客の視点＝顧客
業務プロセスの視点＝協力会社
そして、学習と成長の視点＝従業員
である。

## 2. 「ステークホルダー・スコアカード」とBSCとは異なる

ここで留意すべきは、「BSCの視点を設計するに当たって、組織に係わる重要なステークホルダーを考えることは非常に重要なことだが、単に考え得る全ての貢献者を取り込み、「ステークホルダー・スコアカード」を設計するようなことは避けるべきであるという点にある。

BSCでは、このステークホルダーのみに焦点をあてたスコアカードを「ステークホルダー・スコアカード」と呼び、「バランス・スコアカード」とは明確に区別している。

ここで、ステークホルダー・スコアカードとは、次の米国の大手小売業のシアーズ社（Sears）の例のように組織の重要な構成員を明確にし、それぞれのゴールを定義するものである。

シアーズ社の初期のスコアカードは関連する次の三つのテーマに関して構成されており、ステークホルダー・スコアカードの一例とされている。

[Niven,2002]

- 「購買せずにはいられない場所」
- 「働かずにはいられない場所」そして、
- 「投資せずにはいられない場所」

**図表11.2.1** ステークホルダー・スコアカードと 戦略マネジメントのための戦略マップ／BSCの違い

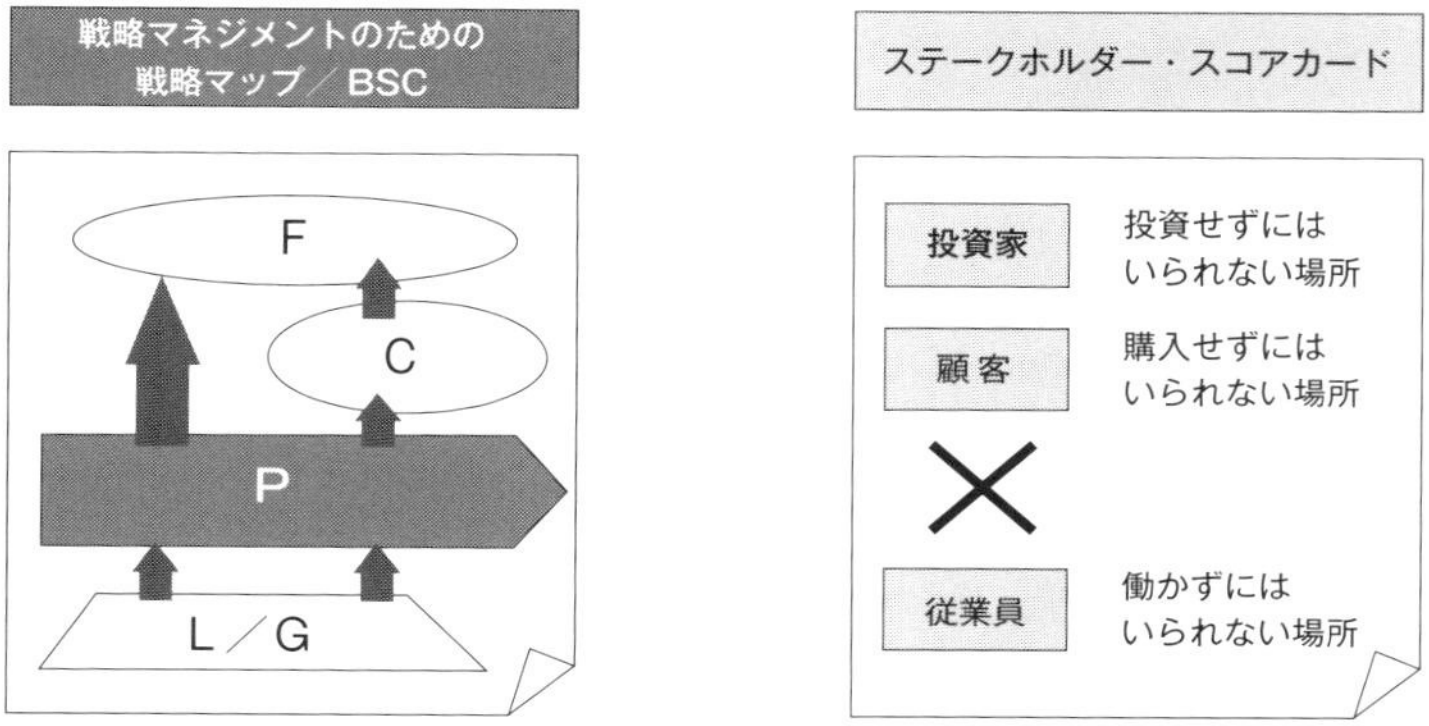


＊価値創造のプロセスが明示されている
①戦略の特徴としての仮説の因果関係
②顧客価値を生み出すドライバーとしての
業務プロセスの視点

＊複数のステークホルダーの視点による
業績評価が成されている

このスコアカードは三つの重要なグループつまり顧客、従業員、および投資家に焦点をあててはいるものの、それが欠いているのは、

- どのような価値提案が顧客を満足させ忠誠心を持たすことができるのか。（顧客の視点）
- この顧客価値提案を進めるためにどのプロセスや機能に優れるべきか。（業務プロセスの視点）
- そして従業員がどのようなコンピテンシーを持たねばならないのか。（学習と成長の視点）

という、「どうやって」価値が創造されるのかという点であり、これこそがＢＳＣが提供すべきことなのである。

## 3．戦略マップ／BSCの肝とは

つまりＢＳＣのポイントは**図表11・2・1**に示すように、

①顧客価値を生み出す業務プロセスの視点の存在と、

②戦略という、仮説の連鎖を表現する複数の視点の間、戦略目的の間、そしてＫＰＩの間の因果関係という戦略のコミュニケーションにあるので

あり、ただ単に、主要なステークホルダーを並列に並べただけの「ステークホルダー・スコアカード」ではないということである。

## ４．多面的業績評価と戦略マネジメントとの違い

日本経済新聞社他３社は共同で、上場企業を四つの視点から評価する新たなランキング・システム「ＮＩＣＥＳ（ナイセス）」を開発し、２０１０年４月にそのシステムに基づいたランキングを発表した。[日本経済新聞社 2010]

そのシステムで採用された四つの視点には、

①投資家（Investor）
②消費者（Consumer）・取引先
③従業員（Employee）
④社会（Society）

という、重要なステークホルダーをカバーしており、経営環境が大きく変化する中で、過去の財務業績に限定することなく、企業を評価するランキング・システムとして、評価に値するものといえよう。

残念ながら、そこには、前述した戦略マネジメントのためのＢＳＣとステークホルダー・スコアカードとを区別する二つの要素である、

①戦略の特徴としての仮説の因果関係
②顧客価値を生み出すドライバーとしての業務プロセスの視点

が欠落していることが見て取れる。

従って、このランキング・システムも、外部者による企業業績評価システムとして、財務の結果だけではなく、重要な複数のステークホルダーの視点からする評価を取り込んだステークホルダー・スコアカードの一形態であるといえる。

# 11.3 〈極意伝授〉数に悩んだら「マジカル・ナンバー」を思い出せ

## １．「いくつがよいだろうか」

実践の場で、戦略マップ／ＢＳＣを設計する時、

✓「視点」は、いくつがよいのか？　既存の四つで、果たして充分なのか？

✓「戦略テーマ」は、いくつ設定すればよいのか？

✓「戦略目的」は、戦略マップ全体でいくつがよいのか？

✓戦略目的の達成度を評価する「ＫＰＩ」はいくつがよいのか？

といった具合に、「いくつがよいだろうか」と問いかけられる場面に何度か遭遇する。

## ２．魔法の数：「マジカル・ナンバー」

この種の問に答える場合、まずは物事の本質を見つめることが第一である。

だが、悩んだ時に役立つ「マジカル・ナンバー（魔法の数）」と呼ばれる数があり、非常に重宝するため、【松原流】では、これを覚えておくよう薦めている。

戦略マップ／ＢＳＣは、戦略のコミュニケーションのツールであり、このツールの使い手は我々、つまり人間である。

「マジカル・ナンバー７±２」は、米国の心理学者であるジョージ・ミラーが１９５６年に発表した論文「マジカル・ナンバー７±２：情報処理能力のある限界（The Magical Number Seven, Plus or Minus Two: Some Limits on Our Capacity for Processing Information）」で紹介された概念であり、一般的な人間が一度に識別したり、記憶したり、扱うことのできる変数が７±２であるとするものであり、認知心理学の先駆けとなったとされている。

**図表11.3.1** いくつがよいだろうか？

- ✓ 視点は、いくつがよいのか？
- ✓ 戦略テーマは、いくつがよいのか？
- ✓ 戦略目的は、いくつがよいのか？
- ✓ KPIは、いくつがよいのか？

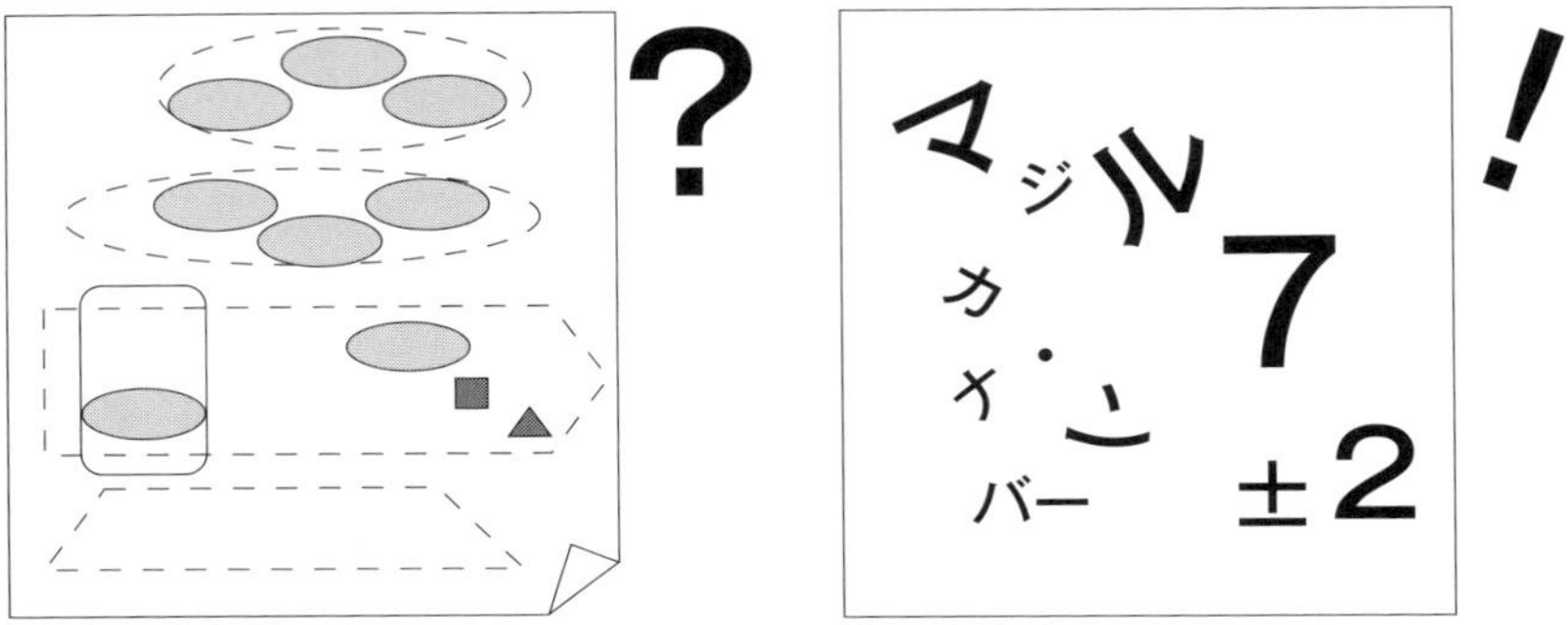


確かに、我々の身の周りにある数値、例えば郵便番号や電話番号なども、このマジカル・ナンバーの範囲内に収まっているものが多い。

この7という数値は、このミラーの説に頼るまでもなく、日本でも、次に挙げる例のように頻繁に用いられてきた。

①弁慶が持っていたと伝えられる武器は、鐵熊手、大槌、大鋸、まさかり、つく棒、さすまた、もじり、の計7種類で、「弁慶の七つ道具」として有名であり、これは「TQCの七つ道具」など、品質管理やマネジメントの世界にも引用されている。

②1921年に発表された、野口雨情の童謡「七つの子」には、

「烏　なぜ啼くの
烏は山に
可愛い七つの
子があるからよ」

と、そこに登場する烏の子は、七つ（7羽ないし7歳とする解釈がある）である。

## 3．戦略マップ／BSCの「いくつがよいのか」に答える

この「マジカル・ナンバー7±2」を「いくつがよいだろうか」という問いかけられることの多い戦略マップ／BSCの設計に、活用しない手はなかろうというのが、【松原流】である。

先ほどの問に戻れば、次のようになる。

### 1）「視点」は、いくつがよいのか？

【解答】 バランス・スコアカードと称するからには、視点が一つではバランスしようがなく、複数設定することになる。そこで、「マジカル・ナンバー 7±2」の範囲内ということになるが、一般には4～7が妥当なところであろう。

### 2）「戦略テーマ」は、いくつがよいのか？

【解答】 戦略テーマは、選択と集中を反映した戦略の柱として、ある程度、厳選された数が望まれ、「7±2」の範囲内で、一般には、財務の視点に設定される「生産性の向上」と「収益の拡大」という二つの他に、業務プロセスの視点を中心に、三～六つくらい設定するとよいだろう。

### 3）「戦略目的」は、いくつがよいのか？

【解答】 戦略目的については、「7±2」×四つの視点＝20～36で、平均28個といったところだろう。ただし、視点によって数にバラツキが生じる点に注意を要する。一般に、改革の実現を目指すために、業務プロセスの視点の戦略目的が多くなる。

ちなみに提唱者のノートン氏は、戦略の策定単位である組織体の最上位の組織階層の戦略マップで戦略目的は24個くらいが適当であるとしている。

### 4）戦略目的を測定する「KPI」は、いくつがよいのか？

【解答】 残念ながら、KPIについては、捕捉コストなどを考えれば、マジカル・ナンバーは適用するべきではない。戦略目的一つに対して、一つのKPIで測定できるにこしたことはなく、一つでは不充分であったり、取りたいKPIが何らかの理由で捕捉できない場合には、代替指標を設定することもある。そこで、こちらは、一つの戦略目的に対して平均1･5ということになる。

戦略マップ全体では、平均28個の戦略目的×1･5で、42個。先のノートン氏によれば、戦略目的24×1･5で、36個ということになる。

## 11.4 〈極意伝授〉外部の視点の本質「宇宙から見た地球」

### 1．外部の視点とは何か

#### 1）外部の視点の本質が理解されていない

BSCの視点の分類方法の一つに、「外部の視点」と「内部の視点」があることは、〈4・2〉講で説明した通りである。標準的な四つの視点の中では、財務の視点と顧客の視点が「外部の視点」となる。

戦略マップ／BSCを設計するにあたっては、ものづくりの部品表でいえば完成品にあたる〈3・3〉講参照）「外部の視点」の考え方が非常に重要な意味を持っているのだが、著者の教育・コンサルティングの経験から、この重要なポイントがほとんど理解されていないことが明らかになっている。

【松原流】では、「外部の視点」が何たるかを理解することが「戦略マップ／BSC」の設計のポイントであるとして、**図表11・4・1**に示した「宇宙から見た地球の図」を用いて説明することにしている。

#### 2）「宇宙から見た地球」が「外部の視点」

宇宙から見た地球と、地球から見た宇宙とでは、その光景は全く違ったものになるはずである。つまり、

①「宇宙から見た地球」の光景は、宇宙に行ったことのない我々でもスペースシャトルや人工衛星から撮った写真などで馴染みがある。例えば、昼間なら海が青く見え、夜なら都市部が光輝いて見える。これが宇宙という「外部から見た」我々地球の姿である。そしてこれこそがBSCでいう、パースペクティブ（perspective）であり、日本語で視点と訳されている概念の本質である。

②一方、「地球から見た宇宙」は、昼間晴れて

**図表11.4.1**「外部の視点」の本：「宇宙から見た地球」

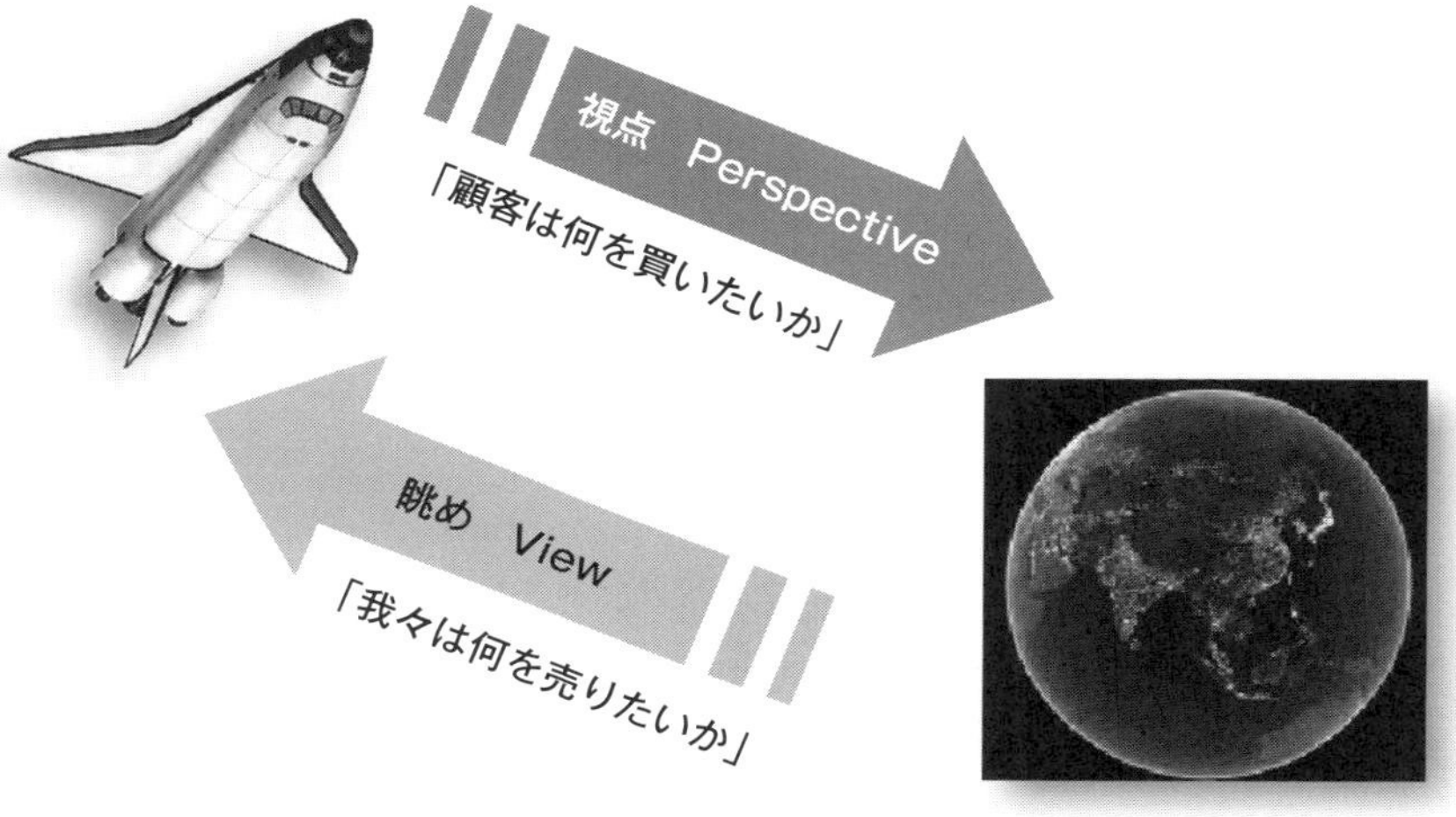
視点　Perspective
「顧客は何を買いたいか」
眺め　View
「我々は何を売りたいか」

いれば晴天の空と真っ赤な太陽、夜晴れていれば満天の星が瞬く光景が広がっている。これが我々地球つまり「内部から見た」宇宙の眺め（ビュー：view）である。

## 2．外部の視点の設計のポイント

「宇宙から見た地球」を瞼に焼き付けた上で、ＢＳＣの外部の視点である顧客の視点と財務の視点について考えてみることにしよう。

### 1）「顧客の視点」の設計のポイント

ＢＳＣで外部の視点である「顧客の視点」とは、ＢＳＣを作成する組織が、売らんかなといったプッシュ（押し込み）の視点で見た顧客ではない。顧客から見たプル（引っ張り）の視点、つまり宇宙から見た地球を意味している。

そのためには、顧客が何を求めているのか、つまり、顧客が要求する価値が明確になっていないと意味がない。

残念なことに、この本質を理解せずに作成された戦略マップ／ＢＳＣを、ＢＳＣの文献や事例で多く見かける。

顧客は、決してあなたの会社のマーケットシェアを拡大しようと思って製品やサービスを購入している訳ではない。またリピート率の向上に貢献することが目的でもないはずである。これらは、みな組織の側からの「ビュー」であって、顧客の側からの「パースペクティブ」ではない。

これに関しては、経営学者のドラッカーの次の言葉を肝に銘じておく必要があろう。

『マーケティングは顧客からスタートする。すなわち現実、欲求、価値からスタートする。「われわれは何を売りたいか」ではなく、「顧客は何を買いたいか」と問う。「われわれの製品やサービスにできることはこれである」ではなく、「顧客が価値ありとし、必要とし、求めている満足がこれである」という。』［Druker,1973］

### 2）財務の視点の設計のポイント

ＢＳＣの四つの視点の中で、もう一つの外部の視点である「財務の視点」とは、単に財務数値や財務指標をかき集めた視点ではないことに注意する必要がある。

財務の視点とは、組織に対する資金提供者である投資家や債権者から見た視点、つまり宇宙から見た地球を意味している。投資価値の判断のための視点である。

# 11.5 財務の視点の設計法

**実践ケース**

（プロジェクト・リーダー）　本年度は、現行の中期経営計画の二年度目にあたり、最終年度のローリングを行うことになる。そこで、先の合宿で議論したＳＷＯＴ分析ベースの戦略マップ／ＢＳＣをブラシュアップしていきたい。まずは、戦略マップの上位の財務の視点から始めることになるが、先生のご指導通り、「ＢＳＣ－ＳＷＯＴ分析」のワークショップからは、外部の視点についての議論があまり出ていなかったようだ。経理面で重要なＫＰＩなどを挙げてみてくれないか。

（メンバー経営（企画））　先に当プロジェクトが実施した、経営陣へのインタビューによれば、中期経営計画の期間である三ヵ年を通じて売上二桁増加を掲げており、当面この方針を変更することはないとのことです。

（メンバー経理・財務）　当初設定した経常利益額の目標を達成するためには、更なるコスト削減を実施する必要があります。

（注：プロジェクト・メンバーによる議論を受けて戦略マップの財務の視点を記述したものを、**図表11・5・1**の上段に示してある。）

**図表11.5.1** BSCアパレル社のケース：財務の視点

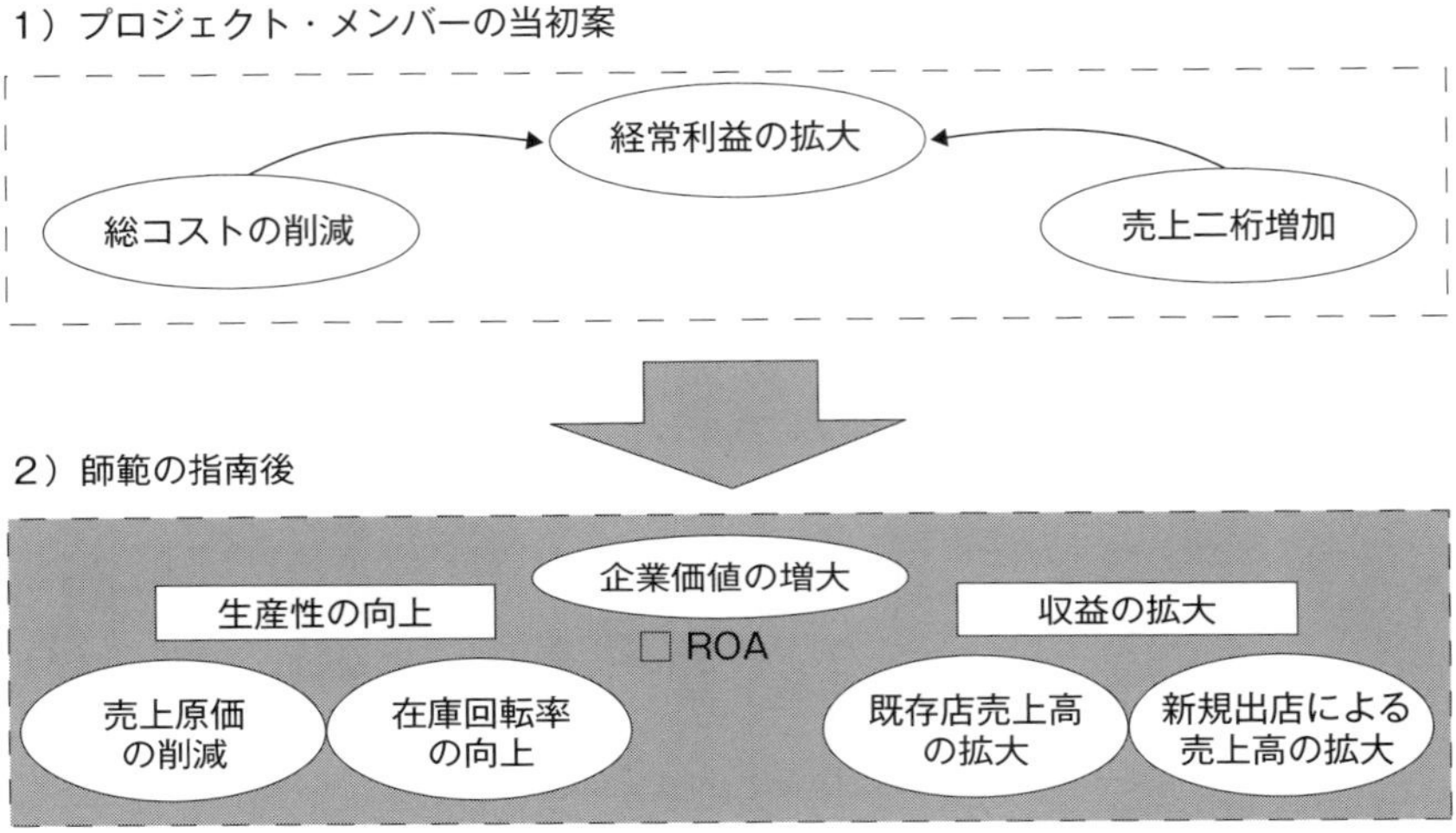


## 1．留意点

財務の視点の設計にあたっては、一般に次の諸点に留意する必要がある。

✓財務数値であれば「財務の視点」との考え方が支配的となってはいないか。投資家を始めとする資金提供者の視点になっているか。

✓戦略目的やKPIが総花的となっていないか。財務構造や業務改善などを踏まえた分析に基づく改善領域が絞り込まれているか。

## 2．【松原流】指南

### 1）財務の視点は資金提供者の視点と考えよ

一般に、財務の視点の字面に囚われてしまい、経理が専門の財務指標や金額表示はみな財務の視点であると考えがちであるが、〈11・4〉講で説明したように、財務の視点を考える場合には、それが、財務か非財務かではなく、財務の視点のステークホルダーである投資家を始めとする「資金提供者の視点」に立って、何をもって投資ないし資金提供を判断しているのかというパースペクティブ（視点）で判断することが重要である。

**2）資金提供者の視点と戦略を結びつける**

株主中心主義のガバナンス論を反映して、「財務の視点」は、営利モデルの戦略マップ上では、通常、戦略マップのトップに位置づけられる。〈11・4〉講で、財務の視点は外部の資金提供者の視点であると説明したが、機関投資家などは自らの投資方針に基づいて、株式のみならず種々の金融商品などに分散して投資を行っており、投資効率を比較できるよう、いくつかの代表的な財務指標をモニタリングしたいと望んでいる。

これに対応して、株式を公開している企業は、監督官庁などの指導により、現在並びに将来の株主に対して、有価証券報告書や決算短信などで、四半期ごとに財務報告を提供している。それらの財務報告で開示される代表的な指標としては、

- ＲＯＡ（総資産利益率または総資本利益率）
- ＲＯＥ（株主資本利益率）
- ＦＣＦ（フリーキャッシュフロー：純現金収支）
- ＥＶＡ（経済付加価値：米スターン・スチュワート社の登録商標）

などがある。

戦略マップ／ＢＳＣを作成する場合、これらを総合的指標として設定することによって、財務の視点のステークホルダーが注視するＫＰＩと戦略を結びつけることになる。

**3）ＲＯＡ分析を財務の視点に取り込む**

財務の視点の代表的なＫＰＩであるＲＯＡ（Return on Assets：総資産利益率または総資本利益率）は、企業の経営成績を分析するための総合的指標であり、企業の収益性を総合的に表す最も重要なＫＰＩであり、代表的な財務分析のツールである。

**図表11・5・2**に示すように、分母には総資本を、分子には通常、事業活動による利益を示す経常利益を置いて計算する。

ＲＯＡは、売上高経常利益率と総資本回転率に分解することにより、利益計画や経営改善計画の基礎として用いられる。この分解する形状が、**図表11・5・3**の上段に示すように木が枝を張るように見えることから、「ＲＯＡツリー」またはこの分析手法を開発したデュポン社の名をとって「デュポン・ツリー」と呼ばれている。

**図表11.5.2** ROA分析

$$\text{ROA} = \frac{\text{経常利益}}{\text{総資本}} = \frac{\text{経常利益}}{\text{売上高}} \times \frac{\text{売上高}}{\text{総資本}}$$

（総資本経常利益率）　（売上高経常益率）　（総資本回転率）

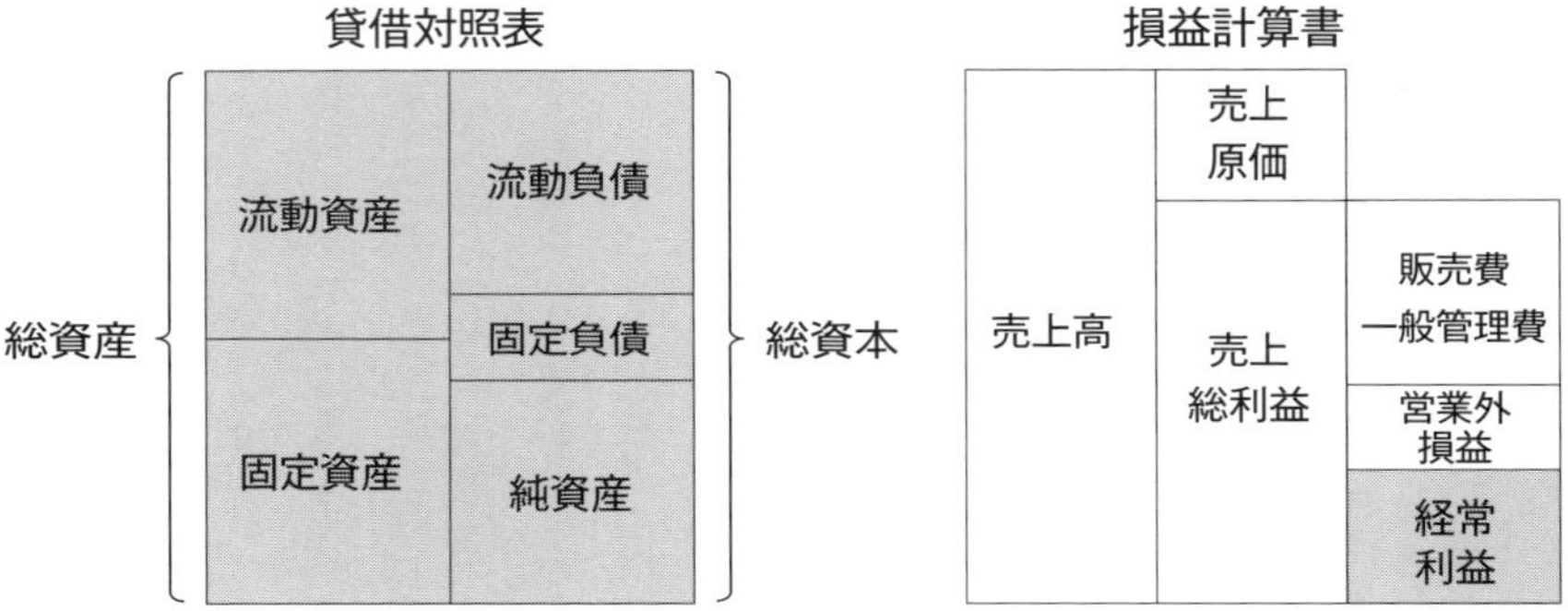


### 4）財務の視点の設計法

図表11・5・1の下段に示すように、

①資金提供者の視点に立ち、（企業価値の増大または株主価値の増大）を最上位の戦略目的に据える。

②企業価値を測定する総合的KPIとして、市場に流通し、比較可能性が高いROA、ROE、FCFやEVAなどから、自社が戦略的に重視し、資金提供者に対してアピールしたいと考えるKPIを選定する。

③そしてトップに掲げたROAやROEの向上に向けて、通常は「生産性の向上」と「収益（売上）の拡大」の二つの戦略テーマを左右に設ける。この二つのテーマは、戦略のタイム・フェージング（〈6・1〉講参照）と対応しており、「生産性の向上」→「収益の拡大」が、短期・中期・長期に対応するようになっている。

④「生産性の向上」と「収益（売上）の拡大」の二つの戦略テーマの下で、戦略目的を設定する。戦略とは、選択と集中であり、個別の戦略マップ上では、一般論ではなく、

・「生産性の向上」については、損益計算書上の

**図表11.5.3** ROAツリーと戦略マップ

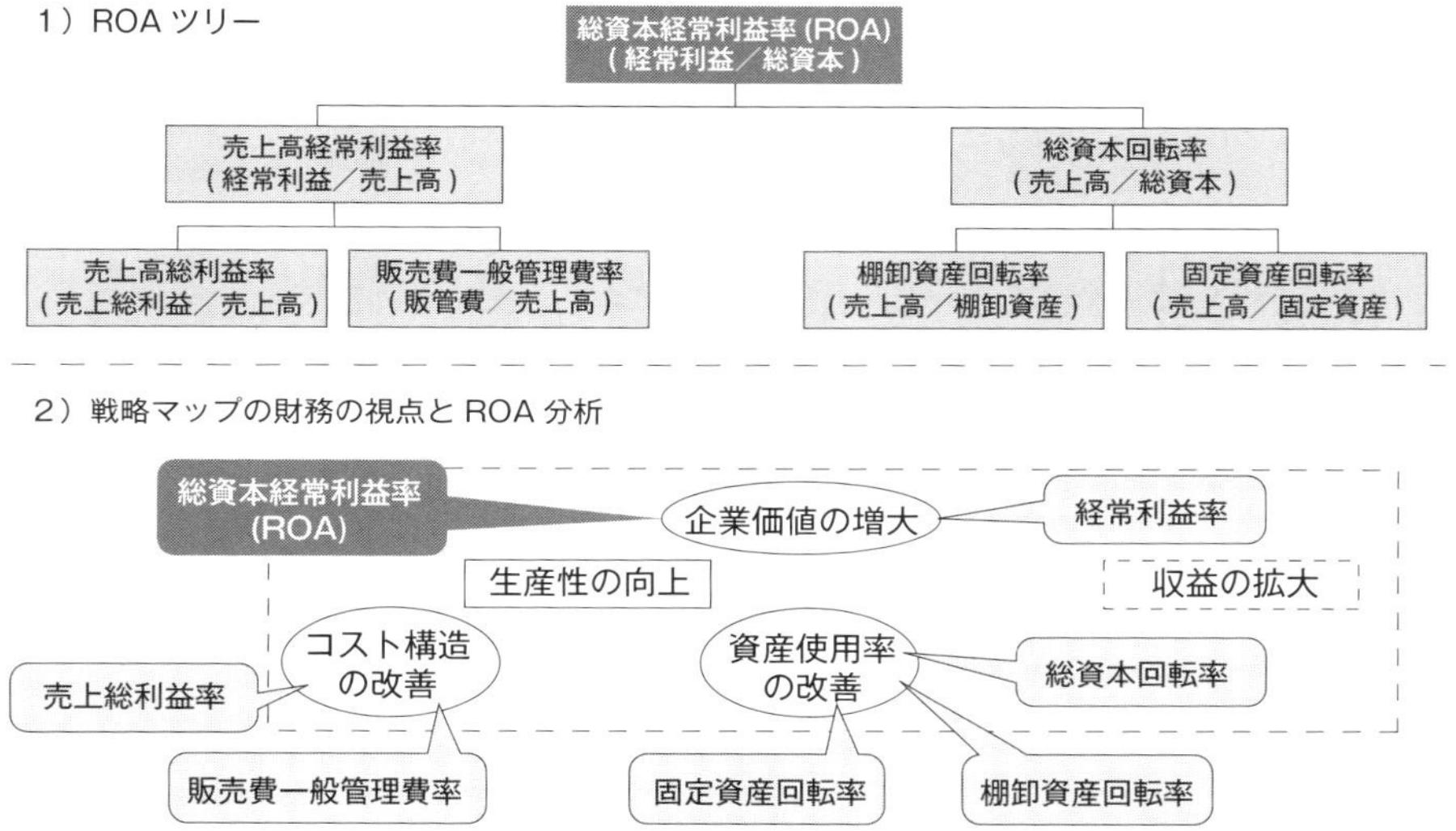


費用概念に対応させて、製造原価、売上原価、販売費一般管理費、営業外損益のどの費用項目を削減するのかというように、ポイントを明確にする。

- 「収益の拡大」については、既存事業売上 vs. 新規事業売上、既存製品売上 vs. 新製品売上、海外売上 vs. 国内売上のように、収益の拡大に関する戦略上のポイントを明確にする。

以上のように、戦略上のポイントを明確にしなければ、冒頭のケースにもあるような、（総コストの削減）のみでは、業務プロセスの視点で、どの機能で対応するのかが見えてこない。

財務の視点で、製造原価や販売費一般管理費などターゲットとなるエリアを明確にすることによって、

- 製造原価なら、調達・生産プロセス
- 販売費一般管理費なら、営業または管理プロセス

というように、業務プロセスの視点で強化すべき機能を明確にすることができる。

# 11.6 顧客の視点の設計法

**実践ケース**

（プロジェクト・リーダー）　財務の視点同様、先の「BSC－SWOT分析」からは、外部の視点である顧客の視点についての議論が不充分であったと思う。

それでは先生の指導を受けて改善した財務の視点の「収益の拡大」の戦略テーマとその戦略目的を受けて、顧客の視点でそれを実現するためのターゲットマーケットと顧客価値提案について検討していくことにしよう。

（メンバー　マーケティング・営業）　SPA（製造小売業）という当社の強みは、何といっても低価格ですが、業界内外を巻き込んだ低価格競争が激化しており、財務の視点の戦略目的の達成のためには、高品質を維持し、圧倒的な低価格を追及し、更に斬新な機能をもアピールする必要が出てきている。

（メンバー経営企画）　戦略マップ作成に当たり、顧客の視点の構成にはどこも苦慮しているようです。顧客の視点は外部の視点であるとする先生のご指導（〈11・4〉講）に従って、注意しながら議論していくことにしましょう。

（プロジェクト・リーダー）　では、「収益の拡大」の戦略テーマとその戦略目的を受けて、それを実現するためのターゲットマーケットと顧客価値提案について、充分に検討することにしよう。

（メンバー　マーケティング・営業）　顧客の視

点では、財務の視点の戦略目的である（既存店売上高の拡大）と（新規出店による売上高の拡大）を達成すべく、（既存顧客のリピート率の向上）、（客単価の向上）と（新規顧客の獲得）、そしてそれらの源泉となる（顧客満足の向上）を戦略目的として設定してはどうだろう。

注：プロジェクト・メンバーによる議論を受けて戦略マップの顧客の視点を記述したものを、**図表11・6・1**の上段に示してある。

## 1．留意点

顧客の視点の設計にあたっては、一般に次の諸点に留意する必要がある。

✓「顧客の視点」が、顧客から組織を見る「外部の視点」になっているか。

✓顧客の視点で顧客価値提案が明示されているか、結果指標（マーケットシェア、リピート率、顧客満足度など）のみから構成されている場合、内部の視点（業務プロセスと学習と成長の視点）に落とし込むことはできない。

✓マーケットのプレイヤーとして、顧客のみでなく、競争相手の顧客価値提案が意識されているか。

✓顧客価値提案が、抽象的であったり、戦略性に欠けてはいないか。

## 2．【松原流】指南

### 1）顧客の視点は結果とドライバーから構成すべし

顧客の視点は「結果の視点」との考えから、ＢＳＣの文献や事例でも、プロジェクト・メンバーによる当初案と同様に、（新規顧客の開拓）、（既存顧客のリピート率の向上）、（客単価の向上）、そして（顧客満足の向上）などの、結果系の戦略目的やＫＰＩで構成されているものを多く見うける。

〈11・4〉講で説明したように、顧客の視点は、「結果の視点」であると同時に、「外部の視点」であることを忘れてはならない。つまり、ＢＳＣで

**図表11.6.1** BSCアパレル社のケース：顧客の視点

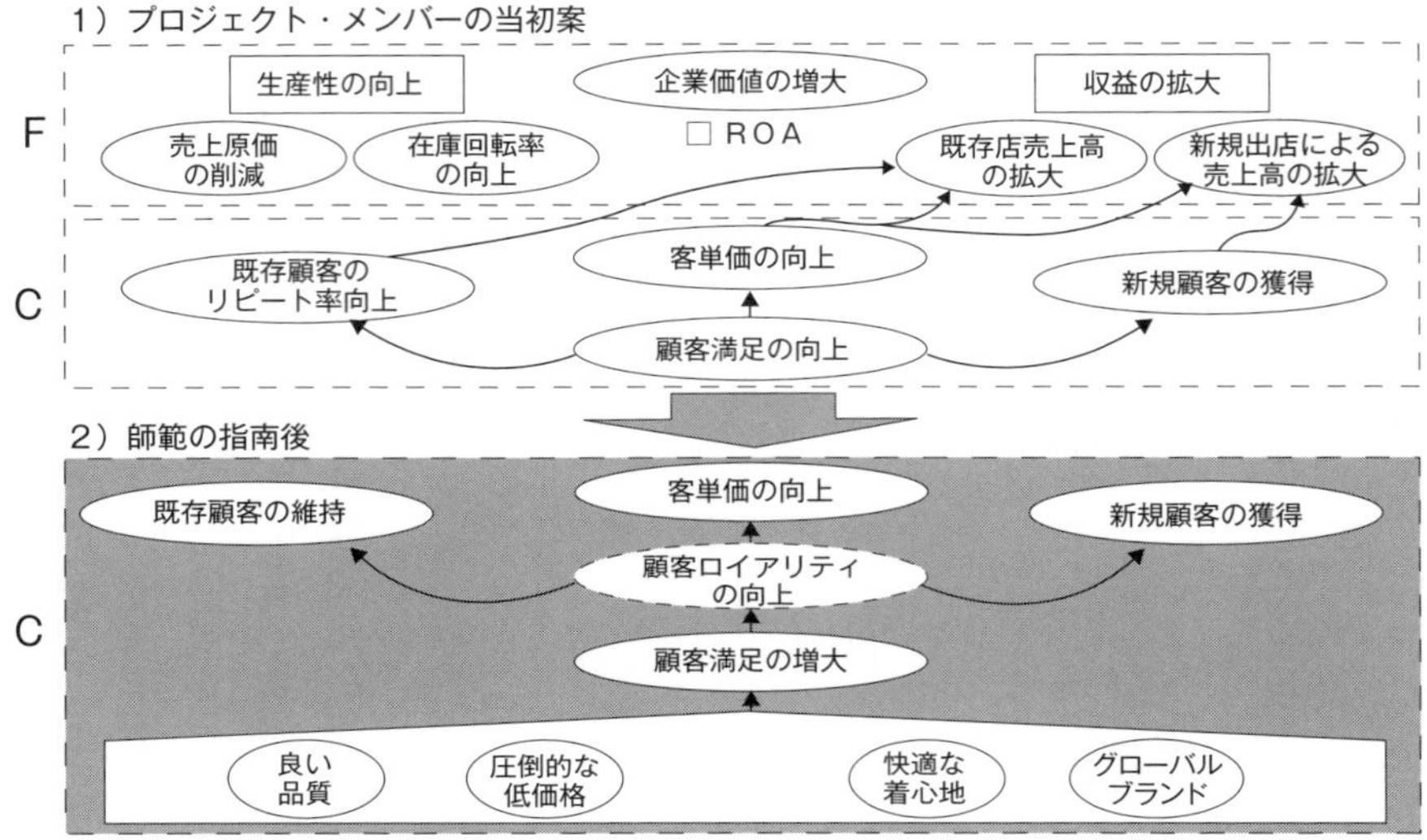


外部の視点である「顧客の視点」とは、BSCを作成する組織が売らんかなといった姿勢から見た顧客ではなく、顧客から見た視点、つまり「宇宙から見た地球」を意味しており、顧客の視点は、**図表11・6・2**に示すように、結果とドライバー双方から構成される構造とすることがミソである。

## 2）【松原流】の顧客の視点のテンプレート

顧客の視点では、顧客が何を求めているのか、つまり、顧客が要求する価値が明確になっていることが重要である。顧客価値提案（CVP）が明確になっていなければ、内部の視点（業務プロセスと学習と成長）に落とし込むことはできないからである。

顧客の視点を設計するにあたっては、顧客の視点を結果とドライバーから構成される構造で記述すべきであるとして、【松原流】では、次のステップで設計することを推奨している。以下に、図表11・6・2を参照しながら説明することにしよう。

①ターゲットとするマーケットを明確にすることから始める。ここで、マーケットとは、図

**図表11.6.2** 顧客の視点は結果とドライバーから構成すべし

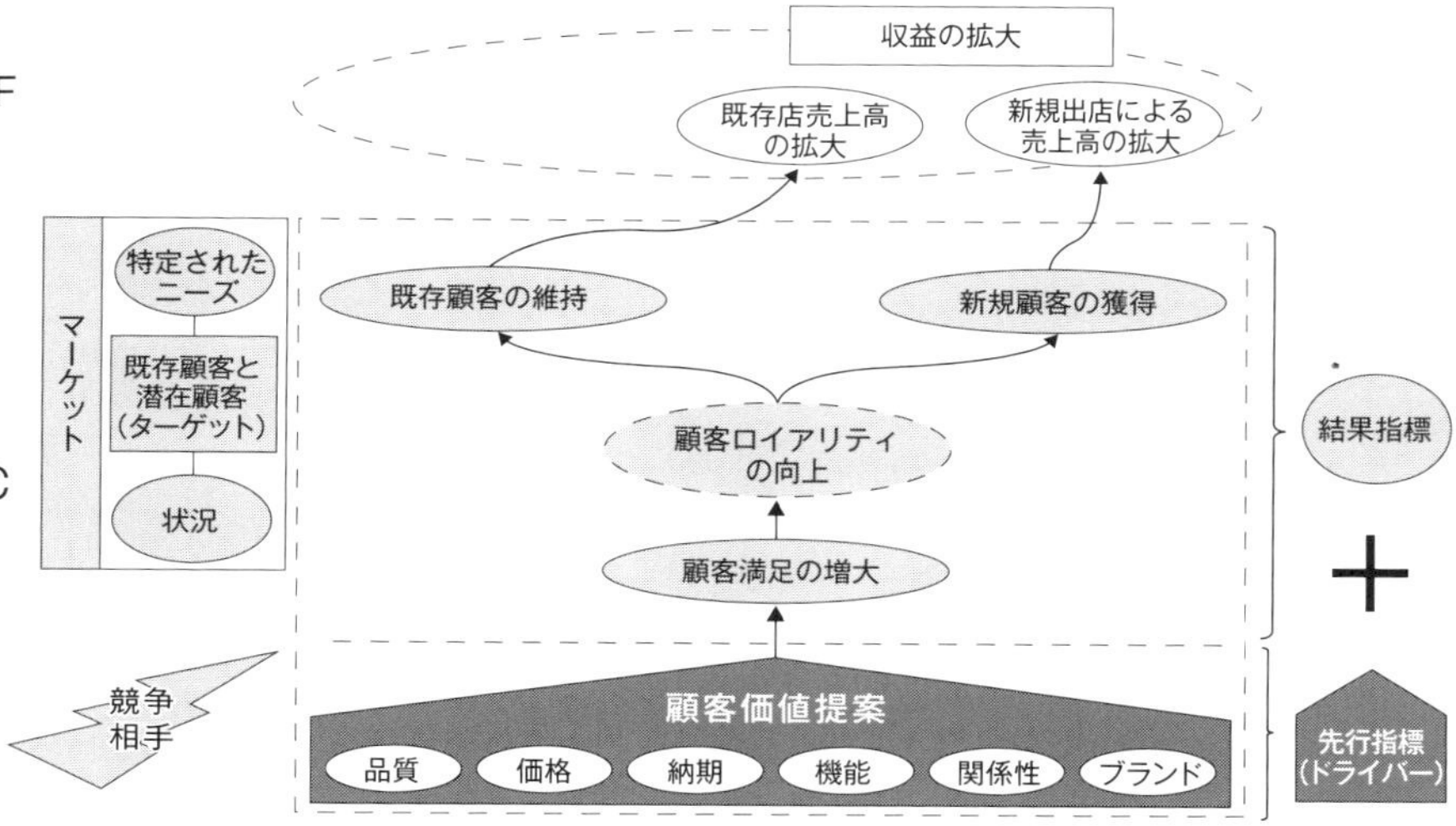


の左にあるように、顧客が、ある特定の状況において抱く、特定されたニーズを指す。
[Kotler,2003]

②このターゲットとする顧客のニーズに対して、〈7・1〉講で紹介した顧客価値提案の三つの戦略タイプ、つまり、業務の卓越性、顧客との親密性、製品の革新性のいずれかで勝負するのかを明確にする。

勿論、トレーシーとウィアセーマによるこの顧客価値提案の三つの戦略タイプにこだわる必要はなく、バリュー・イノベーション（〈5・3〉講参照）を検討することもよい。

③顧客に対して強調する顧客価値を顧客の視点の戦略目的として記載する。

ここまでが、顧客の視点のドライバー／先行指標に該当する部分である。

④顧客は、顧客価値提案の個々の要素にではなく、提案の総和により満足する。従って、低価格のみではなく、許容範囲の品質や機能を踏まえての低価格でなければ意味はない。

（顧客満足の増大）が、（既存顧客の維持）と（新規顧客の獲得）につながっていく。ここで、顧客満足度とリピート率の相関関係は単純なものではなく、顧客ロイヤルティを考慮するべきであるとする見解も注目に値する。[Heskett, Sasser and Schlesinger, 1997]

ここが、顧客の視点の結果指標に該当する部分である。

このように、顧客価値提案の要素をドライバーとして、その総和として、顧客は満足し、それが、顧客ロイヤルティへとつながり、既存顧客の維持、新規顧客の獲得というのが、【松原流】の顧客の視点のテンプレートである。

# 11.7 〈極意伝授〉顧客の視点の設計にバリューカーブを活用せよ

## 1．抽象的であったり、戦略性に欠ける顧客価値提案

顧客価値提案の三つの戦略タイプ〈7・1〉講参照）が、顧客の視点で結果を生み出すドライバーの検討に役立つことを〈11・6〉講で紹介した。

顧客の視点が、結果系の戦略目的やＫＰＩで構成されてしまっている「欠陥がある」戦略マップが多い。

一歩進んでドライバーである顧客価値を戦略目的として明示してはいるものの、顧客価値提案が抽象的であったり、戦略性に欠けるものを見受ける。残念ながら、これも欠陥を抱えた戦略マップということになる。

顧客の視点における顧客価値提案は、

- Ｑ（質）であれば、単に「高品質」ではなく、高品質なのは製品なのか、サービスなのか
- Ｃ（価格／コスト）であれば、単に「低価格」ではなく、低価格なのは、製品、メンテナンス・サービス、ライフサイクル・コストのいずれなのか
- Ｔ／Ｄ（タイム／納期）であれば、単に「短納期」ではなく、製品投入リードタイム、受注リードタイムなのか

を明確にする必要があるからだ。

何故なら、顧客価値の内容が絞り込めていなければ、その価値水準を達成したり、維持するために強化すべき業務プロセスの視点の個別の機能（製品の質であれば、設計、調達、もしくは製造の機能であり、サービスの質であれば、保守や修理などの機能）に落とし込むことができないからである。

## 2．顧客の視点の顧客価値提案のチェックポイント

【松原流】では顧客の視点の顧客価値提案のチェックポイントとして次の4点をあげている。

①価値提案の要素は、抽象的でなく具体的か。
（ターゲット顧客が見えているか）

②競合企業との差別化は図られているか。

③価値提案の要素は、戦略的か。（新規、削除、高める、低める）

④価値提案の要素は、絞り込まれているか。
（最大10件ほど）

## 3．顧客の視点の設計にバリューカーブを活用する

【松原流】では、前述の顧客の視点の顧客価値提案のチェックポイントを満たすために、顧客の視点の設計にバリューカーブを活用する方法を考案したので、以下にその概要を紹介する。

### 1）バリューカーブの定義

「バリューカーブ（価値曲線）」は、〈5・3〉講で紹介したブルー・オーシャン戦略を提唱するバリュー・イノベーションの団体が開発したツールで、「業界の重要成功要因に対する企業の相対的

**図表11.7.1**【松原流】顧客の視点の設計法：バリューカーブ+顧客価値提案+顧客の視点の戦略目的の連動

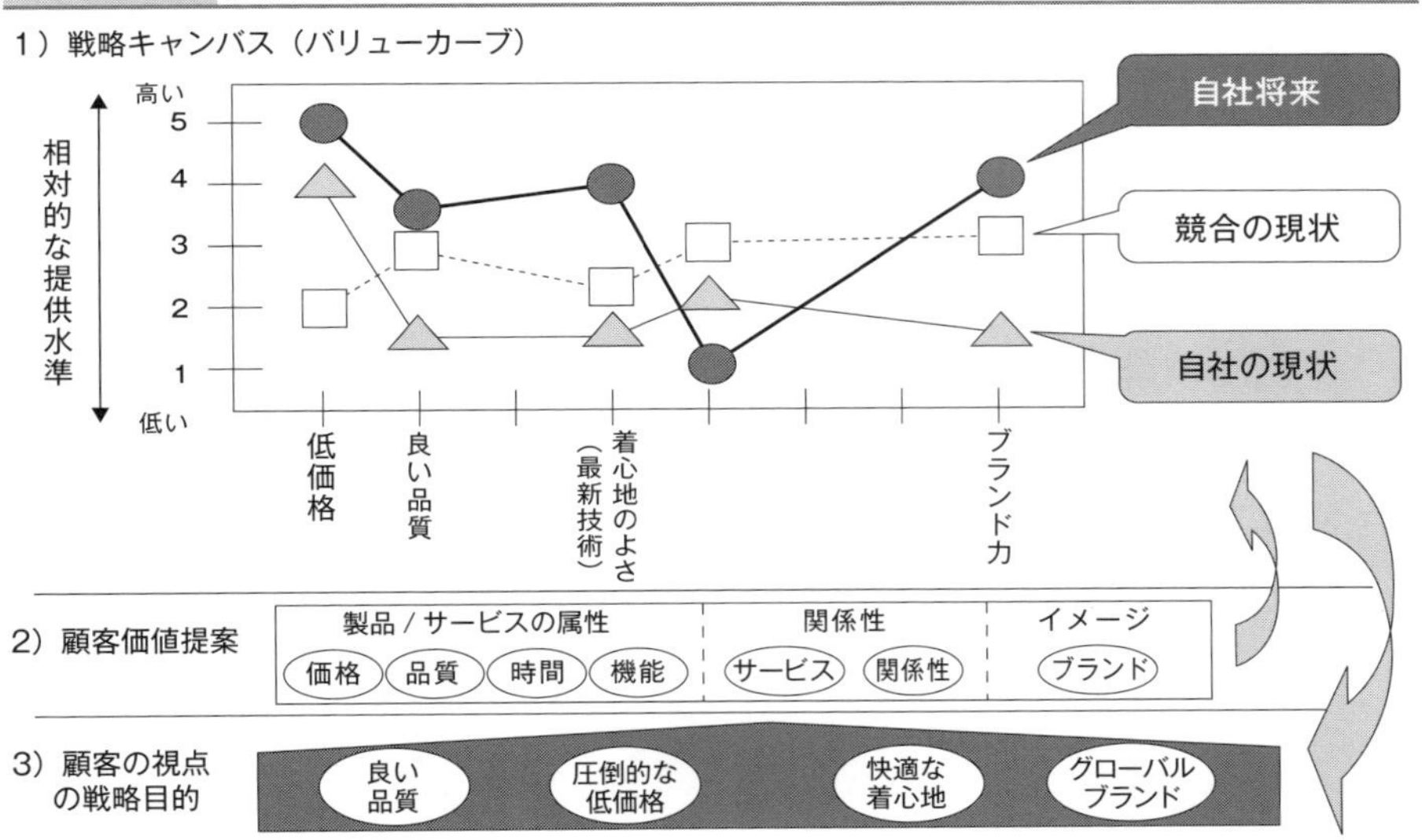

水準をグラフで表現したもの」である。[Kim & Mauborgne,1997]

これをBSCの顧客の視点からみれば、顧客に提案すべき価値の水準を競合と比較しながら明らかにするチャートということになる。

ブルー・オーシャン戦略の実行にはリスクを伴うため、バリュー・イノベーションの論者達も、ブルー・オーシャンとレッド・オーシャンのバランスを取ることを推奨しているが、著者は、リスクの高いブルー・オーシャン戦略の策定のみならず、レッド・オーシャンと呼ばれる、既存のマーケットで、ある程度の差別化を図ったり、ブルー・オーシャンへの移行を考える場合にも、バリューカーブは有効なツールとして機能すると考えている。

### 2）バリューカーブ作成のステップ

顧客の視点の設計にバリューカーブを活用するには、概ね次のステップを踏んで行う。マーケティングや営業のキーパーソンの参画を求めて、ワークショップ形式でこの作業を実施すると効果的である。

（1）マーケットの明確化

①　ターゲットマーケットの明確化

顧客が求める価値は千差万別である。そこで、まず始めに、セグメンテーションとターゲッティングを行い、対象とするマーケットと顧客を明確にする。

②　競合する主たる組織や戦略グループの明確化

当該マーケットで競争している主たる企業や、戦略グループを明確にする。ここで、「戦略グループ」とは、ある業界内で、品質、価格、納期、ブランドや流通チャネル、そして親会社との関係といった「競争戦略の次元」上で、同等もしくは類似の戦略をとっている企業のグループを指す。例えばホテル業界なら、シティホテル、ビジネスホテルなどが戦略グループとなる。

（2）「現状のバリューカーブ」の作成

③　横軸の「製品やサービスの主要要素」の洗い出し

ターゲット顧客に提案する価値を検討し、通常、7～10件ほどに集約する。

【松原流】では、この要素を検討するにあたっては、**図表11・7・1**に示すように、顧客価値提案の要素のテンプレートである「製品／サービスの属性（価格、品質、時間、機能など）」と「顧客との関係性（サービス、関係性など）」そして「イメージ（ブランドなど）」をフレームワークとして活用することを薦めている。これにより、顧客価値提案の戦略タイプとの整合性を図ったり、要素の漏れや偏りを防止する効果が期待できる。

④ 各要素ごとに自社の現状と競合の「相対的な提供水準」をプロット

顧客に提案する価値の「相対的な提供水準」は、通常5～10段階で評価する。各要素の提供水準については定量化することが難しいものも多く、定性的に評価することも多い。

バリュー・イノベーションの提唱者によるバリューカーブ上の提供水準の表し方は、〈5・3〉講で説明したように、当該要素について、顧客にとって価値が高いほど高水準を付すが、価格については、低価格ほど低い水準となるように表すことになっている。

だが、バリューカーブをＢＳＣの顧客の視点に組み入れる場合、【松原流】では、価格も顧客価値の一要素であることから、一律に、顧客にとって価値が高い要素を上位に、つまり、価格については低価格ほど上位に位置づけるように表現することにしている。

ここまでで、現状のバリューカーブが完成する。次に、将来のあるべきバリューカーブの検討に入る。

（3）「将来のバリューカーブ」の作成

⑤ 「将来のバリューカーブ」の検討

ここで、バリューカーブを顧客の視点に組み入れる場合、「将来のバリューカーブ」は、中期経営計画の最終年度の顧客価値提案を映し出したものとなる。

限られた経営資源の中で、自組織の持つ強み（コンピタンス、中核的能力）を発揮させるため、「将来のバリューカーブ」の検討は、ブルー・オーシャン戦略の原則に従って、次のことを検討する。

- 引き上げる（業界の標準以上に引き上げるべき要素はなにか）
- 引き下げる（業界の標準以下に引き下げるべき要素はなにか）

更には、

- 新たに加える（業界ではまったく提供していない要素で、加えるべきものはなにか）
- 削除する（業界では常識となってる要素で、削除すべきものはなにか）

ブルー・オーシャン戦略では、バリュー・イノベーションを達成するためのバリューカーブは、顧客の目にもハッキリとわかるくらいに競合との違いをアピールすることが求められている。

バリュー・イノベーションでは、将来のバリューカーブを考案する際に活用できる切り口として、次の6項目をあげている。

- 業界を跨って（他の業界のビジネスモデルなどに目を向ける）
- 戦略グループを跨って（同じ業界内の既存の戦略グループの枠を超えてみる）
- 購買層を跨って（既存の購買層の枠を超えてみる）
- 補足的価値提供を跨って（補足的な価値を提案してみる）
- 機能的対、感動的アピールを跨って（業界の既存のアピールの逆を提案してみる）
- 時間やトレンドを跨って（法規制の改定などを取り込む）

⑥　新たなバリューカーブの整理

新たなバリューカーブが描けたなら、要素の内、顧客にとって評価が高い要素から順に並び替えを行い、現状や競合との差異を明確にする。

### 3）バリューカーブを顧客の視点の戦略目的に反映させる

現状と将来（中期経営計画の最終年度）のバリューカーブを要素ごとに比較し、図表11・7・1に示すように、提供水準を高く維持することが求められる「売り」の要素や、現状から飛躍的に高める必要のある要素を、戦略マップの顧客の視点の顧客価値提案の戦略目的の候補として抽出する。何故なら、戦略的に高めるべき要素であり、リソースを集中的に投下すべき戦略的な機能となるからである。

## 4．顧客の視点の設計にバリューカーブを活用するメリット

戦略は、マーケット・ドリブン（市場駆動型）でなければならない。以上紹介した方法を用いて顧客の視点の設計にバリューカーブを活用することにより、

①顧客の視点の重要な要素である顧客価値提案のドライバーの選定の精度を高めることができる。

②バリューカーブにより明確になった戦略的な顧客価値を、業務プロセスの視点のどの機能を強化することにより達成するかを検討することにより、顧客の視点と業務プロセスの視点を連携させ、戦略のストーリーを明確にすることができる。

ワークショップならびにプロジェクトを通じた著者の経験では、戦略マップ／ＢＳＣを作成するプロセスで、顧客の視点にバリューカーブを組み込んで検討することは、経営環境分析のＳＷＯＴ分析（〈10・1〉講参照）、機能分析と共に、参加者を巻き込んだ実践的で活発な議論を行うことが期待できるため、**【松原流】**では、大いに取り入れることを薦めている。

# 11.8 〈極意伝授〉顧客の視点は「二頭立て」もある

## 1．マーケットごとの戦略マップ

「マーケットが異なれば、異なった戦略が求められる。そして、戦略が異なれば、戦略マップも異なる。」

そもそも、戦略とは、同じ製品やサービスを扱う場合であっても、対象とするマーケットが異なれば、自ずと異なるものである。

例えば、代理店を通じた販売に加えて、インターネットを通じた直販も実施する場合や、国内販売と海外での販売では、マーケティング、供給チャネルなどで異なった戦略が求められる。

戦略マップは、戦略をＢＳＣの文法に基づいて翻訳した図であり、描写対象である戦略が異なれば、戦略マップも異なる構造や内容となり、原則として、戦略マップを別途作成することが求められる。

だが、複数の戦略マップを作成する程ではないが、異なるマーケットが存在するため、顧客の視点を「十把一絡げ」で一つにしてしまう訳にはいかない場合もある。この場合、【松原流】では、顧客の視点で顧客グループを分けて「二頭立て」などにすることを推奨している。

## 2．「顧客グループ」の設定

### 1）サプライチェーンから発想する

顧客の視点で、ターゲットマーケットを考える場合には、まず、サプライチェーンとマーケット・チャネルを考えるとよい。

例えば、直販だけではなく、代理店や施工業者などのパートナーを通じて間接販売も行っている場合、ニーズが異なれば、自ずと、直販と間接販売の双方の顧客に対する顧客価値提案の重点要素も異なってくる。このような場合、【松原流】では、戦略マップの設計にあたり、エンドユーザーとパートナーを別々の「顧客グループ」として設定することにしている。

### 2）顧客の視点の「顧客グループ」の候補

「顧客グループ」の候補としては、一般的に次が考えられる。

① 代理店

家電業界では、代理店も、小売店や量販店など分ける必要が生じる場合もある。

代理店にとっての顧客価値は、エンドユーザーのそれに加えて、「利幅」や「売りやすさ」などが加わることになろう。

② 施工業者

エアコンやシステムキッチンなど、施工業者による工事が必要な場合には、施工業者も独立した顧客グループの候補となる。エンドユーザーのそれに加えて、「施工のしやすさ」などが顧客価値として加わることになろう。

③ パートナー

パートナーが顧客グループとなる場合もある。

例えば、パソコンやゲーム機の会社であれば、エンドユーザーに加えて、ソフトウェア開発会社が顧客グループの候補となる。ソフトウェア開発会社にとっては、対象とするパソコンやゲーム機の「マーケットシェアの大きさ」や、「開発に必要な情報の公開」などが顧客価値として考えられる。

## 3．顧客グループの戦略マップ上での表示方法

**図表11・8・1**は、エアコンやシステムキッチン製造会社の顧客を、エンドユーザーと施工業者の二つの顧客グループに分けて示したものである。

【松原流】では、二つの顧客グループに共通する価値要素を中央に重ねるように示し、左右両端に、それぞれの顧客グループに固有の価値要素を示すようにしている。

**図表11.8.1**【松原流】戦略マップ上での 顧客グループの表示方法

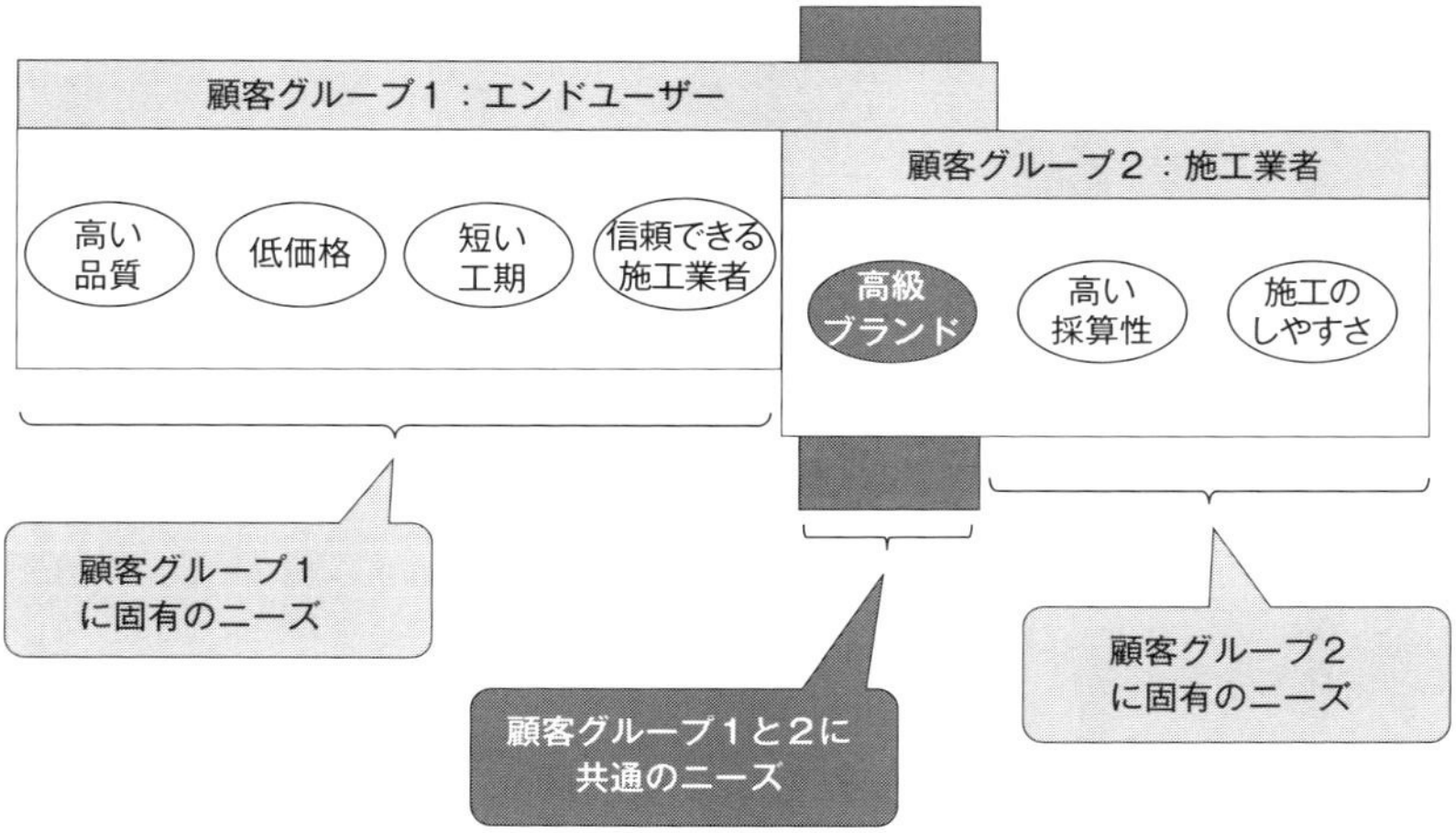

# 11.9 業務プロセスの視点の設計法

**実践ケース**

（プロジェクト・リーダー）　いよいよ業務プロセスの視点の検討を始めるわけだが、先日のキーパーソンを一同に集めた「BSC－SWOT分析」の合宿で導出したCSF（重要成功要因）を戦略マップの戦略目的やアクション・プランに転記した結果は、先生が〈10・1〉講で指摘された通りに、業務プロセスの視点や学習と成長の視点に集中しており、戦略目的を検討するネタには事欠かない状況だが、まずはこれを整理してみることにしよう。

（メンバー経営企画）　「BSC－SWOT分析」を受けて作成した戦略マップは、組織の各機能の担当が、それぞれの利益代表の立場から改善テーマを掲げているため、重複が見られる一方で、全体最適の視点から見ると、抜けがあるのではなかろうか。

（メンバーIT）　しかも、戦略目的は、とても戦略とはいえないレベルの業務レベルの施策の類も多いようだが。

（プロジェクト・リーダー）　ではこの「BSC－SWOT分析」を受けて作成した戦略マップ及びBSCを、戦略マネジメントのツールとして活用できるレベルまでクオリティを高めていくことにしよう。

注：プロジェクト・メンバーによる議論を受けて戦略マップの業務プロセスの視点を記述したものを、**図表11・9・1**の上段に示してある。

**図表11.9.1** BSCアパレル社のケース：業務プロセスの視点

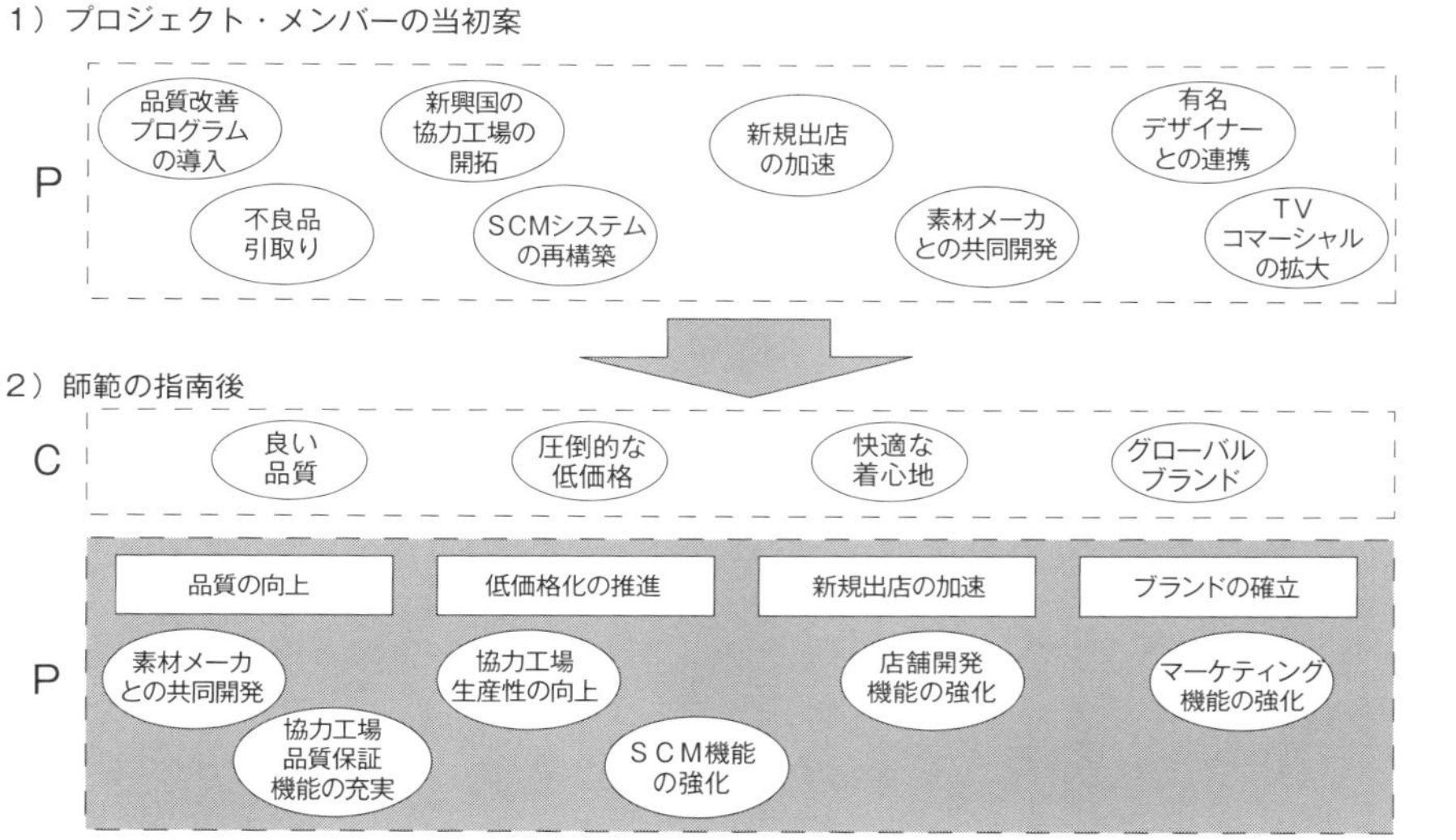


## 1. 留意点

業務プロセスの視点の設計に当たっては、一般に次の諸点に留意する必要がある。

✓戦略目的にアクション・プランが入り込んでいないか。

✓戦略目的の数が多く、また重複、片寄り、抜け、などが生じていないか。

✓顧客の視点の顧客価値提案の要素や、財務の視点の生産性向上の戦略テーマに係わる戦略目的とリンク（因果関係）が取れているか。

✓戦略の柱としての戦略テーマが設定されているか。

## 2. 【松原流】指南

### 1）SWOT分析が生み出す業務レベルの施策

戦略マップは、本来、その組織の戦略を明快に表現する戦略コミュニケーションとマネジメントのためのツールである。このため、特に業務プロセスの視点では、戦略の持つ特性から、AS－IS（現状）からTO－BE（あるべき姿）へのドラスティックな飛躍や革新のストーリーが、そこに明瞭に示されていることが求められる。

〈10・1〉講と〈10・2〉講で解説したように、組織の各機能の担当が、部門の利益代表（個別最適）の立場から改善テーマを自由に討議するSWOT分析から導出されるCSFは、往々にして、戦略とは程遠い、業務レベルの施策が多く含まれる傾向にある。

これを修正するには、これらの施策で改善／改革しようとする機能は何かを再検討して、再度、適切な戦略目的を設定する。

ただし、戦略マップ／BSCも、特に下位部門まで展開（カスケード）した場合には、戦術レベルや業務レベルの継続的改善を取り扱うことになるため、SWOT分析から導出されるCSFが戦略目的として記述されることもある。

**2）業務プロセスの視点を整理するアプローチ**

SWOT分析から導出したCSFを再構成するには、【松原流】では、大きく次の三つのアプローチで見直すことを推奨している。

- 第一は、テンプレートを活用するアプローチである。
- 第二は、業務プロセスの視点は、アクション・プランや施策を羅列するのではなく、上位の財務の視点と顧客の視点の価値を高めるために、どのような業務や活動、そして機能を強化したり、新たに創造したりしなければならないのかを考えることで、戦略マップ上の上位の視点である顧客の視点と財務の視点の戦略目的との因果関係を用いて見直すアプローチである。
- 第三は、戦略テーマを設定し、戦略目的を分類することでる。

**3）業務プロセスの視点の設計に役立つテンプレート**

第一のアプローチの、リファレンスとして活用できる代表的なテンプレートとしては、**図表11・9・2**に示すように、イノベーションとインプルーブメントに大別され、次のようなものがある。

（1）イノベーション／変革の参考になるリファレンス

＊顧客価値提案：〈7・1〉講で紹介したトレー

**図表11.9.2** 業務プロセスの視点の設計に役立つリファレンス類

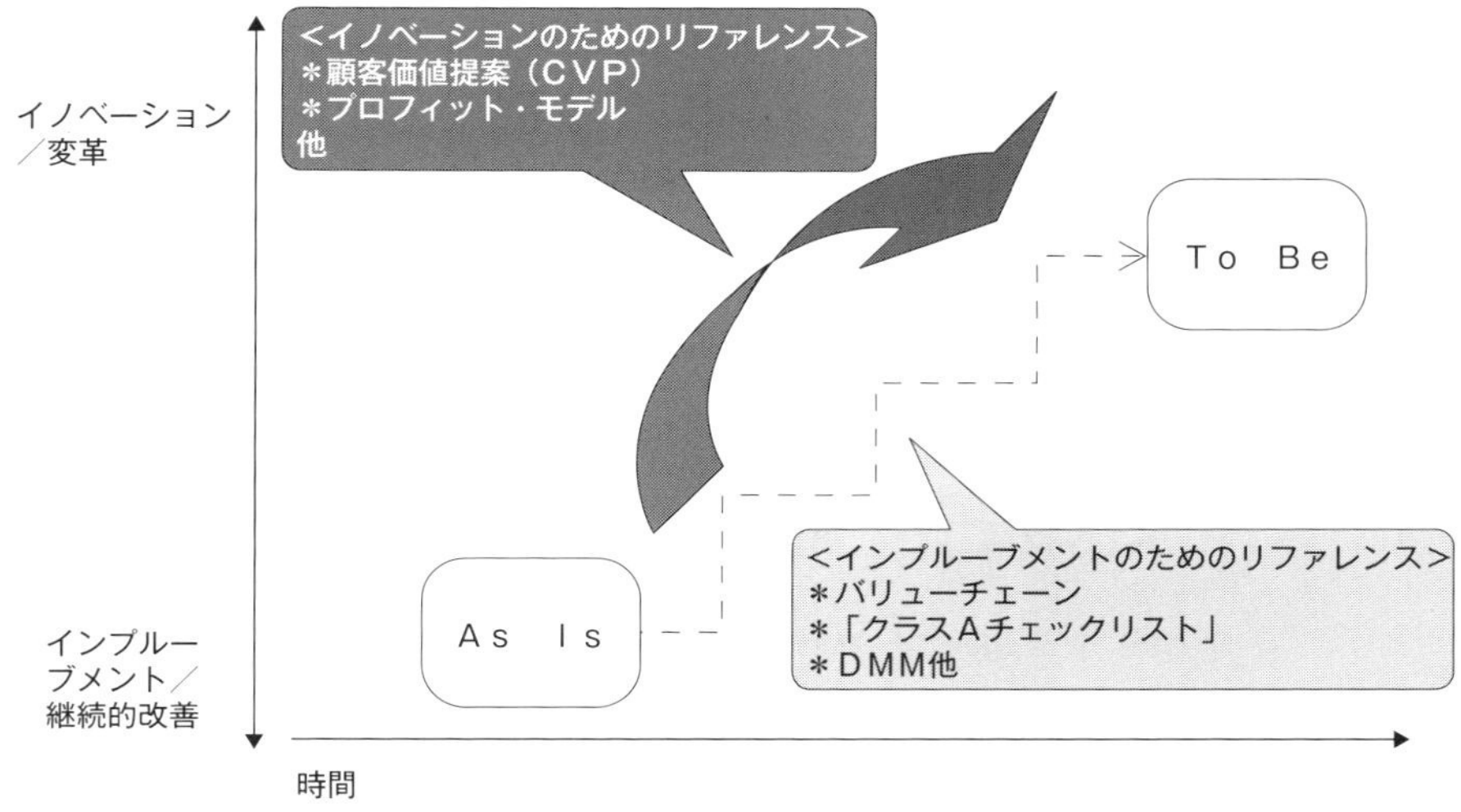


シーとウィアセーマによる三つの戦略タイプ。

＊プロフィット・モデル：スライウォツキーらが『プロフィット・ゾーン経営戦略』で提唱した、利益を生むビジネスモデルで23パターンのプロフィット・モデルがある。[Slywotzky and Morrison,1997]

(2) インプルーブメント／継続的改善の参考になるリファレンス

＊バリューチェーン：ポーターが提唱したフレームワーク。[Porter, 1985]

＊オリバー・ワイトの「クラスAチェックリスト」：オリバー・ワイト社によるプロセスのアセスメント、ベストプラクティスを示した約５８０項目から構成されたチェックリスト。[Oliver Wight International, 2005]

#### 4）戦略テーマを活用した整理

**図表11・9・3**にあるように、顧客価値提案をベースとしたキャプランとノートンのテンプレートや、ポーターのバリューチェーンなどを参照し

**図表11.9.3** 業務プロセスの視点の戦略テーマ

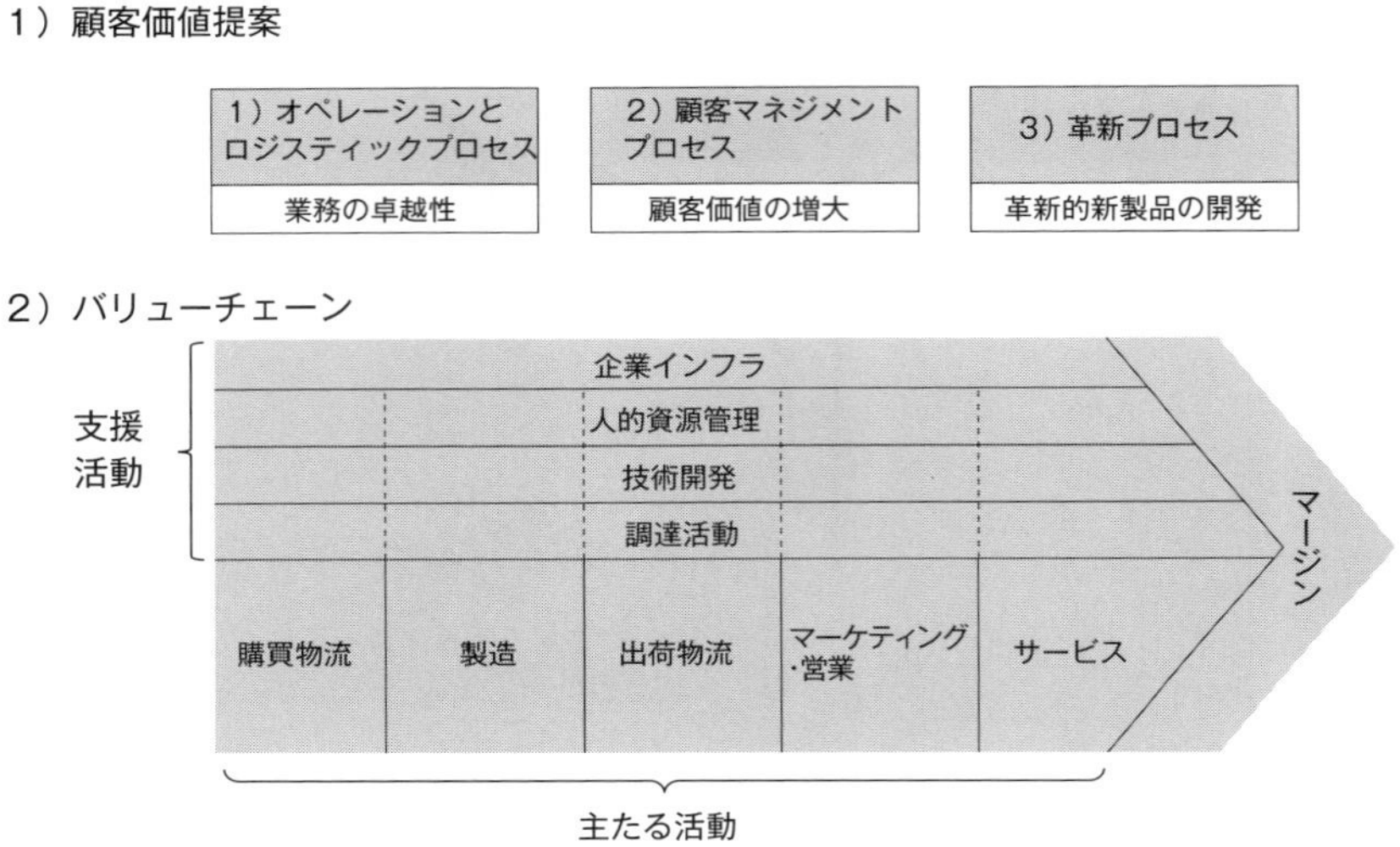


ながら、戦略テーマを設定し、戦略目的を整理し、重複や欠落そして片寄りなどを再整理する。

# 11.10 学習と成長の視点の設計法

**実践ケース**

（プロジェクト・リーダー） 先の合宿では戦略マップの上位の視点から順に検討してきたため、二日目の午後になっても、まだ最後の学習と成長の視点が残っていたが、地方の人々の航空機や新幹線の時間もあり、時間切れとなってしまい、結局、事務局に一任ということになってしまった。そこで、皆であらためて学習と成長の視点を取りまとめることにしよう。

（メンバー総務・人事） この「学習と成長の視点」は、いまひとつピンときていません。書籍などには、（従業員満足度の向上）などが挙げられていますが、「木の実と根っこの例え」（〈4・2〉講参照）もあり、非常に重要な視点であるはずなのに、（優秀な人材の育成）、（従業員満足度の向上）などを戦略目的として並べるだけでよいのでしょうか。

注：戦略マップの学習と成長の視点の当初案を、**図表11・10・1**の上段に示してある。

## 1．留意点

学習と成長の視点の設計にあたっては、一般に次の諸点に留意する必要がある。

✓実践では、学習と成長の視点は、往々にして視点の名称からは意味がわからなかったり、戦略マップの作成ステップで最後になり、時

**図表11.10.1** BSCアパレル社のケース：学習と成長の視点

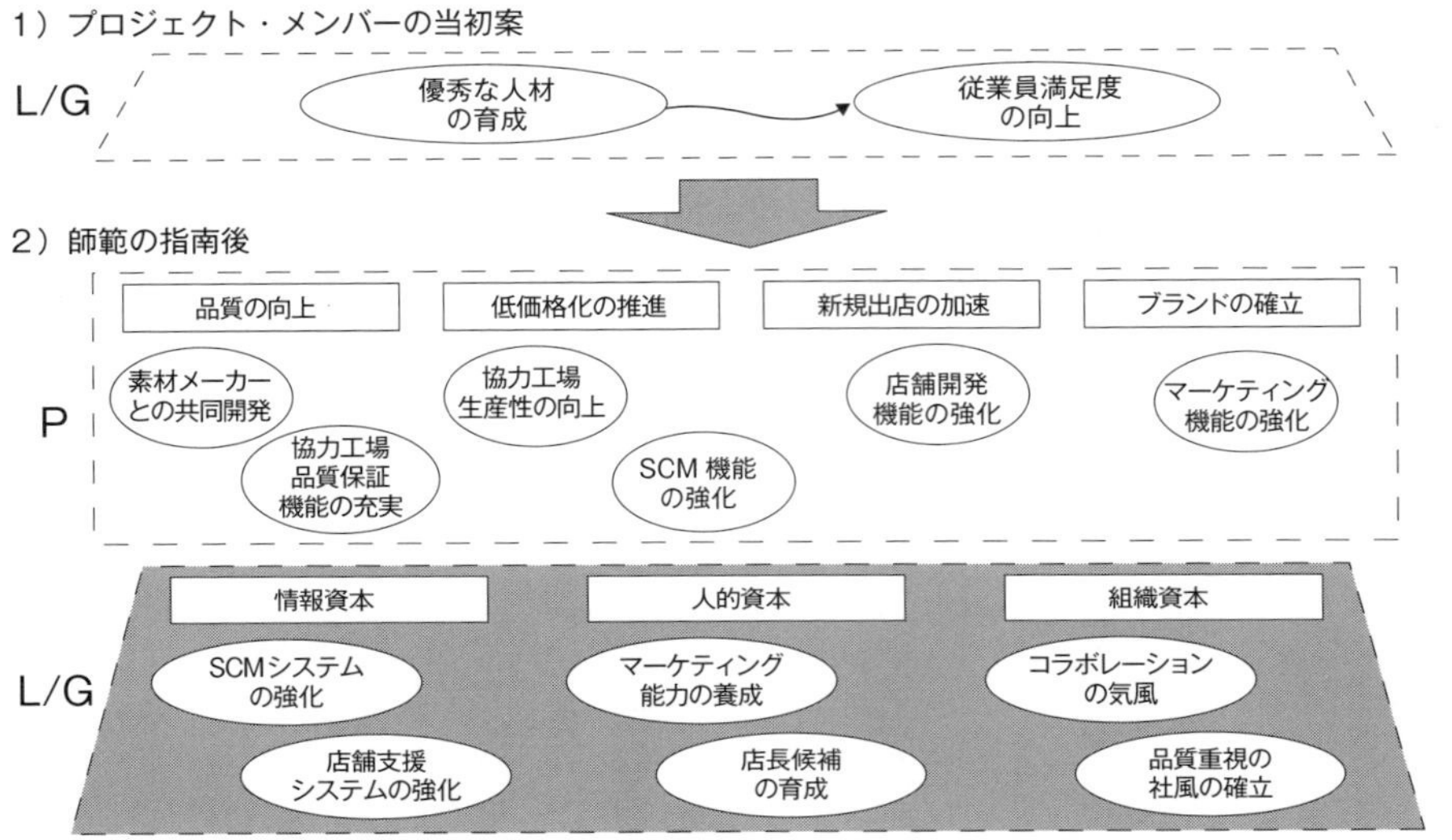


間切れとなるなど、充分に検討されていないケースが多いこと。

✓従業員満足度など、人的資本のみから構成されていないか。

## 2.【松原流】指南

### 1）「人は石垣、人は城、人は堀」

戦国武将の武田信玄が詠んだ歌に「人は石垣、人は城、人は堀、云々」があるとされているが、この「学習と成長の視点」は、組織の礎となる視点であり、〈4・2〉講の「木の実と根っこの例え」で説明したように、組織の土台となる要素であり、最も重要な視点であるにも拘らず、一般的に次のような課題を抱えている。

①「学習と成長の視点」には、「学習が組織の成長をもたらす。組織の成長のために学習する。」という意味があり「革新の視点」や「従業員の視点」と呼ばれることもある。【松原流】では、この視点の名称から来る混乱を防ぐためもあり、「知的資本の視点」と考えるよう指導している。

②戦略マップ／ＢＳＣの構築段階では、最後に検討されることが多く、検討不十分で事務局任せに終わってしまうことも多い。

## 2）学習と成長の視点を構成する三つの「知識資本」

学習と成長の視点については、ステークホルダーとして従業員があることからも、従業員の能力の育成や満足度といった「人的資本（ＨＣ）」が、専ら取り上げられる傾向にある。

しかしながら、学習と成長の視点は、木の根っこにあたり、幹より上が必要とする養分を送り込む役割を担っている。組織の活動は、人だけが支えている訳ではない。

従って、学習と成長の視点の要素を考える場合、業務プロセスの視点で、戦略的に重要であるとした業務プロセスや機能、活動はいったい誰（何）が果たしているのかをよく考えれば、学習と成長の視点に含まれるべき次の三つの知的資本（ＩＣ）が見えてくる。

①　人（人的資本：ＨＣ）

例えば、書店で本を購入するケースを想定してみよう。本をレジに持ち込むと、確認、入金、レシート発行、カバーづけ、引渡しという一連の作業をこなすのは、店員（人）である。つまり、人的資本（ＨＣ：Human Capital）が、学習と成長の視点の構成要素となる。

②　ＩＴ（情報資本：ＩＣ）

では、同じ本をインターネット書店で購入する場合はどうなるであろうか。受注、在庫確認（必要に応じて取次店などへ発注）、出庫指示、請求、発送通知という一連の機能や活動をこなすのは、店員（人）ではなく、ＩＴである。つまり、情報資本（ＩＣ：Information Capital）が、学習と成長の視点の構成要素となっていることが分かる。

戦略マップに表現されている経営戦略の実現のために、ＩＴが不可欠であるケースや、情報処理企業の戦略マップにも、学習と成長の視点に、この情報資本の記載が抜けているものも多く見受けるが、これは本末転倒であるといえよう。

**図表11.10.2** 学習と成長の視点の構成要素

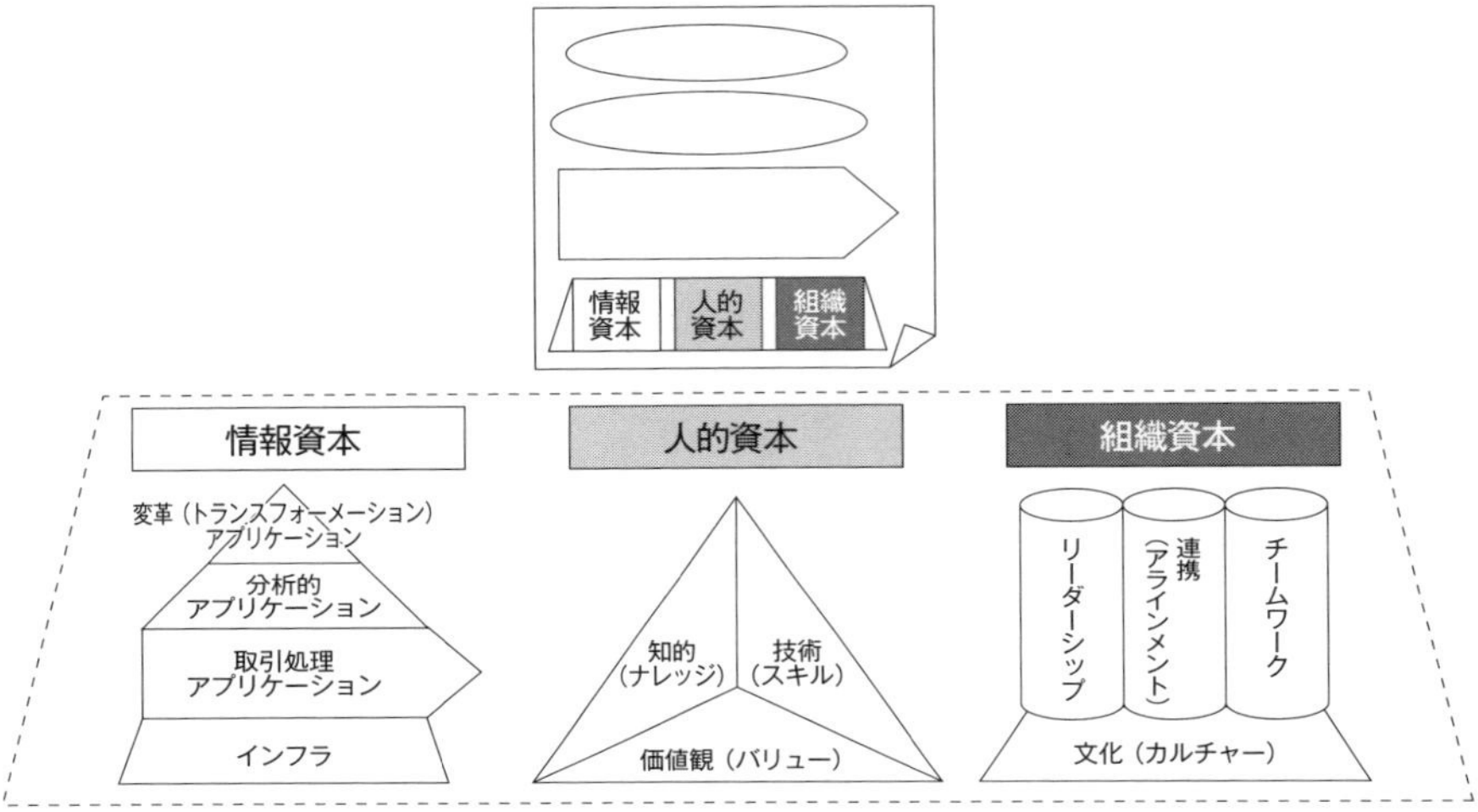


参照：Kaplan and Norton "Strategy Maps" 2004 HBS Press　を参照し図式化。

③　組織（組織資本：ＯＣ）

これに加えて、業務プロセスの革新などには、リーダーシップや組織風土といった要素が重要になる。これを組織資本（ＯＣ：Organization Capital）という。これも、学習と成長の視点の構成要素となる。

### 3）三つの知識資本の内容

三つの知識資本の内容としては、**図表11・10・2**に示すように、次の項目が含まれる。

①　情報資本

情報資本については、ＯＳ（オペレーティング・システム）やネットワークそしてデータベースなどのインフラシステムと、販売、生産、会計などの業務アプリケーション・システム、更には、分析的アプリケーションなどに分けることができる。

②　人的資本

人的資本については、業務プロセスで定義された特定の機能や活動を遂行するための、業務知識と業務スキルそして価値観から構成されるとするのが、最も理解しやすい。

【松原流】では、自動車の運転に例えるなら、交通ルールを知っている（知識、または形式知）だけでは、車の運転はできない。そこで、運転技術（スキル、これは暗黙知）を磨くための実技が必要になる。だが、「飲んだら乗るな、乗るなら飲むな」の価値観を持たなければ事故につながることになると教えている。

③　組織資本

人的資本が個々人を指すのに対して、組織資本はグループを指すもので、リーダーシップ、組織風土などが含まれる。

## レッスン12

# 「Ⅱ.戦略の記述（その2：BSCとアクション・プランの作成）」ステップの落とし穴と留意点

# 12.1 混乱極まる先行指標と結果指標

実践ケース

（プロジェクト・リーダー）　今までのステップで、戦略マップを構成する視点、戦略テーマ、そして戦略目的とそのリンケージも見えてきたが、いよいよ、戦略目的のパフォーマンスを測定するＫＰＩを設定し、ＢＳＣ（スコアカード）を作成することにしたい。

（メンバーＩＴ）　スコアカード上のＫＰＩの欄については、先行指標と結果指標に区別する方法と、区別せずに一括してＫＰＩとする方法があるようですが、そもそも先行指標と結果指標の違いはどこにあるのだろうか。

（メンバー経理・財務）　区別するとしたら、財務の視点と顧客の視点は結果の視点なので、全て結果指標の欄に記入し、業務プロセスの視点と学習と成長の視点はドライバーの視点なので、全て先行指標の欄に記入することになるのだろうか。

（メンバー経営企画）　ちょっと待ってください。戦略目的のパフォーマンスを測定するＫＰＩが結果指標で、アクション・プランのパフォーマンスを測定するＫＰＩが先行指標とする方法もあるようです。

（プロジェクト・リーダー）　確かに、先行指標と結果指標については、諸説があるようなので、当社としてどうするか方針を決める必要がある。

### 1．留意点

あたり前のように使っている「先行指標と結果指標」だが、実践の場では、「戦略マップ＋BSC＋アクション・プラン」のフレームワークにおける位置づけを含めて、欧米と同様に日本においても大いに混乱しているので注意を要する。

## 2．【松原流】指南

### 1）先行指標と結果指標の定義

〈8・3〉講で紹介したが、KPIの一つの類型である先行指標と結果指標については、欧米と同様に日本においても実践の場では、少なからず混乱が発生している。

キャプランとノートンが、「良きバランス・スコアカードは、成果（遅行指標）とパフォーマンス・ドライバー（先行指標）を適度に組み合わせたものでなければならない。」と、1996年の『バランス・スコアカード』［Kaplan and Norton,1996］で明言していたことから、BSCの様式上で、先行指標と結果指標の二つを明確に区分して表示しなくてはならないという一種の強迫観念を抱く傾向がある。

一般的な先行指標と結果指標の定義を、図表12・1・1に示してある。

### 2）先行指標と結果指標の定義と位置づけに係る諸説

戦略マップ／BSCが、日本の先進組織で活用されて数年が経った2003年のことである。著者が会長を務めていたBSCフォーラムで、BSCを導入したが、期待した効果が上がらないとか、導入の仕方が間違っていたのでは、という疑問に応えるべく、BSCの企画、設計、導入、運用のチェックリストを開発し書籍『バランス・スコアカード経営実践マニュアル』［バランス・スコアカード・フォーラム,2004］として出版することになった。その編集会議の席上で、執筆担当者が所属する組織が採用しているBSCの構造について確認したところ、戦略マップ／BSCを導入していた6組織で、BSCの構造として四つのパターンが存在することが明らかになった。

そして、その大きな違いの一つが、この先行指標と結果指標の定義と「戦略マップ＋BSC＋アクション・プラン」の構造における位置づけに関

**図表12.1.1** 先行指標と結果指標

| | 結果指標(output measures) | 先行指標 (lead indicators) |
|---|---|---|
| 別称 | • 遅行指標 (lag indicators)<br>• 成果指標 (outcome measures) | • プロセス指標 (process measures)<br>• パフォーマンス・ドライバー (performance drivers) |
| 意味 | • 結果を報告する。 | • プロセスを報告する。<br>• 問題の発生を予見し、予防を可能にする。<br>• 成果がいかにして達成されたのかを示す。 |
| 認識のタイミング | • 結果が出てから。 | • 結果が出る前。 |
| 特徴 | • 業種や企業を問わず共通である場合が多い。 | • 組織の戦略に固有な傾向がある。 |
| 例 | • 売上高 (F)<br>• マーケットシェア (C)<br>• 従業員満足度 (L) | • 接客時間 (C)<br>• 提案書提出件数 (C)<br>• 欠勤率 (L) |

参照：松原恭司郎『バランス・スコアカード経営』に加筆

する解釈の違いであった。

その主なものとして次の二つの方法があった。

①スコアカード上のKPIの欄について、先行指標と結果指標に区別する方法。

②戦略目的のパフォーマンスを測定するKPIが結果指標で、アクション・プランのパフォーマンスを測定するKPIが先行指標とする方法。

それぞれの方法について検討したところ、次の疑問が湧いてきた。

①の方法によれば、財務の視点と顧客の視点は、結果の視点ということなので、全て結果指標の欄に記入することになるのだろうか。

②の方法によれば、「戦略マップ＋BSC＋アクション・プラン」の3点セットの中でアクション・プランのKPIが全て先行指標で、BSC上のKPIは全て結果指標であるということだが、これでよいのだろうか。

少なくとも、顧客の視点については、〈11・6〉講で説明したように、顧客の視点は、結果とドライバーから構成すべきだが、どうすべきか。

### 3）【松原流】の先行指標と結果指標の考え方

【松原流】では、先行指標と結果指標については、「戦略マップ＋ＢＳＣ＋アクション・プラン」の体系の中で考えようとして、スカイダイビングの比喩を使って説明している。

**図表12・1・2**を見てほしい。地上三千メートルの上空からスカイダイビングを決行したとしよう。まず見えてくるのが、「四つの視点という森」であり、降下していくに従って、「戦略目的の木々」が見えてくる。そして、着陸間際には、「木の葉であるＫＰＩ」も目に入ってくる。ここで、

①「視点レベル」

視点という森では、業務プロセスの視点と学習と成長の視点がドライバーとなり、財務の視点と顧客の視点がアウトプットとなる。

②「戦略目的レベル」

戦略目的の木々は、「～すれば、～になるだろう」という原因と結果の連鎖で、下位の戦略目的がドライバーとなり上位の戦略目的がアウトプットとなる。なお、「アクション・プラン」については、対象となる戦略目的のドライバーであるが、アクション・プランの間にもまた、相互関係が存在することも忘れてはならない。

③「ＫＰＩレベル」

木の葉であるＫＰＩは、ドライバーが先行指標であり、アウトプットが結果指標である。

以上のことから、ポイントは、各レベルに、ドライバーとアウトプットの関係が存在するということである。このダイビングの比喩からも、ドライバーとアウトプットの関係は、相対的な関係であり、絶対的なものではないことがわかる。

【松原流】では、ドライバーとアウトプットについては、次の方針で対応することとしている。

①三つのレベルごとにその本質から考えること。

②ＢＳＣのＫＰＩ欄を先行指標と結果指標に二分することにはこだわらず、一括表示でかまわないこと。

③戦略目的を測定するＫＰＩが結果指標で、アクション・プランを測定するＫＰＩが先行指標とする区分は誤りではないが、戦略目的を測定するＫＰＩとアクション・プランを測定するＫＰＩの双方に、先行指標と結果指標が存在することを理解すること。

図表12.1.2 ドライバーとアウトプットと関連の定義

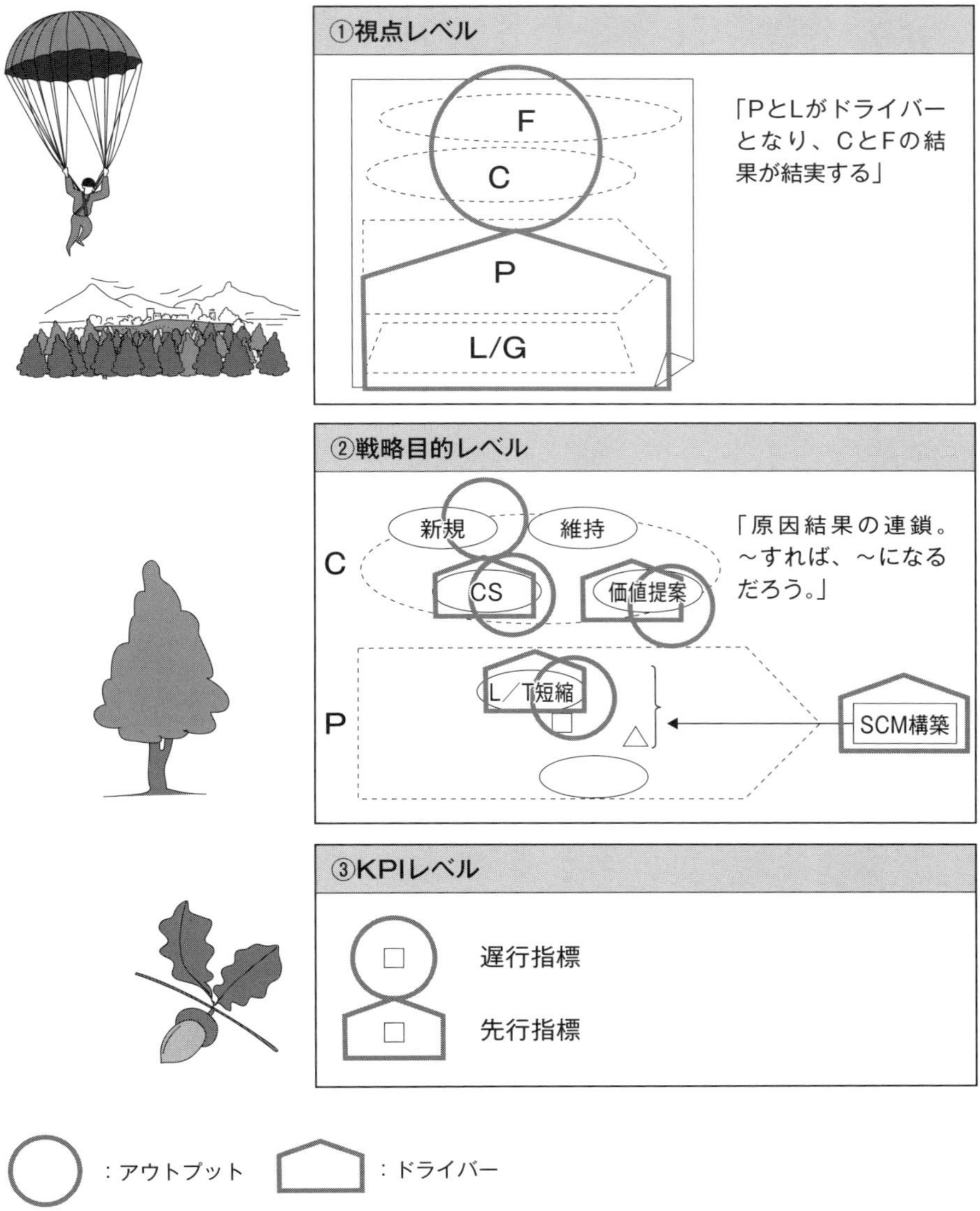

# 12.2 〈極意伝授〉KPIにまつわる三つの教訓

## 1．「二千以上のKPIのリスト」は果たしてお宝なのか

BSC（スコアカード）を設計する場合、次のような要求が生じてくる。

✓視点別の代表的なKPIには何があるのか。特に、財務の視点以外を知りたい。

✓引っ張ってくるだけでBSCを作ることができる「KPI一覧表」はないのだろうか。

これに応えるため（むしろこのニーズを積極的に引き出すために）、「二千以上のKPIのリストを準備しています。」というコンサルタントやパッケージ会社の宣伝文句が、BSCの黎明期には真しやかに囁かれていた。

「選択可能なKPI一覧表」がほしいとの声は確かに大きい。かくいう著者も、2000年に著した『バランス・スコアカード経営』［松原,2000］の補章に、重要な情報源として、視点別のKPI一覧を掲載した経緯がある。

## 2．重要なKPIは決して出回らない

・ブレイクスルーの成果を見極めるKPIと、

・それを生み出すドライバーとなる真に重要なKPI

これらのKPIの考案と、KPI間の因果関係の影響度を知ることは、その組織にとって重要なノウハウであり、競争優位の源泉となる。

ある外資系の製造メーカーでは、この重要なKPIに対しては、特別な名称を付して管理し、外部にそれが公開されることは決してないとのことである。

外部のステークホルダーである投資家が求める財務の視点のKPIは、ROA、ROEなど汎用性が高く、比較可能で信頼性の高いものであり、

KPI一覧表などから選択することも可能である。

だが顧客の視点、業務プロセスの視点、そして学習と成長の視点などで、組織の独自の戦略の達成度を測るKPIは、料理でいえばミソであり、特に重要なものは、有名な清涼飲料水会社のレシピが一子相伝で、他に公開されることがないのに似ており、KPI一覧表から選択するような代物ではない。

## 3．KPIの発見や考案に係る三つの教訓

ではどのようにして、これらのKPIを発見したり考案したらよいのだろうか。これに役立つ三つの教訓を紹介することにしよう。

### 1）教訓1：「暗がりに落とした鍵の例え」

戦略マップ／BSCに係わる者が、肝に銘じておきたい教訓として、【松原流】では「暗がりに落とした鍵の例え」の話しを紹介している。

ある晩、暗がりで人が何かしているのに出くわした。

「何をしているのですか」と尋ねてみると、「鍵を落とした」のだという。

一緒に探してみたが、一向に鍵は見つからない。

改めて、「確かにこの場所で落としたのですか」と尋ねたところ、

「もうすこし先で落としたらしい」という。

では、「何故、あちらを探さないのですか」と再び尋ねると…、

「こちらの方が、電灯の下で、明るいから」という答えが返ってきたという話だ。

電灯の下が明るいからといって、落としてもいない場所を懸命に探してみても鍵は永遠に見つかるはずはない。

「暗がりに落とした鍵の例え」は、実に、たわいもない話だが、業績評価の世界では、この種のあやまちはよくある話なのだ。

つまり、ここで明るくて探しやすいとは、既に測定しているKPIや、比較的、測定しやすいKPIではあるが、本質を突いていないKPIを使って評価していることを意味している。このような理由や方法で、KPIを設定・選択してはい

ないか、留意する必要がある。

### 2）教訓2：「ミッシング・メジャー」は戦略性のリトマス試験紙

戦略は新たな挑戦である。戦略を実行するためには、今まで行っていなかった活動や機能に、リソースを投入し、強化することが求められる。そのため、活動自体が存在していなかったり、あっても重要ではないため、その業績を測定しておらず、従ってＫＰＩも存在しないことがある。

これは、「ミッシング・メジャー（失われた指標）」と呼ばれており、新たに作成した戦略マップやＢＳＣ上で、このミッシング・メジャーが多く設定されている場合、その組織の戦略がより戦略性が高いことのバロメータとなる。一般に、ミッシング・メジャーが20％以上存在することが望ましいとされている。

### 3）教訓3：「眠れるワニ」にご用心

戦略とは選択と集中であり、戦略を可視化する戦略マップ／ＢＳＣは戦略的に重要な部分に重点的に光をあてることになる。

**図表12.2.1** KPIの発見や考案に係る三つの教訓

**1）適格なＫＰＩの見つけ方**
**「暗がりに落とした鍵の例え」**

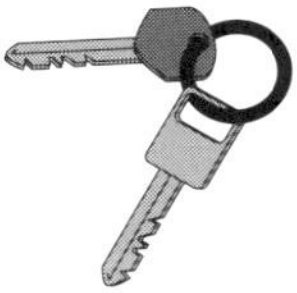

**2）戦略性のリトマス試験紙**
**「ミッシング・メジャーは良い知らせ」**

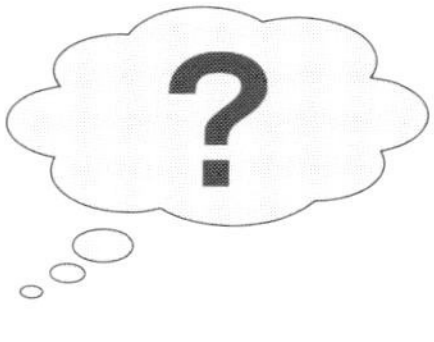

3）重点エリア外での問題発生
「眠れるワニの例え」

では、光があたっていないところで、重要な問題が生じた場合、どうなるのだろうか。これは「眠れるワニ」に例えられている。[Frost.1998]

【松原流】では、バリューチェーンのモニタリングについては、「眠れるワニ」の動きもタイムリーにモニタリングできるS&OP（セールス・アンド・オペレーションズ・プランニング）を活用することを勧めている。

# 12.3 〈極意伝授〉全てを定量化できる訳ではない

## 1．「測定できないものは、管理できない」

業績評価／業績管理の世界では、「測定できないものは、管理できない。」または、「測定できない（しない）ものは、改善できない」という原則がある。

ＢＳＣも、多面的業績評価、そして戦略マネジメントのツールとして戦略のパフォーマンスをＫＰＩを用いてモニタリングしマネジメントすることを目的としている。

## 2．定量化することの難しい要素

ここで注意すべきは、ビジネスの世界では全てを定量的に測定し管理することはできないということである。

業績評価の世界では、原則として定量化を目指してはいるが、定量化することが難しい場合には、客観的／絶対的な評価に加えて、主観的／相対的な評価が行われることに注意をする必要がある。

ＢＳＣに関していえば、貨幣価値によって認識、測定、評価、報告する会計をベースにした財務の視点以外の、顧客の視点の顧客満足度や、学習と成長の視点の従業員満足度など、人（の心理）に係わる領域の定量化は、主観的／相対的であり、客観性／絶対的な定量化は難しい。

## 3．定量化の罠～スピードスケート対フィギュアスケート

このことは、日本人選手の活躍により、冬季スポーツとして注目されているスピードスケート対フィギュアスケートの違いを考えてみるとわかりやすい。双方、数値化（定量化）し、その得点の高さを争う競技ではあるが、

①スピードスケートは、百分の一秒単位という

**図表12.3.1** 「測定できないものは、管理できない」：定量化の罠

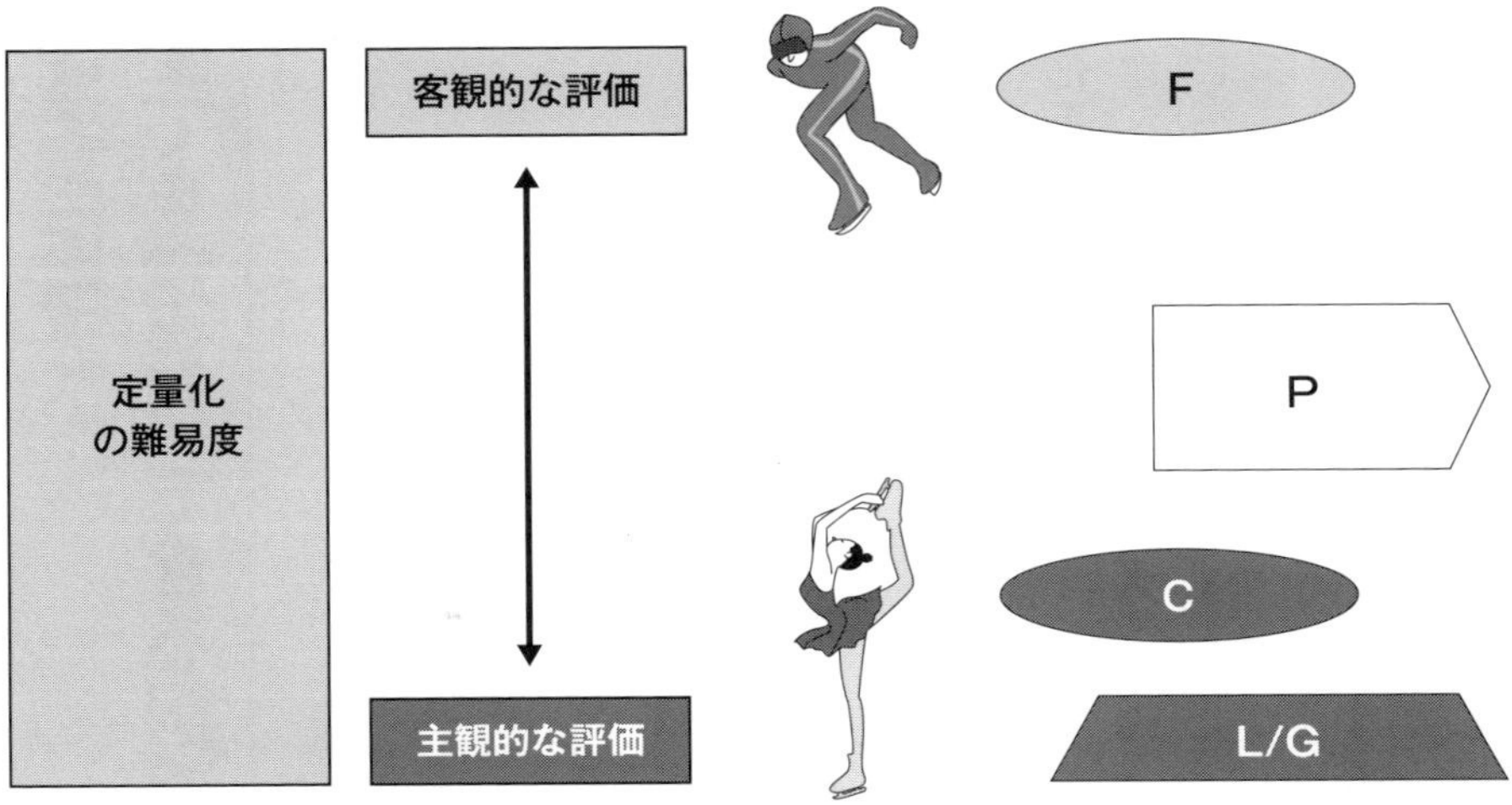


客観的／絶対的な数値を競う競技であり、客観的／絶対的な測定・評価が可能である。

②一方、フィギュアスケートは、複数名のジャッジによる技術点、ジャンプ、そして演技構成点から構成されており、例えばジャンプについては、難しい入り方、空中での姿勢、高さおよび距離、四肢を伸ばした着氷姿勢など8項目のチェックポイントを見て、うち二つがＯＫならプラス1点、四つならプラス2点の評価をジャッジが下すなど、採点の透明性を高める工夫がなされてはいるものの、その評価は主観的／相対的な評価である。

# レッスン13

# 「Ⅳ. 戦略のモニタリングと学習」と「Ⅴ. 戦略の検証と改造」ステップの落とし穴と留意点

# 13.1 戦略のモニタリングの特徴

**実践ケース**

（プロジェクト・リーダー）　BSC導入の3フェーズアプローチ（〈9・1〉講参照）でも、導入の初年度であるフェーズ1からモニタリングを実施することの重要性が指摘されている。当社では、戦略マップ／BSCを戦略マネジメントのツールとして活用していくので、モニタリングの仕方について明確にする必要がある。

（メンバー経営企画）　当社では、現在三ヵ年の中期経営計画を年次にローリングしていますが、戦略のモニタリングは、どのくらいの頻度で実施すべきでしょうか。

（メンバー人事・総務）　戦略のマネジメントは、現行の部内会議、経営幹部会議、役員会議などの会議の、どの会議で、いつ、どれくらいの時間をかけて行うのがよいのだろうか。

## 1．留意点

「戦略の実行を阻む四つの壁」（〈5・4〉講参照）で、「マネジメントの壁」として、トップが戦略に費やす時間が極端に少ないことが指摘されているが、戦略のモニタリングを有効に実施する仕組みを構築することが求められている。

## 2．【松原流】指南

### 1）アージリスの「ダブル・ループ学習」

行動科学者であるクリス・アージリスは、シングル・ループとダブル・ループという二種類の学習行動を提唱している。[Arguris, 1977]

ここで「シングル・ループ学習」とは、既存の方針を維持、継続し、目的を達成するプロセス（言い換えれば、支配的変数を変更することなく、間違いを発見し修正する）学習を指す。これは、電気回路を自動的に開閉し、設定した温度に併せて一定に保つサーモスタットに例えられる。

これに対して、「ダブル・ループ学習」とは、大前提となる仮説、不文律や目的などについて、異なる意見を受け入れる（支配的変数を変更する）学習である。

### 2）戦略のモニタリングはダブル・ループ学習を取り込む

戦略は仮説のセットであり、戦略マネジメント・システムの「Ⅰ．戦略の策定」のステップで策定された戦略自体は絶対的なものではない。従って、戦略のモニタリングにあたっては、アージリスが提唱した「ダブル・ループ学習」の仕組みを取り込むことが重要となる。[Kaplan and Norton, 2000b]

具体的にいえば、戦略マネジメント・システムとしての戦略マップ／BSCの最大の特徴は、戦略目的／KPI間の因果関係にある。従って、モニタリングは、単に戦略目的／KPI単独での目標達成度ではなく、戦略の仮説である「～するために、～する」という、戦略目的、KPIの連鎖を考えることが重要である。

**図表13・1・1**は、著者がアージリスのシングル・ループ学習とダブル・ループ学習の図と、キャプランとノートンによるダブル・ループ・マネジメントの図を対比して示したものである。

戦略マップ／BSCを介することによって、シングル・ループ学習としての予算管理などのマネジメント・ループに加えて、ダブル・ループ学習である戦略の検証、学習そして改造が行われることを示している。

**図表13.1.1** 戦略と予算が繋がる「ダブル・ループ」

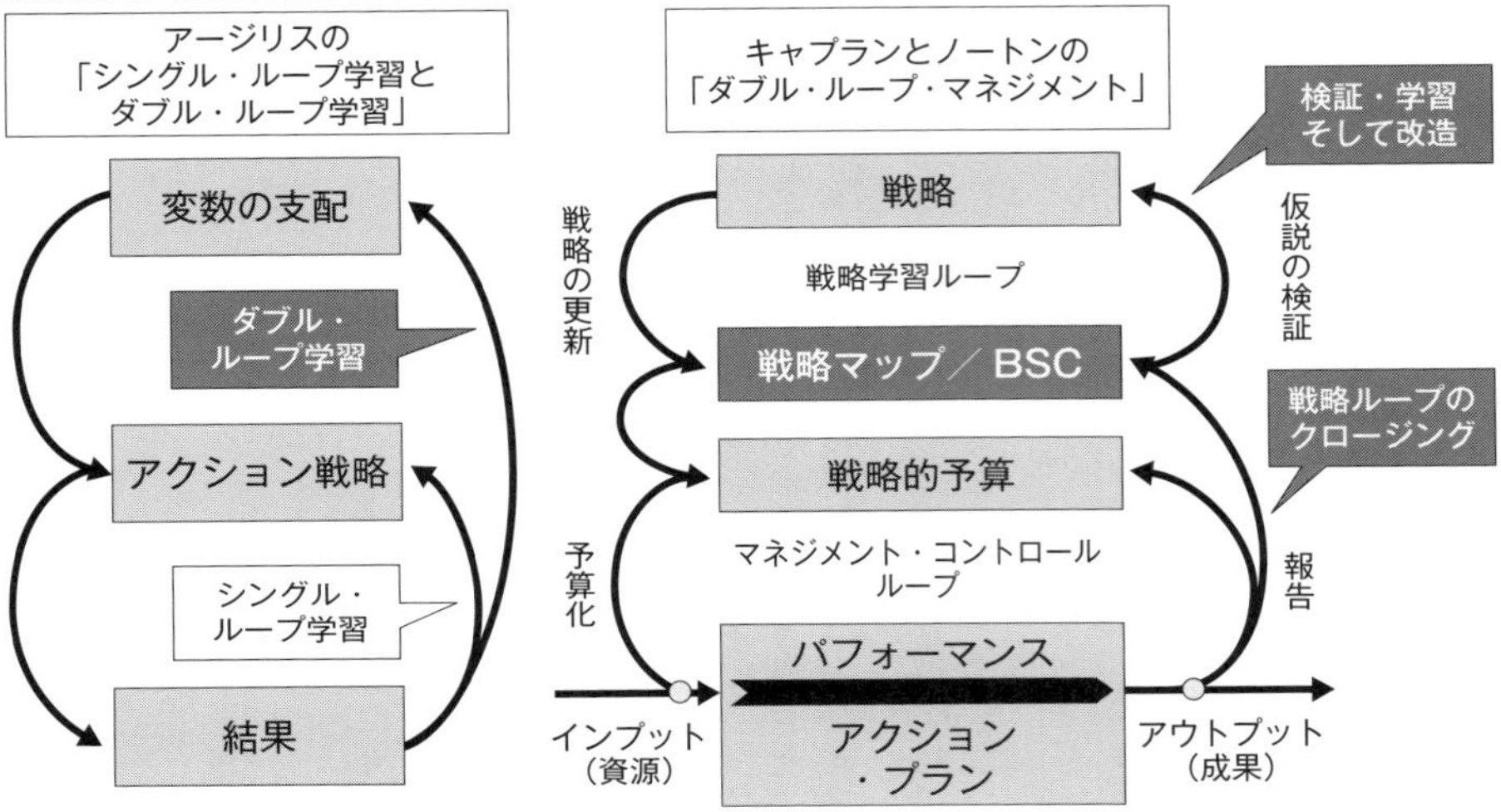


参照：アージリス「ダブル・ループ学習とは何か」, Kaplan and Norton “Double-Loop Management” を参照し作成

### 3）戦略マネジメントにおける戦略のモニタリングの位置づけ

戦略マネジメント・システムにおける戦略のモニタリングの位置づけは、**図表13・1・2**に示すように、「Ⅳ．戦略のモニタリングと学習」および「Ⅴ．戦略の検証と改造」の二つのステップで実施される。

### 4）戦略モニタリングと三つのタイプの会議

「戦略の実行を阻む四つの壁」〈5・4〉講参照）で、「マネジメントの壁」として、トップが戦略に費やす時間が極端に少ないことが問題となっているが、キャプランとノートンは、これへの対応策として、会議を次の三つのタイプに区分することを提案している。[Kaplan and Norton,2008]（**図表13・1・3**参照）

①業務レビュー会議
②戦略レビュー会議
③戦略の検証と改造会議

つまり、シングル・ループ学習としての業務レ

**図表13.1.2** 戦略マネジメント・システムにおけるモニタリング

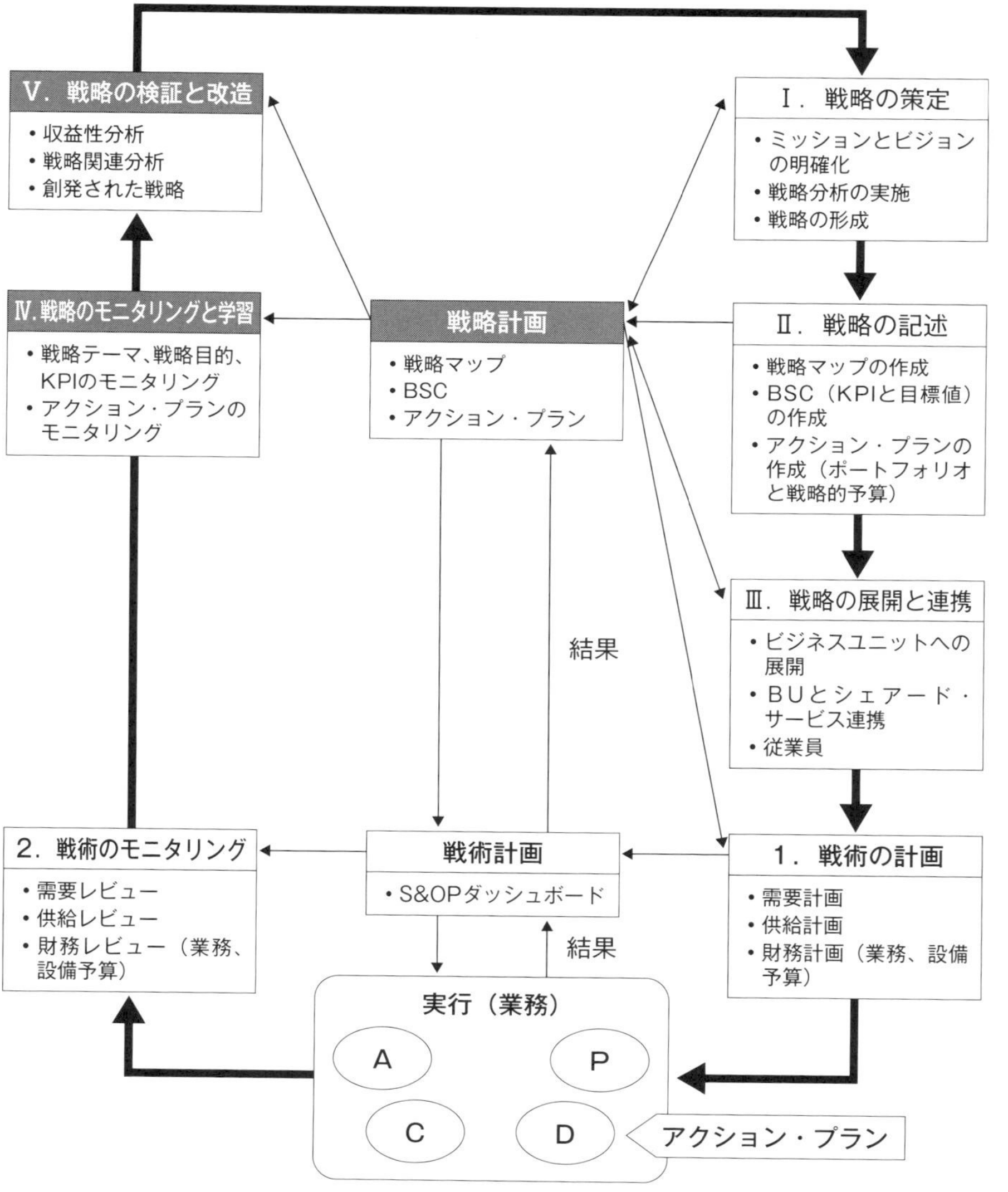

### 図表13.1.3 マネジメント会議の三つのタイプ

| ステップ | 2. 戦術のモニタリング | Ⅳ. 戦略のモニタリングと学習 | Ⅴ. 戦略の検証と改造 |
|---|---|---|---|
| 会議のタイプ | 業務レビュー会議<br>(Operational review) | 戦略レビュー会議<br>(Strategy review) | 戦略の検証と改造会議<br>(Strategy testing and adapting) |
| レビュー・ポイント | 業務はコントロールされているか？ | 戦略をうまく実行しているか？ | 戦略は機能しているか？ |
| 目的 | 短期的な問題に対応し、継続的改善に努める。 | 戦略の微調整（状況に合わせた中間調整） | • 戦略を徐々に改善するか、一変させる。<br>• 戦略計画を策定する。戦略の目標値を設定する。<br>• アクション・プランや他の主要な経費への支出の承認。 |
| 頻度 | 日次～月次 | 四半期 | 年次 |
| 使用するツール | S&OP | 戦略マップ／BSC | 戦略マップ／BSC |
| 代表的な活動 | • 差異分析<br>• KPIダッシュボードのレビュー<br>• チームによる問題解決<br>• フォローアップ・プログラム | • 戦略テーマのモニタリング<br>• アクション・プランのポートフォリオのモニタリング<br>• 戦略テーマ・チーム<br>• アジェンダ・マネジメント | • 分析調査<br>• 製品及び顧客別収益性の分析<br>• 因果関係の検証と分析<br>• 創発的戦略のレビュー |

参照：R.S.Kaplan, D.P.Norton "Execution Premium" 他を参照し作成

ビュー会議から、ダブル・ループ学習である戦略レビュー会議を切り離すことによって、双方のレビューを効率的かつ効果的に実施しようという狙いがある。

統合マネジメント・システムの「2. 戦術のモニタリング」を行う「業務レビュー会議」の代表例としてS&OPがある。

# レッスン14

# 戦略マネジメントをうまく廻す

## 14.1

# BSCのカスケードとアラインメント

**実践ケース**

（プロジェクト・リーダー）　当社は、従来からTQM活動を推進しており、これに合わせて全社方針を下位に展開する手法として「方針管理」を採用している。

新中期経営計画の策定に戦略マップ／BSCを活用する次年度以降には、方針管理に変えて戦略マップ／BSCを部、課へと展開していくことを予定している。この件について、メンバーの皆さんの意見を聞きたい。

（メンバー　サプライチェーン管理）　方針管理は、方針（戦略）を、目標と方策に区分し、方策を下位へと展開していく方法をとっている。

そこで、今回の「戦略マップ＋BSC＋アクション・プラン」の構造にあてはめてみると、アクション・プランを下位に展開することになるのではないだろうか。

（メンバー経理・財務）　全社レベルの戦略マップ／BSCで設定した、戦略目的のKPIを下位へと展開する方法はどうだろうか。

例えば、全社レベルの部材の調達から製造委託そして輸入、販売に至る「累積リードタイム」というKPIを、調達リードタイム、製造委託リードタイム、輸入リードタイムというように、KPI自体を分解する方法です。

### 1. 留意点

戦略マップ／ＢＳＣのカスケード（展開）方法については、次にあるように、いくつかの方法が考えられる。

①上位レベルの「戦略目的」を下位へ展開する方法

②上位レベルの「ＫＰＩ」を下位へ展開する方法

③上位レベルの「アクション・プラン」を下位へ展開する方法

戦略コミュニケーションとマネジメントのツールとしての戦略マップ／ＢＳＣの設計にあたっては、ＫＰＩ中心から、戦略目的中心に切り替える必要がある。

### 2. 【松原流】指南

戦略マップとＢＳＣは、戦略のコミュニケーションとマネジメントのツールであり、**図表14・1・1**に示すように、

・戦略を全社から各ＳＢＵ（戦略的事業単位）へと、下位組織に「展開（カスケード）」す

**図表14.1.1** 戦略マップ／BSCのカスケードとアラインメント

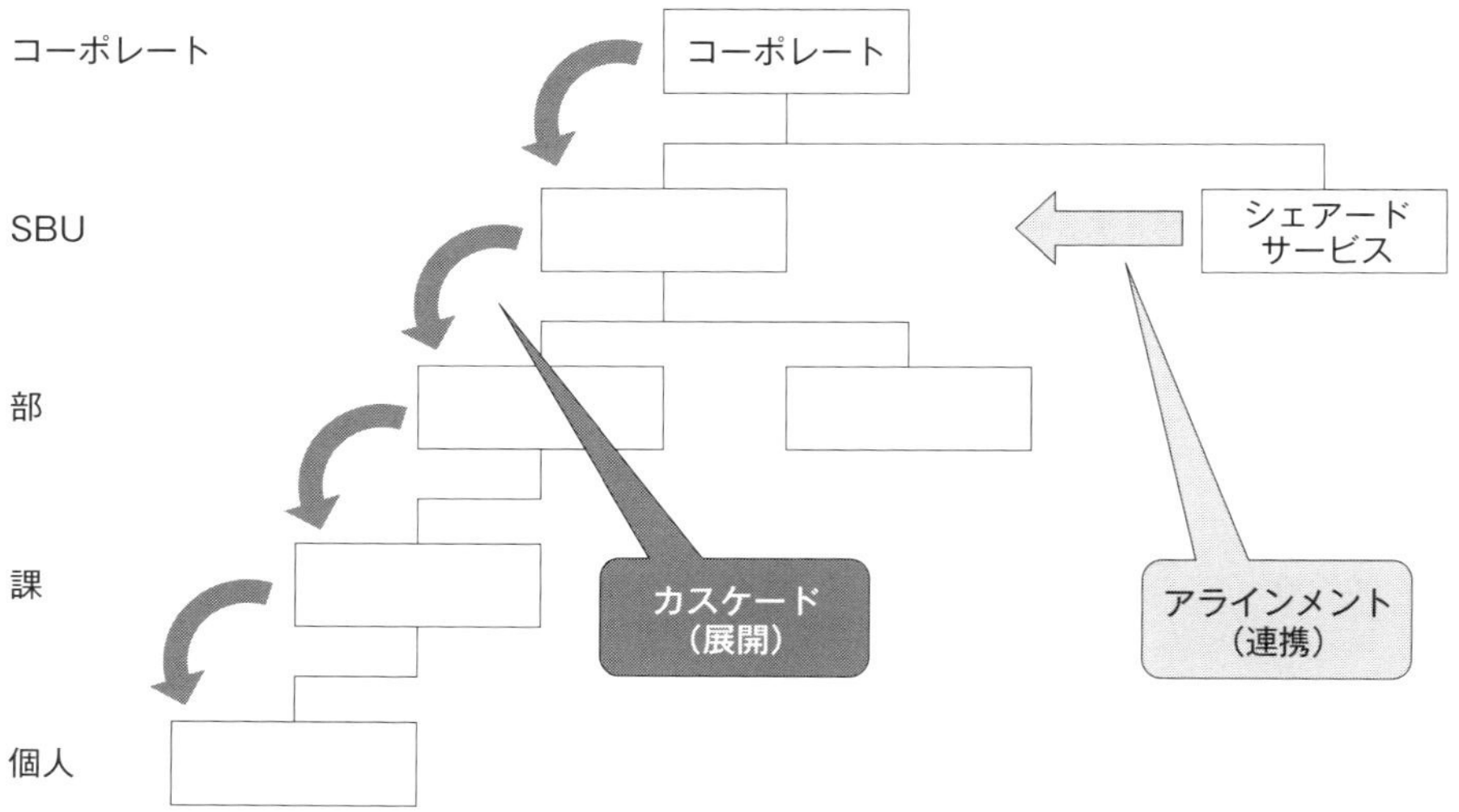

ることにより、当該組織の責任者、そして最小単位としての個人へと展開し、その業績を評価することを通じて、戦略を全員の仕事にすること、

- そして、SBUとシェアード・サービス・ユニットといった組織間の戦略を「連携（アラインメント）」させることに活用される。

### 1）BSCのカスケード

BSCでは、戦略を展開するために、組織の各レベルで戦略マップ／BSCを作成することを、段々になって流れ落ちる小滝を表す英語を使って、「カスケード」という。

戦略の展開については、日本のTQC／TQMの代表的な手法の一つである「方針管理」があり、製造業を中心に日本のみならず、欧米諸国で一定の普及を見ている。［赤尾,1989］

方針管理とは、「経営方針に基づき、中・長期経営計画や短期経営方針を定め、それらを効率的に達成するために、企業組織全体の協力の下に行われる活動」であり、方針展開、英語ではHoshin Kanri, Hoshin Planning, Hoshin Deploymentと呼ばれている。

### 2）アラインメント

シェアード・サービスの戦略をSBUと連携させることをアラインメントと呼ぶ。

このシェアード・サービスについては、グループ内で、別法人とされることもある。これを資本関係のない、業者にまで展開して、顧客との親密性の戦略タイプに応用したのが、戦略マップ／BSCのソリューション営業への活用である。

### 3）カスケードの三つの方法

著者の経験によれば、方針管理が一定の普及を見ているため、BSCのカスケードについては、日本の製造業の取り組みは世界的に見ても進んでいたと考えている。

２００２年当時、戦略マップ／BSCの日本の先進ユーザーの中には、戦略マップ／BSCのカスケードへの要求が強かったが、著者がノートンの主催するBSC北米サミットに参加した折、カスケードに関する手法については明確な手法が説

明されることはなかった。

戦略マップ／ＢＳＣのカスケードには欧米でのＢＳＣの発展の経緯や、日本の方針管理の経験などを反映して、**図表14・1・2**に示すような、次の三つの方法があると著者は考えている。

①上位レベルの「戦略目的」を下位へ展開する方法

②上位レベルの「ＫＰＩ」を下位へ展開する方法

これは、ＫＰＩ中心の業績評価を取り扱ったＢＳＣの初期バージョンにあるタイプである。調達から販売に至る累積リードタイムについて、調達、生産、販売の各プロセスに分解して管理しようとするものがその例である。

ただし、この方法には、上位のＫＰＩがリードタイムのように分解できるものばかりではないこと。そして、上位で選定されたＫＰＩのみに注目してしまうと、本来の戦略目的という大局を見失う恐れがあるという問題がある。

**図表14.1.2** カスケードの三つの方法

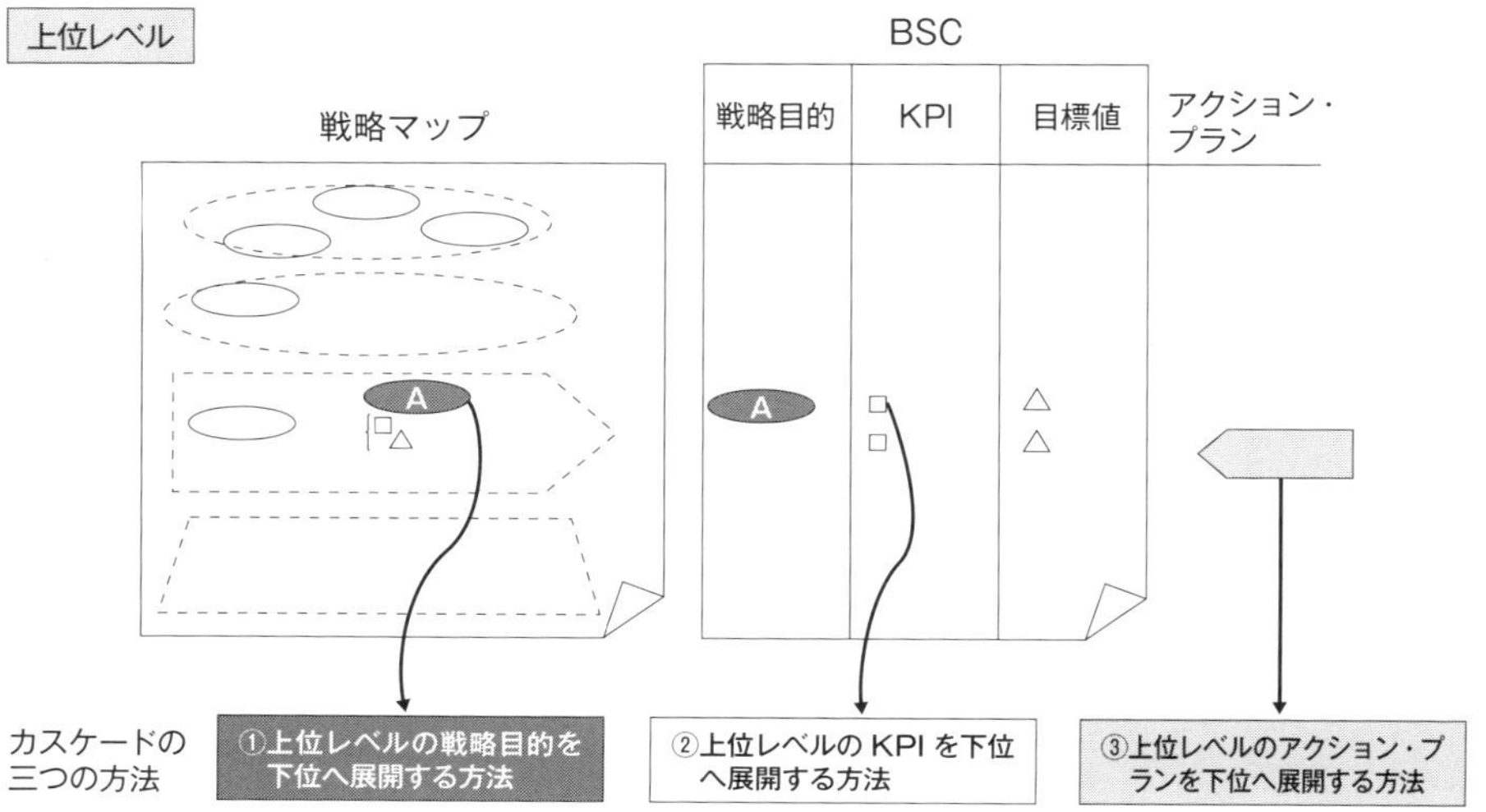

③上位レベルの「アクション・プラン」を下位へ展開する方法

方針管理で用いられている展開手法であり、方針管理を導入している日本企業の例に散見されるタイプである。この方法には、戦略マップ／BSCで上位レベルのアクション・プランはクロスファンクショナル（機能横断）な期限付きのプログラム／プロジェクトであることが多く、組織の下位への展開にはなじまないという問題がある。

以上のことから、【松原流】では戦略マップ／BSCのカスケードには、「①上位レベルの戦略目的を下位へ展開する方法」を推奨している。

## 14.2 他のマネジメント・システムとの調整及び統合

**実践ケース**

（プロジェクト・リーダー）　当ＢＳＣプロジェクトも二年目に入り、いよいよ来期から始まる新中期経営計画の策定と取りまとめに、戦略マップ／ＢＳＣのフレームワークを採用し、戦略マネジメントに活用していく段階に入った。一方で、当社は既に各種のマネジメント・システムを導入しており、これらとＢＳＣとの役割分担を明確にしておく必要がある。

（メンバー経営企画）　前回、カスケードについて検討しましたが、更なる品質向上に向けて、ＴＱＭを推進している者の中には、方針管理に対する根強い思い入れがあるようです。戦略の下位展開にあたっては、「方針管理」との調整が課題となっています。

（メンバー総務・人事）　個人の業績評価には「目標管理（ＭＢＯ）制度」を採用しています。戦略マップ／ＢＳＣのカスケードが進めば、当然のこととして調整が必要になります。

（メンバー経理・財務）　予算の戦略的な配分が求められる中で、「予算管理制度」とＢＳＣの接点や調整方法はどうしたらよいのか、非常に悩ましいところです。

## 1．留意点

戦略マップ／ＢＳＣを戦略マネジメントのフレームワークとして活用するにあたっては、既存のマネジメント・システムとの調整が必要となる。

## 2．【松原流】指南

### 1）ＢＳＣと他のマネジメント・システム間の調整が必要

戦略マップ／ＢＳＣを戦略マネジメントのツールとして活用する場合、組織には、次に挙げるようなその他のマネジメント・システムが、既に導入されていることが多い。

①中期経営計画
②事業計画（年度計画）
③方針管理
④予算管理
⑤目標管理（ＭＢＯ）

**図表14・2・1**は、これらのマネジメント・システムと戦略マップ／ＢＳＣがカバーする領域と接点について図示したものである。

**図表14.2.1** BSCとその他のマネジメント・システムの接点

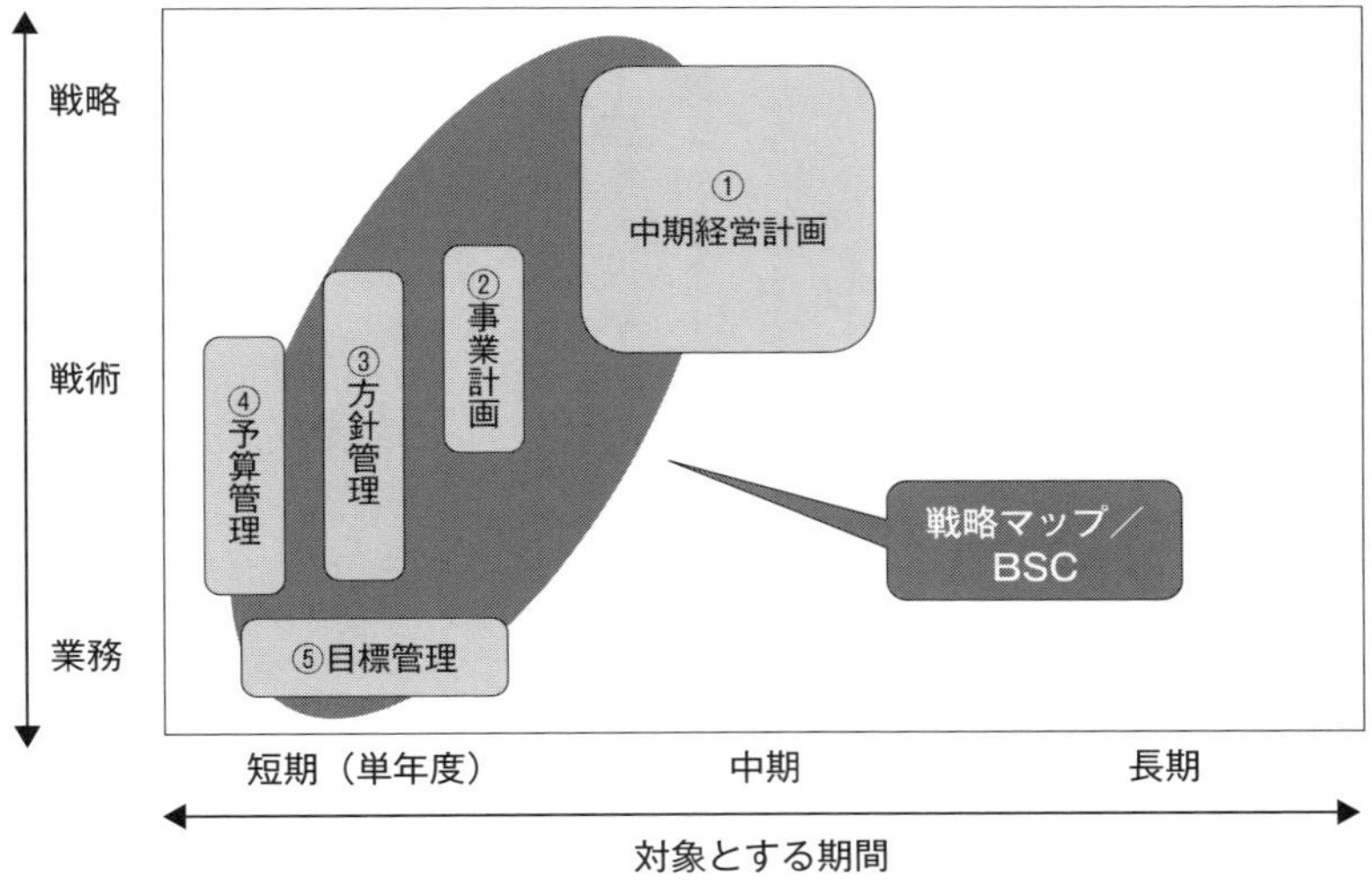

この場合、次のような課題もあり、調整が必要となる。

- 異なるマネジメント・システムを持つということは、時を告げる複数の時計があることと同様であり、何に従えばよいのかという混乱が発生する。
- それぞれのマネジメント・システムの運用には、相当の工数が必要とされるため、作業の重複というムダが発生する。
- また、予算管理制度など既存のマネジメント・システムの中には、環境の変化により既に制度疲労を起こしているものもある。

### 2）各種マネジメント・システムとＢＳＣとの補完関係

**図表14・2・2**は、前述のマネジメント・システムとＢＳＣとの補完関係を示したものである。

図表のコメント欄に示すように、ＢＳＣとの補完関係が高く、調整方法について充分に検討すべきものが多いことがわかる。

**図表14.2.2** 各種マネジメント・システムとBSCとの関係

| マネジメント・システム | BSCとの補完関係 | コメント |
|---|---|---|
| ①中期経営計画 | 非常に高い | 戦略マップ／BSCは、中期経営計画を翻訳し、記述する関係にある。 |
| ②事業計画（年度計画） | 高い（ただし、部分的） | 戦略マップ／BSCで、KPIとして選定された項目についてのみ、BSCの年度目標値に反映される。 |
| ③方針管理 | リプレイスまたは補完 | 戦略マップ／BSCで方針管理を全面的にリプレイスする方法と、組織の上位レベルを戦略マップ／BSCの対象とし、中位以下について方針管理を残す方法が考えられる。 |
| ④予算管理 | 高い（ただし、部分的） | キャプランとノートンの三つの予算タイプの内、主としてアクション・プランと戦略的予算が連動する。業務予算については、KPIとして選定された項目についてのみ、BSCの年度目標値に反映される。 |
| ⑤目標管理（MBO） | 高い | BSCを個人レベルまでカスケードしたものが該当する。一般に目標管理シートに、四つの視点の切り口を採用する。個人レベルでは、戦略マップを作成することは一般的でない。 |

# レッスン15

# 戦略マネジメントから統合マネジメントへ

# 15.1 OSMでプロジェクト解散後の形骸化を予防せよ

**実践ケース**

（プロジェクト・リーダー）　当社は、BSCの3フェーズアプローチ〈9・1〉講参照）を採用し、1年間の試行期間を経て、新中期経営計画から、戦略マネジメント・システムとしての戦略マップ／BSCを導入し、これまで、大きな問題を抱えることなくプロジェクトを推進してくることができました。これまでの関係各位のご協力に感謝いたします。

さて、当初の計画どおり、今月一杯で、三年間に渡った当プロジェクトを終了することといたします。そこで今後の運営体制について、意見交換をしたいと思います。

（メンバー経営企画）　戦略マネジメント〈5・4〉講参照）の「Ⅳ．戦略のモニタリングと学習」と「Ⅴ．戦略の検証と改造」のステップの窓口は当部門が引き継ぐことになるのではないでしょうか。

（メンバー人事・総務）　各部やグループの戦略マップ／BSCを使った新たな業績評価制度については、当然のことながら、当部門が担当することになるのでしょうか。

（メンバーIT）　BSC支援ツールの運用、メンテナンスは当部門が担当します。

### 1．留意点

BSCの導入は、一般にプロジェクト形式で推進される。プロジェクトは有期的な仕組みであるため、当然のことながら終了を迎えることになる。これに加えて、トップの交代により前任者が採用したマネジメント・システムであるBSCへの抵抗と廃止、また日本的ローテーション人事の関係で、戦略マップ／BSCの関連部署の人材の交代による形骸化、などに遭遇する組織も多い。

そこで、BSCプロジェクトの成果を最大限に発現させるためにも、戦略マネジメントないし統合マネジメント・システムの担当組織を設置することが有効である。

### 2．【松原流】指南

キャプランとノートンは、「OSM」と呼ばれる戦略マネジメントを推進する新たな機能の必要性を説いている。[Kaplan and Norton,2006b]

#### 1）OSMとは

プロジェクト・マネジメントの担当部署のことをPMO（プロジェクト・マネジメント・オフィス）と呼ぶが、OSMは、The Office of Strategy Managementの略であり、ここでは「戦略マネジメント・オフィス」と訳すことにする。

#### 2）OSMの役割

OSMは、戦略マネジメントのプロセスをうまく統合する新たな機能またはオフィスであり、戦略と業務を連携させる機能やビジネス・ユニット間を跨る活動を統合しコーディネートする。

担当するトップ・マネジメントして、組織変革担当副社長、業績マネジメント担当副社長、ビジネス・エクセレンス担当副社長などの肩書きがある。

OSMが担当する機能には、次のような、戦略マネジメントの導入により新たに生まれたものに加えて、導入以前から行われていたものも含まれる。

（1）アーキテクト（設計者）としての役割

戦略計画、予算管理、従業員の業績マネジメントといった戦略実行の中心的な多くのプロセスが、年度内の異なる時期に、組織内の別々の機能により、異なるフレームワークと会議によって運営されてきたが、ＯＳＭは、戦略計画と業務の実行を連携させる統合マネジメント・システムのフレームワークとプロセスを設計する役割を持つ。

（2）プロセス・オーナーとしての役割
ＯＳＭは、戦略マネジメントの「Ⅰ．戦略の策定」に加えて、次の戦略実行プロセスの主たるオーナーシップを持つべきである。

Ⅱ．戦略の記述
Ⅲ．戦略の展開と連携
Ⅳ．戦略のモニタリングと学習
Ⅴ．戦略の検証と改造

（3）インテグレータ（統合担当）としての役割
ＯＳＭは、ＣＦＯ（最高財務責任者）、ＣＯＯ（最高業務執行責任者）、ＨＲＯ（人的資源責任者）、ＣＩＯ（最高情報責任者）、ＰＭＯ（プロジェクト・マネジメント・オフィス）、ＣＫＯ（最高ナレッジ責任者）などが実行する既存のマネジメント・プロセスと戦略の連携をコーディネートする。

**図表15.1.1** 戦略マネジメント・オフィス（OSM）の役割

| OSMの役割 | 戦略マネジメント・プロセス | OSMの責任 |
|---|---|---|
| 1）アーキテクト（設計者） | 1．戦略マネジメントのフレームワークと会議の明確化 | プロセスを実行 |
| | 2．戦略マネジメント・プロセスの設計 | プロセスを実行 |
| 2）プロセス・オーナー | 1．戦略の策定 | プロセスを実行（戦略の策定と実行の双方をファシリテーションする） |
| | 2．戦略の記述 | プロセスを実行 |
| | 3．戦略の展開との連携 | プロセスを実行 |
| | 4．戦略の検証と改造 | プロセスを実行 |
| 3）インテグレータ（統合担当） | 1．業務計画／予算との連携 | CFOの実行プロセスと戦略の連携 |
| | 2．主要な業務プロセスとの連携 | COOの実行プロセスと戦略の連携 |
| | 3．HR、ITそして支援機能との連携 | HRO、CIOの実行プロセスと戦略の連携 |
| | 4．戦略のコミュニケーション | コーポレート・コミュニケーション実行のプロセスと戦略の連携 |
| | 5．アクション・プランのマネジメント | PMOの実行プロセスと戦略の連携 |
| | 6．ベストプラクティスのシェア | CKOの実行プロセスと戦略の連携 |

参照：Kaplan and Norton“The Execution Premium”を参照し作成

# 主要参考文献

## 〈海外文献〉


Akao,Yoji（1991）“Hoshin Kanri: Policy Deployment for Successful TQM” Productivity Press（赤尾洋二　編集委員長（1989）『方針管理活用の実際』日本規格協会）

Ansoff, H. Igor（1965）“Corporate Strategy” McGraw-Hill, Inc.,（H. I. アンゾフ著、広田寿亮訳（1969）『企業戦略論』産業能率短期大学出版部）

Argyris, Chris（1977）, Double loop learning in Organizations, Harvard Business Review, September-October 1977（クリス・アージリス著、有賀裕子訳（2007）「『ダブル・ループ学習』とは何か」『DIAMOND ハーバード・ビジネス・レビュー』2007 年 4 月号、ダイヤモンド社）

Barney, Jay B.（2002）“Gaining and Sustaining Competitive Advantage, Second Edition” Pearson Education, Inc（ジェイ・B・バーニー著、岡田正大訳（2003）『企業戦略論（上）』ダイヤモンド社）

Bockstette, Valerie and Mike Stamp（2011）“Creating Shared Value: A How-to-Gide for the New Corporate（R）evolution” FSG

Brown, Terry（2001）‘Building Executive Alignment, Buy-In, and Focus with the Balanced Scorecard SWOT’ Balanced Scorecard Report, May-June 2001, Harvard Business School Publishing

Casadeus-Masanell R. and J. Ricart（2011）“How to Design a Winning Business Model” HBR Jan-Feb 2011（マサネル、リカート著、中島聡子訳（2011）「優れたビジネスモデルは好循環を生み出す」『ダイヤモンド・ハーバード・ビジネス・レビュー』2011 年 11 月）

Collins, James C, and Jerry I. Poras（1994）“Built to Last” Harper Business Essentials（ジェームズ・C・コリンズ、ジェリー・I・ポラス、山岡洋一訳（2002）『ビジョナリー・カンパニー』日経 BP 出版センター）

Doerr, John (2018) "Measure What Matters: How Google, Bono, and the Gates Foundation Rock the World with OKRs" Portfolio（ジョン・ドーア著、土方奈美訳（2018）『Measure What Matters』日本経済新聞出版社）

Donlon, Barnaby (2003) 'Building a Cascading Program' Balanced Scorecard Report, July-August 2003, Harvard Business School Publishing

Eisenhardt, Kathleen M. and Donald N. Sull (2001) 'Strategy as Simple Rules' Harvard Business Review, January, 2001（K.M. アイゼンハート、D.N. サル著、スコフィールド素子訳（2001）「シンプル・ルール戦略」『DIAMOND ハーバード・ビジネス・レビュー』2001年5月号、ダイヤモンド社）

Frost, Bob (1998) "Measuring Performance" Fairway Press,

Gassmann, Oliver, Karolin Frankenberger and Michaela Csik (2014) "Business Model Navigator" Pearson Education Limited（オリヴァー・ガスマン他著、渡邊哲他訳（2016）『ビジネスモデル・ナビゲーター』翔泳社）

Gouillart, F. J. (2002) "Value Innovation: Differentiating Your Value Proposition through the Eyes of the Customer" October 2002, BSC North American Summit.

GRI, United Nations Global Compact, wbcsd (2015) "SDG Compass: The guide for business action on the SDGs"（GRI、UN グローバル・コンパクト、wbcsd（2016）「SDG　Compass：SDGs の企業行動指針～SDGs を企業はどう活用するか」）

Grove, Andrew S. (1983) "High Output Management" Random House（アンドリュー・S・グローブ著、小林薫訳（2017）『ハイ・アウトプット・マネジメント』日経 BP 社）

Heskett, James L., W. Earl Sasser Jr., Leonard A. Schlesinger (1997) "The Service Profit Chain" The Free Press（ジェームズ・L・ヘスケット、W・アール・サッサー・ジュニア、レオナード・A・シュレジンジャー著、島田陽介訳（1998）『カスタマー・ロイヤルティの経営』日本経済新聞社）

Hronec,S.M. and Arthur Andersen & Co. (1993) "Vital Signs" Amacom.（スティーブン・フォロニック、アーサーアンダーセン著（1994）『Vital Signs』産能大学出版部）

IIRC (2012) 'Business Model: Background Paper for 〈IR〉' IIRC

Johnson, Mark W.（2010）“Seizing the White Space－Business Model Innovation for Growth and Renewal”, Harvard Business Press（マーク・ジョンソン著、池村千秋訳（2011）『ホワイトスペース戦略』阪急コミュニケーションズ）

Kaplan, Robert S. and David P. Norton（1992）‘The Balanced Scorecard’ Harvard Business Review, January-February 1992（キャプランとノートン・本田桂子訳（1992）「新しい経営指標“バランスド・スコアカード”」『DIAMOND ハーバード・ビジネス・レビュー』1992 年 4-5 月号、ダイヤモンド社

Kaplan, Robert S. and David P. Norton（1993）‘Putting the Balanced Scorecard to Work’ Harvard Business Review, September-October 1993（キャプランとノートン・鈴木一功・森本博行訳（1994）「バランスト・スコアカードによる企業革新」『DIAMOND ハーバード・ビジネス・レビュー』1994 年 12-1 月号、ダイヤモンド社）

Kaplan, Robert S. and David P. Norton（1996a）‘Using the Balanced Scorecard as a Strategic Management System’ Harvard Business Review, January-February 1996（キャプランとノートン、鈴木一功訳（1997）「バランスト・スコアカードによる戦略的マネジメントの構築」『DIAMOND ハーバード・ビジネス・レビュー』1997 年 2-3 月号、ダイヤモンド社）

Kaplan, Robert S. and David P. Norton（1996b）“The Balanced Scorecard” Harvard Business School Press（ロバート・S・キャプラン、デビッド・P・ノートン著、吉川武男訳（1997）『バランス・スコアカード』、生産性出版）

Kaplan, Robert S. and David P. Norton（2000a）“The Strategy – Focused Organization” Harvard Business School Press（ロバート・S・キャプラン、デビッド・P・ノートン著、櫻井道晴監訳（2001）『キャプランとノートンの戦略バランスト・スコアカード』東洋経済新報社）

Kaplan, Robert S. and David P. Norton（2000b）‘Double-Loop Management: Making Strategy a Continuous Process’ Balanced Scorecard Report, July-August 2000, Harvard Business School Publishing

Kaplan, Robert S（2002）‘From Art to Science: Formulating, Describing, and Executing Strategy’ October 2002, BSC North American Summit.

Kaplan, Robert S. and David P. Norton（2004）“Strategy Maps” Harvard Business School Press（ロバート・S・キャプラン、デビッド・P・ノートン著、櫻井道晴他監訳（2005）『戦略マップ』ランダムハウス講談社）

Kaplan, Robert S. and David P. Norton（2006a）“Alignment” Harvard Business School Press（ロバート・S・キャプラン、デビッド・P・ノートン著、櫻井道晴、伊藤和憲監訳（2007）『BSCによるシナジー戦略』ランダムハウス講談社）

Kaplan, Robert S. and David P. Norton（2006b）‘The Office of Strategy Management’ Harvard Business Review, October 2006

Kaplan, Robert S. and Steven R. Anderson（2007）“Time-Driven Activity-Based Costing” Harvard Business School Press（ロバート・S・キャプラン、スチーブン・アンダーソン著、前田貞芳他監訳（2008）『戦略的収益費用マネジメント』マグロー ヒル・エデュケーション）

Kaplan, Robert S. and David P. Norton（2008）“The Execution Premium” Harvard Business School Press（ロバート・S・キャプラン、デビッド・P・ノートン著、櫻井道晴他監訳（2009）『バランスト・スコアカードによる戦略実行のプレミアム』東洋経済新報社）

Kim, W. Chan and Renee Mauborgne（1997）‘Value Innovation’ Harvard Business Review, January-February 1997（チャン・W・キム、レネ・モボルニュ著、坂本義実訳（1992）「バリュー・イノベーション」『DIAMOND ハーバード・ビジネス・レビュー』1997年7月・8月号、ダイヤモンド社）

Kim, W. Chan and Renee Mauborgne（2002）‘Charting Your Company's Future’ Harvard Business Review, September 2002（W・チャン・キム、レネ・モボルニュ著、有賀裕子訳（2002）「ストラテジー・キャンバスによる戦略再構築」『DIAMOND ハーバード・ビジネス・レビュー』2002年9月、ダイヤモンド社）

Kim, W. Chan and Renee Mauborgne（2005）“Blue Ocean Strategy” Harvard Business School Press（W・チャン・キム、レネ・モボルニュ著、有賀裕子訳（2005）『ブルー・オーシャン戦略』ランダムハウス講談社）

Kim, W. Chan and Renee Mauborgne（2009）‘How Strategy Shapes Stracture’ Harvard Business Review, September 2009（「ブルー・オーシャン戦略が産業構造を変える」『DIAMOND ハーバード・ビジネス・レビュー』2010年1月、ダイヤモンド社）

Klau, Rick（2012）‘Startup Lab workshop: How Google sets goals: OKRs’

Kotler, Philip and Fernando Trias De Bes (2003) “Lateral Marketing” John Wiley & Sons, Inc.（フィリップ・コトラー、フェルナンド・トリアス・デ・ベス著、恩蔵直人監訳（2004）『コトラーのマーケティング思考法』東洋経済新報社）

Kotter, John P.（1996）“Leading Change” Harvard Business School Press（ジョン・コッター、梅津祐良訳（2002）『企業変革力』日経 BP 社）

Ling, Richard C. & Goddard, Walter E.（1988）“Orchestrating Success” The Oliver Wight Limited Publications, Inc.

Ling, Richard C.（2002）“The Future of Sales and Operations Planning” International Conference Proceedings, APICS

Michalko, Michael（2001）“Cracking Creativity” Ten Speed Press（マイケル・マハルコ著、花田知恵訳（2005）『すばらしい思考法』PHP 出版）

Mintzberg, Henry and Bruce Ahlstrand , Joseph Lampel（1998）“Strategy Safari” The Free Pres（ヘンリー・ミンツバーグ、ブルース・アルストランド、ジョセフ・ランペル著、齋藤嘉則監訳（1999）『戦略サファリ』東洋経済新報社）

Niven, Paul R.（2002）“Balanced Scorecard Step-By-Step” John Wily & Sons, Inc.（ポール・R・ニーブン著、松原恭司郎訳（2004）『ステップ・バイ・ステップ　バランス・スコアカード経営』中央経済社）

Niven, Paul R.（2003）“Balanced Scorecard Step-by-step for Government and Nonprofit Agencies” John Wiley & Sons, Inc.

Niven, Paul R.. Lamorte, Ben（2016）“Objectives and Key Results: Driving Focus, Alignment, and Engagement with OKRs” John Wiley & Sons, Inc.

Norton, David P.（2002）‘Managing Strategy is Managing Change’ Balanced Scorecard Report, January-February 2002, Harvard Business School Publishing

Norton, David P.（2008）‘What Is Your Strategy Management Philosophy’ Balanced Scorecard Report, November-December 2008, Harvard Business School Publishing

Oliver Wight International（2005）“The Oliver Wight Class A Checklist for Business Excellence Sixth Edition” John Wiley & Sons Inc.

Parmenter, David（2003）“Key Performance Indicators” John Wiley & Sons, Inc.

Porter, Michel E.（1980）“Competitive Strategy” The Free Press（マイケル・E・ポーター著、土岐抻他訳（1982）『新訂　競争の戦略』ダイヤモンド社）

Porter, Michel E.（1985）“Competitive Advantage” The Free Press（マイケル・E. ポーター著、土岐 坤訳（1985）『競争優位の戦略』ダイヤモンド社）

Porter, Michel E.（1998）“On Competition” Harvard Business School Press（マイケル・E・ポーター著、竹内弘高訳（1982）『競争戦略論Ⅰ』ダイヤモンド社）

Porter, Michel E. and Mark R. Kramer（2011）‘Creating Shared Value’ Harvard Business Review, Jan.-Feb. 2011（ポーター＆クラマー（2011）「共通価値の戦略」ダイヤモンド・ハーバードビジネス・レビュー誌、2011年11月号、ダイヤモンド社）

Porter, Michael E. & Greg Hills, Marc Pfitzer, Sonja Patscheke, and Elizabeth Hawkins（2012）“Measuring Shared Value: How Unlock Value by Linking Social and Business Results” FSG

Russell, Randall H. , Janice Koch and Jeff J. Riddell（2008）‘Luxfer Gas Cylinders: Mastering the Strategy-Operations Linkage’ Balanced Scorecard Report, May-June 2008, Harvard Business School Publishing

Sherman, Sallie, Joseph Sperry and Samuel Reese（2003）“The Seven Keys to Managing Strategic Accounts” The McGraw-Hill Companies, Inc.（サリー・シャーマン、ジョセフ・スペリ、サミュエル・リース著、ルディー和子訳（2004）『重要顧客マネジメント』ダイヤモンド社）

Slywotzky, A. J. and D.J. Morrison（1997）“The Profit Zone” Times Books（エイドリアン・J・スライウォツキー、デイビッド・J・モリソン著、恩蔵直人、石塚浩訳（1999）『プロフィット・ゾーン経営戦略』ダイヤモンド社）

Slywotzky, A. J.（2002）“The Art of Profitability” Mercer Management Consulting, Inc.,（エイドリアン・J・スライウォツキー著、中川治子訳（2002）『ザ・プロフィット』ダイヤモンド社）

Treacy, Michael and Fred Wiersema（1997）“The Discipline of Market Leaders” Perseus Books（マイケル・トレーシー、フレッド・ウィアセーマ著、大原進訳（2003）『ナンバーワン企業の法則』日本経済新聞社）

United Nations（2015）“Transforming our world: the 2030 Agenda for Sustainable Development”（国連（2015）「我々の世界を変革する：持続可能な開発のための2030年アジェンダ」外務省（仮訳）

United Nations Global Compact（2017）“Blueprint for Business Leadership on the SDGs ～ A Principles-Based Approach”

Wallace, Thomas F. & Stahl, Robert A.（2008）“Sales & Operations Planning The How-To Handbook 3rd Edition” T.F. Wallace & Company

Wodtke, Christina（2016）“Radical Focus” CWODTKE.COM（クリスティーナ・ウォドキー著、二木夢子訳（2018）『OKR』日経BP社）

**〈日本語文献〉**

赤尾洋二（1990）『品質展開入門』日科技術連出版社

伊丹敬之（2003）『経営戦略の論理（第3版）』日本経済新聞社

バランス・スコアカード・フォーラム編（2002）『バランス・スコアカード経営：なるほどQ&A』中央経済社

バランス・スコアカード・フォーラム編（2004）『バランス・スコアカード経営実践マニュアル』中央経済社

松原恭司郎（1999）「ERPプロジェクトの効果測定」ERP導入事例セミナー、1999年1月27日講演資料、ERP研究推進フォーラム

松原恭司郎（2000）『バランス・スコアカード経営』日刊工業新聞社

松原恭司郎（2003）「日本におけるBSC導入の概況」『企業会計』2003年5月号、中央経済社

松原恭司郎（2009a）『S&OP入門：グローバル競争に勝ち抜くための7つのパワー』日刊工業新聞社

松原恭司郎（2009b）「世界のバリューチェーンから日本がはじかれる!? S&OPに対応すべきこれだけの理由」@IT

松原恭司郎、堀泰博、谷口誠、近藤正邦、川元恵（2010）『税理士の戦略マップⅡ』中央経済社

松原恭司郎（2013）『ビジネスモデル・マッピング教本』日刊工業新聞社

松原恭司郎（2014）『図解「統合報告」の読み方・作り方』中央経済社

松原恭司郎編著（2014）『ビジネスモデル・マッピング・ケースブック』日刊工業新聞社

松原恭司郎（2017）「IoTを活かすビジネスモデルの見える化と勘所　～ビジネスモデル・マッピングの基礎からIoT対応の『価値星座－Map』まで」Amazon Services International, Inc.

（著者略歴）
**松原　恭司郎**　（まつばら　きょうしろう）

キュー・エム・コンサルティング有限会社 取締役社長。公認会計士。SBI大学院大学客員教授、東北福祉大学非常勤講師。元、中央大学大学院特任教授。

国際会計事務所系コンサルティング会社などを経て1992年に独立。BSC（バランス・スコアカード）を活用した戦略マネジメントとパフォーマンス・マネジメント、ビジネスモデル関連の研修、コンサルティング業務に従事。BSCの支援実績として、出光興産、クリナップ、パナソニック、富士ゼロックス、ブラザー工業などがある。BSCフォーラムを2001年に設立し2010年まで会長を務める。

主な著書に『【松原流】戦略マップ／ BSC実践教本』（2010）、『ビジネスモデル・マッピング教本』（2013）、『ROE重視のKPIマネジメント教本』（2016）いずれも日刊工業新聞社、『図解「統合報告」の読み方・作り方』（2014）中央経済社などがある。

連絡先：メール　matsuqmc@blue.ocn.ne.jp
　　　　Web　http://www.qmc.server-shared.com

〈新版〉【松原流】戦略マップ／BSCとOKRの連携教本
双方の強みを活かしたビジネスモデル・イノベーション
NDC 336

2018年12月25日　初版1刷発行　（定価はカバーに表示してあります）

©著　者　松原　恭司郎
発行者　井水　治博
発行所　日刊工業新聞社
〒103-8548　東京都中央区日本橋小網町14-1
電　話　書籍編集部　03（5644）7490
販売管理部　03（5644）7410
ＦＡＸ　03（5644）7400
振替口座　00190-2-186076
ＵＲＬ　http://pub.nikkan.co.jp/
e-mail　info@media.nikkan.co.jp
本文デザイン・DTP――新日本印刷（株）
印刷・製本――新日本印刷（株）

落丁・乱丁本はお取り替えいたします。
2018 Printed in Japan
ISBN　978-4-526-07910-8　C3034